Kammerer/Krippendorff
Reisebuch Italien
Rotbuch 209

Foto Regine Esser

Zu den Autoren

Peter Kammerer, geboren 1938 in Offenburg, arbeitet als freier Journalist in Rom, lehrt Volkswirtschaft an der Universität Urbino.

Ekkehart Krippendorff, Jahrgang 1934, seit 1960 Universitätskarriere, lebte von 1969 bis 1978 in Bologna und lehrt seitdem Politikwissenschaft und internationale Beziehungen an der FU Berlin.

Peter Kammerer/
Ekkehart Krippendorff

Reisebuch Italien

Über das Lesen von Landschaften und Städten

Rotbuch Verlag Berlin

Bitte verlangen Sie vom Verlag den kostenlosen Almanach
»Das kleine Rotbuch«

13.—18. Tausend 1979

Umschlagbild: Palmanova, venez. Festungsstadt (16. Jahrh.)
Satz und Druck Fuldaer Verlagsanstalt, Fulda
Printed in Germany.
ISBN 3 88022 209 6

Inhalt

Vorbemerkung darüber, was dieses Buch ist *6*

Turin *10*

Die Lagune von Venedig: ein Tagebuch *16*

1. Mit dem Fahrrad in die nördliche Lagune *16* / 2. Goethe: Italienische Reise *20* / 3. Das ökologische Gleichgewicht der Lagune *24* / 4. Industriegebiet, Villa Malcontenta, Fusina *27* / 5. Im Hinterland: Mogliano Veneto *30* / 6. Venedig und Mestre-Porto Marghera *32* / 7. Die Brücke über die Lagune. Mit dem Boot von Fusina zur Piazza S. Marco. Das Arsenal. Die Futuristen *36* / 8. Ausflüge in die Landschaft des Po: mit dem Schiff nach Ferrara und Cremona; die große Bonifica; die Abtei Pomposa; Strand, Wald und Fluß; der Lido delle Nazioni und Comacchio *41*

Landschaften *50*

Bologna *67*

Die Kommunistischen Pressefeste, die »Festival dell'Unità« *85*

Florenz *93*

Rom *113*

1. Auf dem Aventin. Ein Spaziergang zu den Klöstern, zur Cestius-Pyramide, auf den protestantischen Friedhof *113* / 2. Auf dem Hügel des Testaccio *119* / 3. Der Blick von der Peterskuppel *129* / 4. Die Promenade vom Pincio zur Spanischen Treppe. Die Anlage des barocken Rom. Die Villen. Piazza di Spagna *136* / 5. Das Kapitol: Blick über die Kaiserforen, zum Palatin, zur Tiber-Insel und zur Synagoge *143* / 6. Rom, Januar 1979 *148* / 7. Interview mit Italo Insolera *151* / 8. Interview mit Aldo Natoli *155*

Neapel *159*

1. Von Rom nach Neapel. Blick über Neapel *159* / 2. Spaziergang in Neapel: Albergo dei Poveri – Via Antonio Abate – Porta Capuana – Via Forcella – Spaccanapoli *161* / 3. Goethe zur Wirtschaftsstruktur der Stadt *167* / 4. Lumpenkapitalismus *172* / 5. Vom Reichtum der Natur *175*

Sizilien *179*

Reiselektüre *188*

Vorbemerkung darüber, was dieses Buch ist

Ausgangspunkt dieser – nennen wir sie »Essays«, Fragmente oder Prolegomena einer neuen Art von Reiseführer – war eine doppelte Erfahrung: wir beiden Autoren, viele Jahre in Italien lebend, wurden und werden besucht von vielen deutschen Freunden auf Oster- oder Sommerurlaub, die mehr oder weniger immer wieder dieselben Fragen stellen über das Land, über die Politik, über die Ökonomie – Fragen, die uns selbst in Erinnerung riefen, wie wenig auch wir damals von diesem Land wußten, als wir uns hier niederließen. Die Auskünfte, die wir zu geben uns bemühten, ließen uns selbst unbefriedigt, weil wir besser wußten und wissen, daß sie in der Regel zu kurz gefaßt sind, nur die Oberfläche tangieren; daß das, was sich hinter jeweils aktueller Problematik verbirgt, komplexer ist und ein größeres Maß an historisch-gesellschaftlichen Zusammenhängen enthält, als dem durchschnittlich gebildeten Zeitungs- oder auch Buchleser geläufig ist. Italien ist dem deutschen Touristen im Grunde noch immer ein unbekanntes Land – trotz der leichten Zugänglichkeit und bei aller Sympathie, die es wegen der Schönheit seiner Städte und Landschaften, wegen seines warmen Klimas und wegen seiner guten Küche weithin genießt. Italien ist aber auch deshalb unbekannt geblieben, weil es ein kompliziertes Land ist. Natürlich trifft das letztlich für alle uns fremden Kulturen zu, daß wir sie, wenn wir nicht in ihnen groß geworden sind, nur partiell wirklich zu erfassen und zu verstehen vermögen. Aber wir wollen doch die Behauptung wagen, daß Italien diese Schwierigkeiten in besonderem Maße verkörpert, nicht zuletzt vielleicht gerade, weil es äußerlich – z. B. in der natürlichen Freundlichkeit gerade dem Ausländer gegenüber, dem man schon nach drei Worten geradebrechten Italienisch bescheinigt, er spräche die Sprache so gut – so zugänglich zu sein scheint.

Die zweite Erfahrung ist allgemeiner Natur: wer heute ins Ausland reist – und das gilt vor allem für die »politisierten« Generationen seit den sechziger Jahren –, der will mehr und anderes, als es ihm die gängigen Reiseführer bieten. Für das bildungsbeflissene und z. T. auch wirklich kultivierte Großbürgertum des 19. Jahrhunderts gab es den sprichwörtlich gewordenen Baedeker, der einem das anzeigte, was man im Grunde auch suchte und möglicherweise sogar einzuordnen verstand: sehenswerte Kirchen und Museen, Paläste und Jahreszahlen klassischer Ruinen, allenfalls auch schöne Aussichten mit Stern vermerkt. Heute ist diese Art zu reisen leergelaufen, besteht der klassisch-literarische Bildungszusammenhang nicht mehr. Damals fuhr man nach Italien (oder in irgendein touristisch interessantes Ausland), um das zu sehen, wovon man in der Schule gehört hatte, nicht aber, um Land und Leute bzw. Wirtschaft, Gesellschaft und Politik kennenzulernen. Die meisten (vielleicht ist es nicht so unbescheiden zu sagen: alle) gängigen Reiseführer sind im Grunde Variationen des Baedeker-Modells und verbreiten, eben weil der einst gegebene Bildungszusammenhang nicht mehr besteht, eigentlich eine große Langeweile. Daß diese oder jene Kirche im 13. oder 17. Jahrhundert entstand, daß dieser oder jener Palast aus der Renaissance oder dem Barock stammt, daß Künstler A daran gearbeitet hat und Künstler B dort Bilder malte oder Statuen schuf, die im Museum zu X anzusehen sind – na und? Zwar absolvieren wir unser Pflichtpensum an zu besichtigenden Sehenswürdigkeiten mit dem jeweiligen Führer in der Hand, finden auch vieles wirklich schön, aber unbefriedigend bleibt's letztlich doch – vor allem für diejenigen, die mehr und anderes wissen und lernen möchten, wenn sie zum Urlaub ins Ausland fahren.

Natürlich kann man Bücher über Italien (oder Frankreich oder England oder Spanien) lesen, aus denen man über Geschichte, Politik und Ökonomie lernt – aber solches kann und wird man in der Regel zu Hause tun. Es hat nicht nur wenig mit dem Urlaub zu tun, sondern ist auch nicht anschaulich, vermittelt keine sinnlich wahrnehmbaren Erfahrungen. *Sinnliche Wahrnehmbarkeit* hingegen ist das Schlüsselwort für unsere Essays: wir gehen davon aus, daß der Auslandsreisende als Urlauber ein Recht darauf hat, sich als Urlauber, d. h. als Betrachtender, erholend zu verhalten, und nicht durch wissenschaftliche oder journalistische Darstellungen belehrt zu werden; dieser intellektuellen Tätigkeit kann und wird er anderswo nachgehen. Aus diesem Grunde wollen wir hier etwas ganz anderes versuchen: wir wollen nicht – wie es in der Regel der Fall ist – bloß ästhetische Informationen liefern,

sondern die Objekte selbst »zum Sprechen« bringen. Wir wollen also in konkreter Anschauung die geschichtlichen, politischen und ökonomischen Zusammenhänge »mit leichter Hand« vermitteln, die unseres Erachtens zu einem besseren Verständnis des Landes beitragen.
Das ist, wie die Texte zeigen, nicht einfach, ja sogar sehr schwer, schwerer jedenfalls als eine chronologische Kategorisierung von vermeintlichen oder tatsächlichen Sehenswürdigkeiten. Insofern ist auch der Begriff des Essays der angemessenste: es handelt sich hier um einen Versuch (über dessen Gelingen der Leser bzw. der Benutzer allein in der Praxis entscheiden kann), eine neue Art Reiseführer zu schreiben für eine neue Art des Reisens bzw. für eine Art des Reisens, die von dem von uns anzusprechenden Publikum bereits praktiziert wird, das aber noch nicht seine Sprache gefunden hat.
Unser ursprünglicher Arbeitstitel war der des »politischen Reiseführers« – wir haben ihn fallengelassen, weil er einerseits irreführend sein könnte und andererseits für jenen Begriff des politischen Verstehens, den wir implizit hier zugrunde legen, zu eng wäre. »Historisch-politisch« wäre da schon adäquater – wobei noch immer die Crux des »Reiseführers« bliebe, der wiederum Ansprüche weckt, die wir (zumindest derzeit) nicht erfüllen können und auch nicht wollen. Denn wer sich einem Reiseführer anvertraut, hat das Recht auf eine minimale Vollständigkeit, während es uns um die Demonstration des Allgemeinen am exemplarischen Fall bzw. an ausgewählten, exemplarischen Fällen geht. Wir haben darum nur solche Gegenstände gewählt, die wir aus verschiedenen – z. T. ganz zufälligen – Gründen einigermaßen zu kennen glauben bzw. an denen wir hoffen, wichtige gesellschaftliche Zusammenhänge darstellen zu können. Insofern ist dieses Buch eben kein Reiseführer bzw. kein Ersatz für einen solchen, lediglich eine Ergänzung, aus der sich – vielleicht – Impulse ergeben, in Zukunft wirkliche Reiseführer in der Art zu schreiben, wie wir es hier ansatzweise versucht haben.* Aller-

* Von den zahlreichen traditionellen Reiseführern scheint uns der von Michelin im grünen Hochformat der brauchbarste, einschließlich seiner historischen Chronologien, Stilkunden etc.; auch ist er strikt alphabetisch geordnet, so daß man nicht auf einen vorgegebenen Weg gezwungen wird, von dem abzuweichen der »Führer« mit Verwirrung straft. Dieser Michelin-Reiseführer ist allerdings nicht zu verwechseln mit dem roten Michelin-Hotel-und-Restaurantführer, der in der Regel die italienische Küche nach französischen Maßstäben bewertet und damit verzerrt.

dings haben wir durchaus vor, in nachfolgenden Auflagen, d. h. im Falle, daß sich unser Unternehmen als ein Erfolg herausstellen sollte, weitere Kapitel anzufügen und so sukzessive größere Vollständigkeit zu erreichen: Kapitel über Mailand und Genua, über die Landschaft Apuliens ebenso wie über Sardinien. Wenn die Leser – die Benutzer – uns dazu Anregungen gäben, würde uns das freuen und ermutigen. Anregungen heißt aber auch Kritik, sowohl an der Form wie am Inhalt, die wir gerne später verarbeiten werden.
Zur Form, d. h. das Essayistische dieser Versuche unterstreichend, wäre noch zu sagen, daß wir bewußt auf Einheitlichkeit der Kapitel verzichtet bzw. mit mehreren Darstellungsweisen oder Zugängen experimentiert haben – wir sehen darin keine Schwäche, zumal das die Möglichkeit gab, daß jeder von uns beiden seinen eigenen Stil beibehalten und seine Schwerpunkte nach eigenem Ermessen setzen konnte. Dennoch hoffen wir, daß das Ganze einen organischen Zusammenhang sichtbar macht, der für uns jedenfalls besteht.

Peter Kammerer und Ekkehart Krippendorff
(Rom und W.-Berlin, Frühjahr 1979)

Turin

Vom Standpunkt touristischer Ästhetik ist es verständlich, an Turin vorbeizufahren – auf dem Weg nach Genua bzw. an die ligurische Küste und von dort weiter Richtung Süden. Aber es ist ein Fehler: denn Turin nicht zu kennen bzw. in – wie auch immer notwendig äußerlich bleibenden – Augenschein zu nehmen, bedeutet, ein zentrales Element Italiens nicht zu kennen, das weit über Turin selbst hinausreicht.
Der Blick auf den **Stadtplan** allein enthüllt in nuce bereits, worum es geht: die schachbrettartig angelegte Innenstadt unterscheidet sich deutlich und radikal von den Stadtkernen aller anderen großen italienischen Städte und läßt Turin als das erkennen, was historisch seine Besonderheit ausmacht und worin die Voraussetzungen für seine heutige Bedeutung bestehen: es ist eine Stadt des nord- und westeuropäischen Absolutismus, nicht aber organisch aus dem römischen Imperium hervorgegangen und nicht groß geworden als freie Kommune und/oder aristokratische Diktatur wie Genua und Florenz, Venedig und Siena, Perugia und Amalfi. Im 15. Jahrhundert noch hatte es kaum mehr als 5000 Einwohner. Aber für gute 800 Jahre – vom 11. Jahrhundert bis in unsere unmittelbare Gegenwart – wurde es regiert vom Hause Savoyen, das, aus der Nähe von Genf stammend, die kulturelle Orientierung der Stadt bzw. der Provinz Piemont an Frankreich entscheidend geprägt hat. Ohne nun den Gründen hier nachgehen zu wollen, genügt für unsere Zwecke die Feststellung, daß sich in diesem »Winkel« Italiens der für die übrige Halbinsel atypische und jedenfalls seine politökonomische Struktur nicht wesentlich prägende Feudalismus französisch-mitteleuropäischer Struktur hier durchgesetzt hat bzw. durchgesetzt wurde: Monarchie und Großgrundbesitz. Auf das absolutistische Regime des Hauses Savoyen geht darum auch die im 16. Jahrhundert mit der Modernisierung der Landwirtschaft und den nun erwirtschafteten größeren Profiten bzw. durch höhere Grundrente ermöglichte systematische Planung einer Residenzstadt zurück, deren Rückgrat eine verläßliche Bürokratie und ein stehendes Heer bildeten. Am **Palazzo Madama** im Zentrum der Stadt (hier kann man

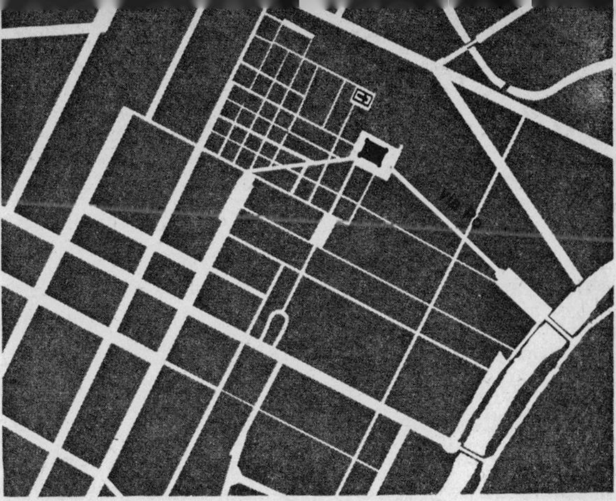

sein Auto parken und in konzentrischen Kreisen die Innenstadt zu Fuß erkunden) läßt sich baugeschichtlich die Evolution von früh-feudalistischer Festung (13. Jahrhundert) zum absolutistischen Stadtpalast (letzte Umbauten frühes 18. Jahrhundert) verfolgen. Deutlicher noch präsent ist der absolutistische Ursprung des modernen Turin im Königsschloß **Palazzo Reale** gleich daneben, zu dem es Parallelen in Frankreich (Paris) und Deutschland zur Genüge gibt, desgleichen sich jedoch im übrigen Italien nicht wieder findet.

Man kann ein Stück in die **Via Garibaldi** hineinlaufen und wird dabei den architektonisch geschlossenen Charakter dieser Straße bemerken: Turiner Barock – aber zugleich läßt sich an der differenzierten Höhe der einzelnen Stockwerke die Klassenstruktur des Wohnungsbaues ablesen. Die nach rechts abgehenden, immer sauber rechtwinkligen Straßen, Via Domenico, Via Barbaroux etc. führen auf die Piazza della Repubblica, mit dem inoffiziellen, aber bekannteren Namen **Porta Palazzo**; hier ist das mittelalterliche Zentrum der Stadt und Porta Palazzo selbst der größte Markt Turins – Lebensmittel, Kleidung, Straßenhändler, bevölkert vom eigentlichen »Volk«. Und hier wird man auch aufmerksam auf den Verfall eines Stadtkerns zum Slum. Zahlreiche farbige Pappschilder »Vendita Appartamenti« = »Wohnung zu verkaufen« verweisen auf die blühende Wohnungsspekulation und die Ausbeutung der wohnungsuchenden Arbeiter-Immigration: hier werden Wohnungen – oft in ehemaligen großbürgerlichen Palästen des 18. Jahrhunderts – an Spekulanten verkauft, die ihrerseits diese Wohnungen dann vermieten an einzelne Arbeiter und Arbeiterfamilien, die selbst als Wohnungskäufer natürlich nicht in Frage kommen. Man gehe in einige der immer offenstehenden Höfe (die Architektur mit den umlaufenden Galerien ist wiederum in Italien einmalig und erinnert eher an Wien z. B.) und erspart sich damit den ausführlichen Kommentar. Zwar wuchs Turin bereits im 18. Jahrhundert (90000 Einwohner gegen dessen Ende) und dann weiter im 19. Jahrhundert sowie während der Weltkriegs- und Faschismus-Industrialisierung, aber die eigentliche Einwanderungsexplosion, die sich in der hier so manifest greifbaren Degeneration der Altstadt niederschlägt, ist ganz jungen Datums: 650000 Menschen zwischen 1951 und 1971, von denen allein 400000 in der Stadt selbst »unterkamen«.

Man sollte jedoch auch eines der alten Arbeiterviertel besuchen (mit dem Auto zu erreichen): Borgo San Paolo um die **Piazza Sabotino** herum. Hier siedelten sich um die Jahrhundertwende zahlreiche Fabriken an, und hier organisierte sich die militante Arbeiterklasse zu jener großen Streik- und Aufstandsbewegung, die Ende August 1917 zu einem zehntägigen Stadt-Bürgerkrieg führte, dessen Barrikaden (u.a. an der Piazza Sabotino) schließlich vom Militär bezwungen wurden. Am 13. August 1917 waren, in einer bereits kämpferischen Atmosphäre, sozialdemokratische Delegierte aus dem revolutionären Rußland gekommen, Menschewiki, auf deren zur Mäßigung aufrufende Reden die 40000köpfige Menge mit »Viva Lenin« reagierte. Zehn Tage später brach der Aufstand aus; die Kirche S. Bernardo, am Ende der Via Dante di Nanni ging dabei in Flammen auf.

Die Militanz der Turiner Arbeiterklasse, die ihren besonderen Höhepunkt während der Fabrikbesetzungen drei Jahre später fand und aus der heraus die Zeitschrift »Ordine Nuovo« mit Gramscis Grundsatzartikeln über die Fabrikräte – die **consigli di fabbrica** – entstand, sie hat hier ihre erste Feuertaufe gehabt. Aber es ist eine Tradition, die weiterlebt: die bereits genannte **Via Dante di Nanni** hat ihren Namen von einem 1944 neunzehnjährig gefallenen Partisanen der GAP (gruppi di azione patriotica), der vermutlich ersten modernen Stadtguerilla. Nanni, bei einer Aktion in einem anderen Teil der Stadt schwer verwundet, zog sich hier in das Arbeiterviertel Borgo San Paolo zurück, wurde von den faschistischen Kollaboranten den Deutschen verraten und hielt sich, ganz allein mit Handgranaten und seiner MP, einen halben Tag gegen ein großes, von einem Panzer unterstütztes militärisches Aufge-

bot; als seine Situation aussichtslos war, stürzte er sich, um der Verhaftung und Tortur zu entgehen, aus dem Fenster – heute ist dort, an der **Via S. Bernardino,** eine Gedenktafel angebracht.
Die Stadtguerilla ihrerseits – zu unterscheiden von der in paramilitärischen Verbänden operierenden »Landguerilla« – war ein Teil des militanten antifaschistischen Widerstandskampfes der Arbeiterklasse; hier in Turin brachen 1943 die ersten antifaschistischen Streiks (nicht nur Italiens, sondern in Europa überhaupt) aus und trugen wesentlich zum beschleunigten Zusammenbruch des Regimes bei. Es ist daran zu erinnern, daß Turin (ebenso wie Mailand) von den Partisanen und nicht von den Alliierten befreit wurde. Und die Streiks wiederum wurden organisiert in dem während des Faschismus errichteten und gegen Kriegsende noch nicht ganz vollendeten FIAT-Zweigwerk **Mirafiori,** heute wieder im Zentrum der sozialpolitischen Auseinandersetzungen bzw. der italienischen Klassenkämpfe stehend. Wer Turin sagt, der sagt FIAT – und eine Fahrt per Auto um das gewaltige Werksgelände von Mirafiori herum gehört unbedingt zu einem Turin-Besuch.
Die allgegenwärtige FIAT-Präsenz führt uns wiederum, wie auch immer vermittelt, zurück zur streng geometrischen Stadtplanung, zum piemontesischen Absolutismus und dessen Besonderheit im Rahmen Italiens. Denn was Piemont den übrigen italienischen Staaten im 19. Jahrhundert voraus hatte, das war seine funktionierende Bürokratie, sein Heer und eine qualifizierte politische Klasse, die in der Lage war, das komplizierte diplomatisch-militärisch-politische Geschäft

Das FIAT-Werk Mirafiori. Hier arbeiten ca. 65 000 Menschen auf 3 Mill. m²

der italienischen Einigung zustande zu bringen, wozu die ökonomisch bei weitem mächtigere Finanzbourgeoisie Mailands oder auch die Handelsbourgeoisien von Genua oder Florenz unfähig waren. Durchaus der preußisch-deutschen Einigung vergleichbar, machte sich Piemont zum gewalttätigen Geburtshelfer des italienischen Einheitsstaates im Interesse der jungen und noch fragmentierten Industrie- und Finanzbourgeoisie; und gewalttätig war diese Einigung in der Tat, und zwar jenseits der romantisch verklärten Bataillen und den Garibaldi-Zügen wurde sie zur buchstäblichen Eroberung und Okkupation des Südens vor allem, dessen bäuerliche Massen sich nach anfänglicher Garibaldi-Begeisterung verraten sah durch die Restauration noch repressiverer Besitz- und Ausbeutungsverhältnisse, als sie unter dem nun vergleichsweise idyllischen Regime der Bourbonen geherrscht hatten. Der Widerstand dagegen organisierte sich in einem bis an dieses Jahrhundert reichenden, blutig unterdrückten Banditismus und erhielt sich als Widerstand gegen die Staatsgewalt schlechthin (dazu lese man Peter O. Chotjewitz / Aldo De Jaco: Die Briganten. Wagenbach Verlag 1976). Die Übersiedelung der Regierung von Turin (im **Palazzo Carignani**, einem eigenwilligen Gebäude in Backstein-Barock mitten im Stadtzentrum, kann man neben einem Risorgimento-Museum auch noch das erste italienische Parlament besichtigen) zuerst nach Florenz (Palazzo Pitti), dann nach Rom bedeutete zunächst eine ökonomische Krise. Aber es war andererseits eben die von der piemontesischen Monarchie geschaffene administrative Infrastruktur in Verbindung mit der gegen Ende des 19. Jahrhunderts in großem Umfange ausbeutbaren billigen hydro-elektrischen Energie aus den nahen Alpen, die die Stadt bald attraktiv machten für Ingenieure und industrielle Unternehmer; so entstand hier die Fahrzeug-, Eisenbahn- und nicht zuletzt die italienische Rüstungsindustrie, für die der Eroberungskrieg in Libyen 1911 und dann der 1. Weltkrieg wesentliche Impulse lieferten: 22 000 Industriearbeiter um 1890, aber schon 1927 waren es 138 000. Das unkontrollierte Wachstum der Stadt über ihre alten Strukturen hinaus wurde unaufhaltsam. Und im Zentrum dieses Wachstums steht die FIAT (Fabbrica Italiana Automobilistica, Torino) mit ihrem Gründer-Chef Agnelli, für die der faschistische Protektionismus ebenso Bedingung des Aufstieges war wie die Industrialisierungs- und Rüstungspolitik der Vorweltkriegs-Monarchie früher und die Entscheidung der politischen Klasse in Rom (ihr Repräsentant der liberale Ökonom und dann Staatspräsident Einaudi) zugunsten der Integration in den westeuropäischen Markt bzw. der Unterordnung unter die amerikanische politisch-ökonomische Hegemonie später. Die Schwäche Turins als Handels- und Finanzzentrum (gegenüber Mailand) war eine wesentliche Voraussetzung für den Aufstieg der FIAT zum faktischen Beschäftigungsmonopolisten der 2-Millionen-Stadt, das auch seither jegliche Differenzierung bzw. Diversifikation faktisch verhindert und paralysiert hat, weshalb die Stadt, trotz ihrer Weltstadt-Größe kulturell und politisch eine Provinzstadt geblieben ist – eine Provinzialität jedoch, die umgekehrt proportional ist zur Reife und Militanz ihrer Arbeiterklasse, die die eigentliche Geschichte der Stadt in den letzten sechzig Jahren bestimmt hat. Trotzdem hat es bis zum 15. Juni 1975 gedauert, ehe auch Turin zur »roten« Stadt mit einem kommunistischen Bürgermeister wurde – weshalb äußerlich, etwa in der Form von Straßennamen, bisher so wenig an diese dramatische Geschichte erinnert.

Es wird sich schließlich lohnen, über Mirafiori hinaus zum königlichen Jagdpalast **Palazzina die Caccia di Stupinigi** zu fahren, der, aus dem frühen 18. Jahrhundert stammend und in seiner großartigen macht-architektonischen Anlage, umgeben von seiner ökonomischen Basis, den Gutsverwaltungen, überaus sinnfällig das darstellt, was Piemont zur Eroberung der Halbinsel befähigte.

Und ganz zum Schluß noch ein wichtiger Hinweis: Piemont hat eine ausgeprägt gute Küche und hervorragende, vorwiegend herbe Rotweine. Man frage nach dem **Insalata die carne cruda** als (u. a.) Vorspeise – antipasto –, nach den piemontesischen Ravioli oder Agnolotti, vor allem aber wird man eine **Bagna caoda** gegessen haben müssen. Außerdem kommen von hier die inzwischen weltbekannten **Grissini**, die aber hier — in guten Bäckereien (panificio) erhältlich – mit der Hand hergestellt werden und »genuin« sind als **rubatà**, ohne Öl und Fett nur aus Mehl, Wasser und Salz gebacken.

E. K.

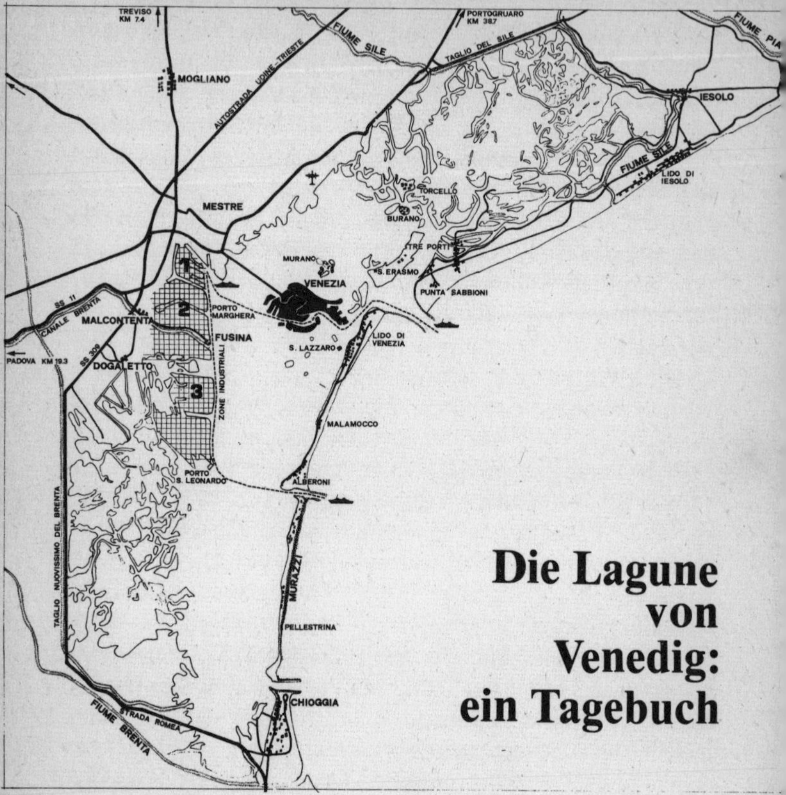

Die Lagune von Venedig: ein Tagebuch

1. Mit dem Fahrrad in die nördliche Lagune

Die Idee mit dem Fahrrad ist ausgezeichnet. Man kann in **Tre Porti** und **Cà Savio** Räder mieten. Ich habe mir eine Karte der Lagune (Laguna veneta, carta idrografica e di navigazione, Maßstab 1:50 000) gekauft und überblicke zum ersten Mal etwas genauer, was in der Lagune alles los ist an Sümpfen, an eingedämmten Fischreservaten, den »valli«, an Sandbänken, Festlandszipfeln, Inseln und Kanälen. Venedig steht nicht nur auf Pfählen, sondern lebt in und mit diesem vielfältigen Organismus. Natürlich wäre ein Boot das geeignete Fahrzeug, das Verhältnis Venedig – Lagune sinnlich zu erfahren. Die vaporetto-Fahrt nach Murano-Burano und Torcello läßt ahnen, was man mit dem Boot hier alles sehen kann. Über Erwarten schön jedoch auch die Fahrt mit dem Fahrrad und die Spaziergänge auf den Dämmen, weit in die Lagune hinein.

Der Ort **Jesolo** (nicht sein Lido!) ist im Herbst wieder menschlich geworden. Wir fahren der Sile entlang über Cavallino nach Tre Porti, immer auf dem Damm des Flusses am Rand der Lagune. Das sind ca. 20 km. Unterwegs fallen mehrere turmartig gebaute Häuser auf, die zur Aufsicht/Bewachung großer Fischzuchten dienten, die hier lagen, bevor vor wenigen Jahrzehnten die Gegend trockengelegt wurde und sich bevölkerte. Von Tre Porti aus führt eine kleine Teerstraße nach **Lio Piccolo.** Ab und zu noch ein Haus. Bauern, die das Gemüse anbauen, das von hier und den übrigen Inseln auf den Markt am Rialto gebracht wird. Ich bin nie früh genug aufgestanden, um morgens am Rialto das Schauspiel der massenhaften Zufuhr von Fisch- und Grünzeug aus der Lagune zu sehen. Wenn das nicht funktioniert, hat Venedig nichts zu essen.

Vom Sträßchen aus ein weiter Blick über eine andere Gemüseinsel, S. Erasmo, über Burano und Torcello und über die palude maggiore zum Festland. Lio Piccolo besteht aus ein paar heruntergekommenen Häusern, einer Kapelle und einem kurz vor dem 1. Weltkrieg gebauten Campanile. Nach der Jahrhundertwende hat also jemand nochmals investiert. Wer? Der Bauer/Fischer, der mir antwortet, schimpft auf die Pfaffen, vor allem auf die Armenier »che comandano qui«, die hier den Ton angeben und sich erst in der jüngsten Zeit dazu bequemt hätten, die feudalen Pachtformen den heute geltenden Gesetzen anzupassen. Dem armenischen Kloster auf der **Insel S. Lazzaro** gehören in der Lagune Ländereien und Fischreservate, und der vor mir stehende Bauer gehört zu dieser Wirtschaft, trägt also zu der in allen Baedekern gerühmten Blüte der armenischen Kultur bei, zum Unterhalt der Mönche, der 50000 Bände umfassenden Bibliothek, der in 36 Sprachen druckenden Druckerei der Insel San Lazzaro (von der Riva degli Schiavoni mit dem vaporetto n 10 erreichbar).

Auf dem Feldweg weiter. Zwei alleinstehende Häuser, wo man angeblich zu essen bekommt. Man muß allerdings vorbestellen, was wir nicht wußten, während der Saison wegen des großen Andrangs, jetzt im Herbst, weil nur selten Gäste kommen und der Fisch immer frisch zubereitet wird. Ich notiere: Flavio Ballarin, Tel. 966260.

Spaziergang auf den Dämmen durch die Gärten bis zum Kanal, der Lio Piccolo von Cà Lio Maggiore trennt. Könnte man hier übersetzen, würden wir auf diesem Weg nach Jesolo zu-

rückfahren. So aber wird die Fahrt nach **Cà Lio Maggiore**, von Jesolo aus nordwärts, dem Fluß entlang, bis Piave Vecchia, dann dem canale Caligo entlang in die Lagune hinein, ein zweiter, lohnender Ausflug.
Ich habe mir in Padua ein Fahrrad gekauft, das ich, um wirklich unabhängig zu sein, auf dem Auto mitführe. Auch mit dem Zug lassen sich Räder leicht mitnehmen, und es lohnt sich. Man kann hier Wochen verbringen und gemütlich jeden Tag 20–40 km fahren, ohne daß das eintönig werden würde. Wie differenziert die »Eintönigkeit« der Lagune ist, zeigt ein Ausflug vom Lido nach Chioggia, das sind hin und zurück 42 km, auf den schmalen Landstreifen zwischen Lagune und Meer. In Mestre lade ich mein Fahrrad auf die Autofähre, denn die normalen vaporetti (die kleinen Dampfboote) nehmen keine Räder mit, und die Verbindung Punta Sabbioni – Lido ist im Spätherbst eingestellt.
Es lag noch dichter Nebel, als die Fähre im Norden des Lido bei der Festung S. Nicolò landete. Schade, denn ich wollte die gegenüber auf der Insel Le Vignole liegende Festung S. Andrea zumindest aus der Ferne anschauen. Der Bau aus dem 16. Jahrhundert schützte die Einfahrt nach Venedig. Hier gab es 1797 den letzten Widerstand gegen die Einfahrt der französischen Flotte, die den Untergang der Aristokraten-Republik besiegelte. Heute ist ein Teil der Befestigung eingestürzt, weil die Vertiefung der Hafeneinfahrt die Grundmauern unterminierte. Auch der jüdische Friedhof gleich neben der Landestelle ist zu dieser Morgenstunde noch geschlossen.
Die lidi sind flache Nehrungen, die die Lagune, das Wattenmeer, vom adriatischen Meer trennen, so steht es in meinem Baedeker, und diese deutschen Worte Nehrung und Wattenmeer passen zum Nebel, der sich nur langsam hebt. Der **Lido** war einst das vornehmste Seebad Italiens, und sein Reiz bestand in der Mischung von Natur und Luxus, Fischerdorf und Venedig, Dünen, Vegetation und Hotels wie das Excelsior oder das Grand Hotel Des Bains. Heute ist alles dicht bebaut, das Spielkasino und der Filmpalast stehen grau da, und wir sind froh, bald draußen zu sein. In **Malamocco** gibt es passable Restaurants und eine ordentliche osteria, ab hier läßt es sich wieder leben, denn in Venedig und auf dem Lido ißt man auf jeden Fall teuer und fast durchweg miserabel. Hinter Malamocco liegen seit Jahren ausrangierte Riesenschiffe, hinter Alberoni setzt die Fähre über nach Pellestrina.

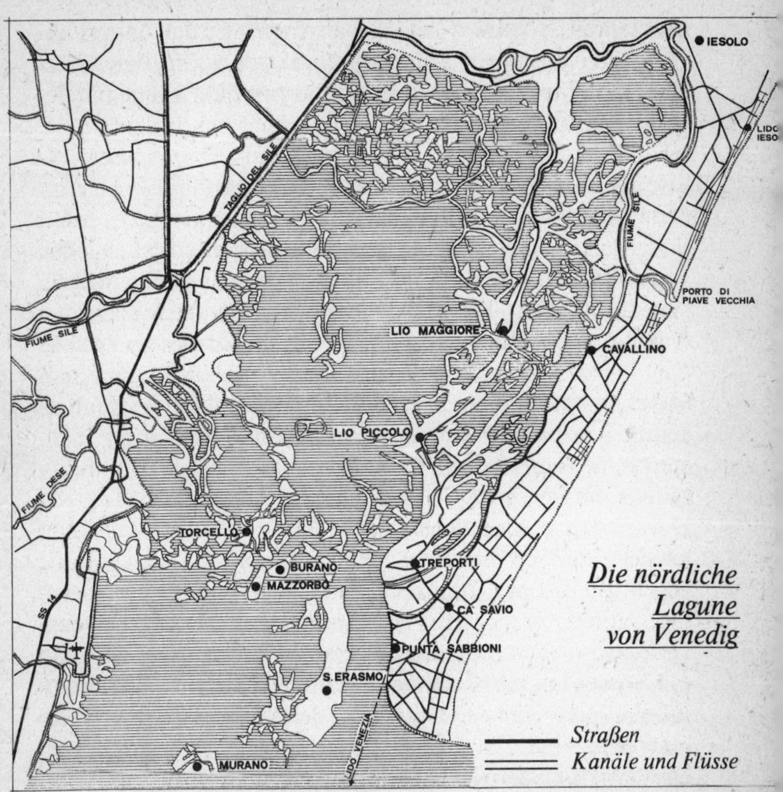

Pellestrina ist viel flacher und schmaler als der Lido. Die winterlichen Sturmfluten würden, wären die **Murazzi** nicht, ohne große Hindernisse in die Lagune eindringen und damit Chioggia und Venedig bedrohen. Die Murazzi schützen nicht so sehr die Fischer von Pellestrina als vielmehr die beiden Städte. Der Bau der Murazzi, 1744–1782, war die letzte große Leistung, die die Aristokratenrepublik unternahm, »um sich im Besitz des Wassers zu halten«. Es handelt sich um einen riesigen, 4 km langen Damm (ein zweiter, 1,2 km langer Teil schützt die Sottomarina gegenüber Chioggia), eine kleine chinesische Mauer aus istrischen Quadersteinen (dem wegen seiner Widerstandsfähigkeit besonders geschätzten Baumaterial), die 4,5 Meter hoch ist. Die Basisbreite beträgt fast 13 Meter, und das Werk fällt in zwei großen Stufen zum Meer ab, wo eine weitere Mauer aus groben Steinwürfeln dem Anprall der Wellen die erste Wucht nimmt. Ein Spaziergang auf

den Murazzi (Vorsicht bei starker Sonne) gehört, dumm gesagt, zu den großen Venedig-Erlebnissen. Eindrucksvoll ist vor allem der südliche Teil, wo die Insel nur noch aus der leicht gekrümmten Linie der Murazzi besteht und man ganz bis zur Südspitze gehen kann, wo plötzlich wieder Dünen sind und Vegetation.
Die beiden Fischerdörfer San Pietro in Volta und Pellestrina liegen abseits vom großen Tourismus und vom Kommerz. Die Fischer sind wirkliche Fischer, der Fisch ist richtiger Fisch, in ein paar Restaurants ißt man nicht billig, aber hervorragend.
Von hier kann man nach Chioggia übersetzen. Früher gab es auch einen Dampfer Venedig – Lido – Pellestrina – Chioggia, mit dem man bequem hätte zurückfahren können. Die einen sagen, dieser Schiffsverkehr sei eingestellt, weil der Kanal an einigen Stellen versandet sei, andere meinen, die Kombination Bus und Fähre sei rascher und der regelmäßige und schnelle Busverkehr zwischen Lido und Pellestrina sei den Leuten lieber als der schwerfällige Dampfer.
Wir fahren in der Dämmerung mit dem Rad zurück. Im Sommer hätte man den Vorteil langer Abende. Andererseits, fürchte ich, wäre die ganze Strecke überlaufen, und ich kann mir vorstellen, daß auch der Geruch der Lagune, die immer mehr in Verwesung übergeht, nicht so frisch ist wie im Herbst oder Frühjahr.
Der beste Text zum Verständnis der Lagune und ihres komplizierten ökologischen Gleichgewichts ist die Eintragung vom 9. Oktober 1786, die Goethe in der *Italienischen Reise* veröffentlichte. Allerdings ist mir unverständlich, wie Goethe die dritte Öffnung der Lagune zum Meer, nämlich den Kanal von Malamocco, übersehen konnte. Alles andere ist richtig und hochaktuell. Erst nach der Flutkatastrophe vom 4. November 1966 hat sich wieder die Erkenntnis durchgesetzt, daß Venedig mit der Lagune lebt und stirbt.

2. Goethe: Italienische Reise

Den 9. Oktober 1786

Ein köstlicher Tag, vom Morgen bis in die Nacht! Ich fuhr bis Pelestrina gegen Chioggia über, wo die großen Baue sind, Murazzi genannt, welche die Republik gegen das Meer aufführen läßt. Sie sind von gehauenen Steinen und sollen eigentlich die lange Erdzunge, Lido genannt, welche die Lagunen von dem Meere trennt, vor diesem wilden Elemente schützen. Die Lagunen sind eine Wirkung der alten Natur. Erst Ebbe, Flut und Erde gegeneinander arbeitend, dann das allmähliche Sinken des Urgewässers waren Ursache, daß am obern Ende des Adriatischen Meeres sich eine ansehnliche Sumpfstrecke befindet, welche, von der Flut besucht, von der Ebbe zum Teil verlassen wird. Die Kunst hat sich der höchsten Stellen bemächtigt, und so liegt Venedig, von hundert Inseln zusammen gruppiert und von hunderten umgeben. Zugleich hat man mit unglaublicher Anstrengung und Kosten tiefe Kanäle in den Sumpf gefurcht, damit man auch zur Zeit der Ebbe mit Kriegsschiffen an die Hauptstellen gelangen könne. Was Menschenwitz und Fleiß vor alters ersonnen und ausgeführt, muß Klugheit und Fleiß nun erhalten. Das Lido, ein langer Erdstreif, trennt die Lagunen von dem Meere, welches nur an zwei Orten hereintreten kann, bei dem Kastell nämlich, und am entgegengesetzten Ende, bei Chioggia. Die Flut tritt gewöhnlich des Tages zweimal herein, und die Ebbe bringt das Wasser zweimal hinaus, immer durch denselben Weg, in denselben Richtungen. Die Flut bedeckt die inneren morastigen Stellen und läßt die erhöhteren wo nicht trocken, doch sichtbar.

Ganz anders wäre es, wenn das Meer sich neue Wege suchte, die Erdzunge angriffe und nach Willkür hinein und heraus flutete. Nicht gerechnet, daß die Örtchen auf dem Lido, Pelestrina, Sankt Peter und andere untergehen müßten, so würden auch jene Kommunikationskanäle ausgefüllt, und, indem das Wasser alles durcheinander schlemmte, das Lido zu Inseln, die Inseln, die jetzt dahinter liegen, zu Erdzungen verwandelt werden. Dieses zu verhüten, müssen sie das Lido verwahren; was sie können, damit das Element nicht dasjenige willkürlich angreifen, hinüber und herüber werfen möge, was die Menschen schon in Besitz genommen, dem sie schon zu einem gewissen Zweck Gestalt und Richtung gegeben haben.

Bei außerordentlichen Fällen, wenn das Meer übermäßig wächst, ist es besonders gut, daß es nur an zwei Orten herein darf und das übrige geschlossen bleibt, es kann also doch nicht mit der größten Gewalt eindringen und muß sich in einigen Stunden dem Gesetz der Ebbe unterwerfen und seine Wut mindern.

Übrigens hat Venedig nichts zu besorgen; die Langsamkeit,

mit der das Meer abnimmt, gibt ihr Jahrtausende Zeit, und sie werden schon, den Kanälen klug nachhelfend, sich im Besitz zu erhalten suchen.
Wenn sie ihre Stadt nur reinlicher hielten, welches so notwendig als leicht ist, und wirklich auf die Folge von Jahrhunderten von großer Konsequenz. Nun ist zwar bei großer Strafe verboten, nichts in die Kanäle zu schütten, noch Kehrig hineinzuwerfen; einem schnell einfallenden Regenguß aber ist's nicht untersagt, allen den in die Ecken geschobnen Kehrig aufzurühren, in die Kanäle zu schleppen, ja, was noch schlimmer ist, in die Abzüge zu führen, die nur zum Abfluß des Wassers bestimmt sind, und sie dergestalt zu verschlemmen, daß die Hauptplätze in Gefahr sind, unter Wasser zu stehen. Selbst einige Abzüge auf dem kleinen Markusplatz, die, wie auf dem großen, gar klug angelegt sind, habe ich verstopft und voll Wasser gesehen.
Wenn ein Tag Regenwetter einfällt, ist ein unleidlicher Kot, alles flucht und schimpft, man besudelt beim Auf- und Absteigen der Brücken die Mäntel, die Tabarros, womit man sich ja das ganze Jahr schleppt, und da alles in Schuh und Strümpfen läuft, bespritzt man sich und schilt, denn man hat sich nicht mit gemeinem, sondern beizendem Kot besudelt. Das Wetter wird wieder schön und kein Mensch denkt an Reinlichkeit. Wie wahr ist es gesagt: das Publikum beklagt sich immer, daß es schlecht bedient sei, und weiß es nicht anzufangen, besser bedient zu werden. Hier, wenn der Souverän wollte, könnte alles gleich getan sein.
Heute abend ging ich auf den Markusturm: denn da ich neulich die Lagunen in ihrer Herrlichkeit, zur Zeit der Flut, von oben gesehen, wollt' ich sie auch zur Zeit der Ebbe, in ihrer Demut schauen, und es ist notwendig, diese beiden Bilder zu verbinden, wenn man einen richtigen Begriff haben will. Es sieht sonderbar aus, ringsum überall Land erscheinen zu sehen, wo vorher Wasserspiegel war. Die Inseln sind nicht mehr Inseln, nur höher bebaute Flecke eines großen grau-grünlichen Morastes, den schöne Kanäle durchschneiden. Der sumpfige Teil ist mit Wasserpflanzen bewachsen und muß sich auch dadurch nach und nach erheben, obgleich Ebbe und Flut beständig daran rupfen und wühlen und der Vegetation keine Ruhe lassen.
Ich wende mich mit meiner Erzählung nochmals ans Meer, dort habe ich heute die Wirtschaft der Seeschnecken, Patellen

und Taschenkrebse gesehen und mich herzlich darüber gefreut. Was ist doch ein Lebendiges für ein köstliches, herrliches Ding! Wie abgemessen zu seinem Zustande, wie wahr, wie seiend! Wie viel nützt mir nicht mein bißchen Studium der Natur, und wie freue ich mich, es fortzusetzen! Doch ich will, da es sich mitteilen läßt, die Freunde nicht mit bloßen Ausrufungen anreizen.
Die dem Meere entgegen gebauten Mauerwerke bestehen erst aus einigen steilen Stufen, dann kommt eine sacht ansteigende Fläche, sodann wieder eine Stufe, abermals eine sanft ansteigende Fläche, dann eine steile Mauer mit einem oben überhängenden Kopfe. Diese Stufen, diese Flächen hinan steigt nun das flutende Meer, bis es in außerordentlichen Fällen endlich oben an der Mauer und deren Vorsprung zerschellt.
Dem Meere folgen seine Bewohner, kleine eßbare Schnecken, einschalige Patellen und was sonst noch beweglich ist, besonders die Taschenkrebse. Kaum aber haben diese Tiere an den glatten Mauern Besitz genommen, so zieht sich schon das Meer weichend und schwellend, wie es gekommen, wieder zurück. Anfangs weiß das Gewimmel nicht, woran es ist, und hofft immer, die salzige Flut soll wiederkehren; allein sie bleibt aus, die Sonne sticht und trocknet schnell, und nun geht der Rückzug an. Bei dieser Gelegenheit suchen die Taschenkrebse ihren Raub. Wunderlicher und komischer kann man nichts sehen als die Gebärden dieser aus einem runden Körper und zwei langen Scheren bestehenden Geschöpfe: denn die übrigen Spinnenfüße sind nicht bemerklich. Wie auf stelzenartigen Armen schreiten sie einher, und sobald eine Patelle sich unter ihrem Schild vom Flecke bewegt, fahren sie zu, um die Schere in den schmalen Raum zwischen der Schale und dem Boden zu stecken, das Dach umzukehren und die Auster zu verschmausen. Die Patelle zieht sachte ihren Weg hin, saugt sich aber gleich fest an den Stein, sobald sie die Nähe des Feindes merkt. Dieser gebärdet sich nun wunderlich um das Dächelchen herum, gar zierlich und affenhaft; aber ihm fehlt die Kraft, den mächtigen Muskel des weichen Tierchens zu überwältigen, er tut auf diese Beute Verzicht, eilt auf eine andere wandernde los, und die erste setzt ihren Zug sachte fort. Ich habe nicht gesehen, daß irgendein Taschenkrebs zu seinem Zweck gelangt wäre, ob ich gleich den Rückzug dieses Gewimmels stundenlang, wie sie die beiden Flächen und die

dazwischen liegenden Stufen hinabschlichen, beobachtet habe.

3. Das ökologische Gleichgewicht der Lagune

Was zu Goethes Zeiten einem Reisenden durch unmittelbare Anschauung verständlich wurde, muß heute erst wieder erarbeitet werden. Unsere Anschauung bleibt an der trüben Oberfläche hängen: die Kanäle riechen nach Verwesung, an den Lagunenrändern häufen sich angeschwemmte Plastikabfälle, am Horizont sehe ich die riesige Industrie, die Luft und Wasser verpestet. Durch die Abwässer der Landwirtschaft wird die Lagune regelrecht chemisch gedüngt, so daß die Algen überhand nehmen und die Farbe des Wassers sich ändert. Die Stampa vom 18. 5. 1977 schreibt, am Vortage habe eine Invasion von unzähligen, bisher nie gesehenen Würmern den Canale Grande heimgesucht. Diese Phänomene bestätigen auf negative Weise, was Goethe noch positiv vor Augen sah, daß nämlich die Lagune durch und durch ein Produkt der Menschenhand ist und daß ihre Erhaltung Kunst und Fleiß, d. h. Planung, erfordert. Wichtig daher, die Grundprinzipien zu erkennen, nach denen sich der Wasserhaushalt der Lagune regelt.

Ich bin 40 km die ganzen lidi entlang gefahren, die die Lagune gegen das Meer schützen, und habe die drei bocche, die Mündungen, überquert, ohne daß mir deren Bedeutung für die Gestalt der Inseln und Sandbänke und die Richtung der Kanäle unmittelbar aufgefallen wäre. Gedanken und Erkenntnisse dieser Art delegieren wir den Technikern, die in den 60er Jahren in Padua ein detailliertes Modell der Lagune zu bauen versuchten, um das Problem der anscheinend immer häufiger auftretenden Überflutungen und des Absinkens der Stadt Venedig zu erklären. Die Grundstruktur dieses Modells erklärt uns Goethe nach seiner Fahrt nach Pellestrina: Tiefe und Breite der drei Öffnungen determinieren den Druck und den Sog der zweimal am Tag ein- und ausströmenden Wassermassen. Deren Richtung und Geschwindigkeit vertieft Kanäle oder läßt sie versanden, schützt Bauwerke oder gefährdet sie. Wenn heute die Fundamente der Festung San Andrea nachzugeben drohen, so liegt das nicht nur am Wellenschlag der großen Schiffe, sondern auch an der Ausbaggerung der Lido-

Einfahrt zu den Hafenbecken von S. Marco und der Giudecca. Bis ins 18. Jahrhundert war diese Einfahrt durch eine Reihe von schützenden Sandbänken so beschaffen, daß die Kriegsgaleeren ihre schweren Kanonen beim Eintritt in die Lagune ausladen mußten, was für die Stadt nicht nur von Nachteil war.
Mit dem Bau der II. Industriezone von Porto Marghera in den 60er Jahren wurde der Kanal von Malamocco auf 15–17 Meter Tiefe ausgebaggert, damit Supertanker unter Umgehung Venedigs bis nach Marghera gelangen konnten. Dieser einschneidende Kanalbau hat den ganzen Wasserhaushalt der südlichen Lagune aus dem Gleichgewicht gebracht und hat dann zu jenen Diskussionen geführt, die schließlich einen vorläufigen Baustopp für das dritte Industriegebiet brachten. Wasser und Meer sind der eine, Sumpf und Land der andere Faktor des Gleichgewichts der Lagune. Es gibt verschiedene Qualitäten von Land: Schwemmland der Flüsse und Sandbänke, Morast und Sumpf, Inseln, die bei Flut überschwemmt und von der Ebbe freigegeben werden (die sogenannten Barene), und schließlich eingedeichtes, altes oder neu gewonnenes Festland. Eine entscheidende Rolle in der Ökonomie der Lagune spielen die Barene, die Goethe vom Markusturm aus beobachtete. Sie wirken wie Schwämme, die das Wasser aufsaugen. Die Beseitigung der Barene durch Bebauung muß, genauso wie die neuen Eindeichungen, eine Erhöhung des Wasserspiegels zur Folge haben (eine der Ursachen für das Absinken Venedigs). Insgesamt hat sich der Wasserspiegel der Lagune in den letzten paar hundert Jahren um Zehntausende von Hektar verringert, laut Schätzungen um ca. 1/4 der ehemaligen Oberfläche. Allein die Industriegebiete von Porto Marghera entzogen der Lagune in den letzten 20 Jahren etwa 5000 Hektar, dazu kommen der in den ehemaligen Sumpf gebaute Flugplatz und die seit dem vorigen Jahrhundert unternommenen großen landwirtschaftlichen Trockenlegungen. Auch die Fischzuchten, die **valli di pesca,** die früher mit der laguna viva, d. h. mit dem ständig ein- und ausströmenden Wasser, in Verbindung waren, sind heute zumeist laguna morta (natürlich nicht im biologischen Sinn), d. h. abgetrennt von der allgemeinen, durch den Gezeitenwechsel hervorgerufenen Wasserbewegung. Denn die valli sichern ihren Fischbestand heute mit Schleusen und verwenden als Trennwände zur Lagune feste Baustoffe und nicht mehr

wie früher wasserdurchlässige Schilfwände. In Lio Piccolo konnten wir das sehr gut beobachten.
Venedig schützte sich früher also nicht nur gegen das Meer, sondern auch gegen das Land und hatte dabei offensichtlich als warnendes Beispiel das Schicksal früherer Siedlungen vor Augen, deren Blüte zu Ende ging, weil die Wasserwege versandeten und das Festland sie erreichte (Acquileia, Spina, Pomposa, Ravenna, Tre Porti usw.). Daher schon im frühen Mittelalter die Umleitung der Flüsse um die Lagune herum, um Schwemmlandbildung zu vermeiden, z. B. die Umleitung der Brenta im Süden und der Sile und der Piave im Norden, bei gleichzeitiger Verbindung dieser Flüsse durch ein verzweigtes Kanalsystem, das die Lagune auf dem Wasserwege mit ganz Oberitalien verbindet (mit Ferrara, Mailand, Parma, Triest usw.). Die Kanäle, die wir im venezianischen Hinterland ständig kreuzen und die heute so verlottert aussehen, sind fast alle schiffbar gewesen und sind es z. T. auch heute noch. Die wirtschaftliche Bedeutung dieser billigen Transportwege können wir uns nur noch auf Grund historischer Überlegungen vorstellen, denn die Anschauung vom vielfältigen Leben dieser oberitalienischen Binnenwasserstraßen fehlt uns ja vollständig.
Das Gleichgewicht von Meer und Land wurde vom magistrato delle acque verwaltet, einer sehr mächtigen Behörde, der alle diesbezüglichen Entscheidungen unterstanden. Ein solches Gleichgewicht ist nicht natürlich gegeben, sondern ist das Produkt von »Kunst und Fleiß« und damit auch das Produkt politischer Entscheidungen. Es wäre interessant, die politische Geschichte des magistrato delle acque zu durchleuchten, ob er z. B. seine Entscheidungen über die riesigen Infrastrukturausgaben auch hinter den »neutralen, technischen Erfordernissen« versteckte oder ob er die politischen Implikationen und Konsequenzen seiner Tätigkeit offenlegte. Die beiden großen pressure groups waren auf der einen Seite diejenigen, die an einer festeren Verbindung mit dem Festland interessiert waren (Landwirtschaft, oberitalienischer Binnenhandel), und auf der anderen Seite diejenigen, die am Fernhandel, also an der Verbindung zum Meer profitierten. Im 16. Jahrhundert brach mit der Krise des Fernhandels – durch Entdeckung der »neuen Welt« und das Vordringen der Türken verursacht – der Konflikt offen aus, und von nun an bestand die große politische Leistung der venezianischen Innen-

politik vor allem darin, ein vernünftiges Gleichgewicht zwischen maritimen Interessen (Infrastrukturausgaben für Lagune und Hafen) und der festländischen Kolonisationspolitik (Infrastrukturausgaben für Landwirtschaft und Landnahme) zu finden.
»Gran laguna fa gran porto« – »große Wasser gründen tief«, behauptete völlig richtig die Partei der Interessenten an tiefen Häfen und tiefen Kanälen. Gegen die »große Lagune« führten die Agrarier die enormen Fortschritte der Hydraulik und anderer Techniken der Landnahme und Urbarmachung ins Feld. Die Wissenschaft war also ebenso neutral wie bei unseren Energiedebatten.
PS. Heute abend lese ich noch Reinhard Bentmann und Michael Müller »Die Villa als Herrschaftsarchitektur«. Ich erinnere mich, daß da die Ideologie der Landnahme und der sittlichen Bedeutung der Agrikultur, wie sie sich in der Villenarchitektur ausdrückt, ganz vorzüglich beschrieben ist. Morgen dann zur Villa Malcontenta.

4. Industriegebiet – Villa Malcontenta – Fusina

Einen Tag lang war ich in **Mestre-Marghera,** gestern bin ich endlich wieder rausgefahren, Richtung Süden. Auf der Höhe des Bahnhofs von Mestre führt ein System von Eisenbahn- und Straßenüberführungen nach Venedig, auf den Umgehungsring zu den Autobahnen und auf die Landstraße n 11, die alte Straße nach Padua, die das Industriegebiet tangiert. Von hier bis Malcontenta sind es etwa 6 km. Für die Arbeiterbewegung von Porto Marghera ist ein Großteil dieser Strecke »historischer Boden«. Die Landstraße heißt, solange sie durch den Ort führt, Viale Fratelli Bandiera (Venezianer, Helden des nationalen Befreiungskampfes, des Risorgimento; von den Österreichern verfolgt, flohen sie nach Kalabrien, um von dort den Befreiungkrieg zu organisieren, 1844 in Cosenza erschossen, begraben in Venedig in der Kirche SS. Giovanni e Paolo). Sie ist die natürliche Aufmarschallee für Demonstrationen, denn die ganzen Fabriktore, von der Montefibre am Südende bis zur Breda im Norden, sind auf sie zugeordnet. In den harten Streikperioden 1968–75 ging der Zug von hier zu den Überführungen (la cavalcavia), deren Ver-

kehr blockiert wurde, zum naheliegenden Gewerkschaftshaus und beim großen Streik vom 1. August 1968 auch zum Bahnhof, der damals besetzt und zum Schauplatz blutiger Zusammenstöße wurde. Es gibt eine wichtige, von einem jungen Arbeiter geschriebene Chronik dieser Kämpfe, autobiographisch, mit vielen Dokumenten, problematisch, fast zu trocken, nicht leicht zu lesen: Franco Donaggio »In fabbrica ogni giorno tutti i giorni«, Verlag Bertani, Verona, 1977.
In **Malcontenta** erreicht man den berühmten **Brenta-Kanal,** den naviglio del Brenta, an dem bis Stra wie am Schnürchen die schönsten venezianischen Villen aufgereiht sind. Die Strecke Malcontenta–Stra beträgt etwa 22 km, z. T. kann man, vor allem mit dem Fahrrad, ruhigere Nebenstraßen benutzen. Vom 1. Mai bis 1. Oktober verkehrt Dienstag/Donnerstag/Samstag von Venedig nach Padua und Mittwoch/Freitag/Sonntag von Padua nach Venedig ein Ausflugboot, der burchiello (ein Tagesausflug mit Essen und Führungen kostet ca. 60 DM, man erkundige sich rechtzeitig beim CIT oder einem anderen Reisebüro).
Die Villa Malcontenta ist, von der Lagune her gesehen, das erste Glied der Villenkette, ein Meisterwerk des Andrea Palladio, des größten Villenarchitekten. Als ich das erste Mal hier war, hatte mich dieses kunsthistorische Baedeker-Prädikat leicht eingeschüchtert, so daß ich glaubte, den Bau vor allem als monumentales Einzelobjekt betrachten zu müssen. Diese Betrachtungsweise wird noch dadurch gefördert, daß der heutigen Villa die Wirtschaftsgebäude fehlen, die sie ursprünglich umgaben. Dadurch geht verloren, daß die Villen die Krönung einer großen technisch-wissenschaftlichen Leistung waren, nämlich der Entwässerung, Urbarmachung, Neubesiedlung und Melioration des Festlands. Schon zwei Jahrhunderte nach diesen Pionierleistungen waren die Villen allerdings nur noch Fassaden und Kulissen eines zwar blühenden, aber untergehenden gesellschaftlichen Lebens. Goldoni schrieb eine ganze Reihe von Komödien über die wie ein Wahn um sich greifende Mode, bereits nicht mehr vorhandene Vermögen in der Sommerfrische der Villen durchzubringen. »Die Sommerfrischler bringen auf das Land den Pomp und das Treiben der Stadt mit und haben das ruhige Leben der Pächter und Hirten vergiftet, die am Übermut ihrer Herren das Ausmaß ihrer Armut erfahren«, schreibt er um 1760 im Vorwort zur Trilogie über die Sommerfrische (deren ersten

Teil gibt es bei dtv zweisprachig, eine schöne Lektüre im Park hier).
Von Malcontenta dem Kanal entlang nach **Fusina** (5,5 km). Links die chemischen Werke der Industriezone II, rechts der Kanal und Felder und hinter diesen Feldern das eingedeichte, 4000 Hektar große Gelände der geplanten Industriezone III. Soweit das Auge reicht, sollten hier neue Industrien entstehen. Parallel zur Küste läuft der tiefe Tankerkanal. Von Fusina im Sommer (Mai bis Ende September) rasche Verbindungen direkt zum Markusplatz. Bis zum Bau der Autobrücke über die Lagune und des Piazzale Roma war Fusina der normale Brückenkopf, von dem aus man Venedig erreichte. Ein Campingplatz liegt ideal für Leute, die a) zelten und täglich nach Venedig über die Lagune reinfahren wollen, b) ein Boot haben und von hier aus auf diese Weise die Lagune kennenlernen wollen. Die Verkehrsregelung in der Lagune ist einfach, die Fahrrinnen sind mit Pfählen abgesteckt, auf den zahlreichen Kanälen kann man außerdem weit ins Hinterland und in das Podelta fahren.
Von Fusina zurück nach Malcontenta, ab der Schleuse Moranzani läuft auf der anderen Seite des Kanals ein hübsches Sträßchen. Das Gelände linker Hand ist militärisches Sperrgebiet, Munitionsdepot, was daran erinnert, daß die ganze Region Venetien, vor allem aber Friuli, militärisches Aufmarschgebiet der NATO ist (das nahe Jugoslawien war »Spannungsgebiet« nach seinem Ausscheren aus dem Ostblock und wird vielleicht »Spannungsgebiet« nach Titos Tod).
Um gut zu essen und um weiter ins Sumpfgebiet einzudringen von Malcontenta aus einem Kanal entlang nach **Dogaletto**. Hier drängen sich in den Kanälen dicht aneinandergereiht die Bootshütten der Jäger, Fischer und Naturliebhaber. Hervorragende Trattoria. Zurück nach Mestre. Hätte ich da nicht mein Gepäck, wäre ich weiter nach Chioggia gefahren (noch ca. 30 km).
PS: Besuche auf dem Rückweg eine besetzte Fabrik, die Filatura Veneta S.p.A., ein ehemals blühender Textilfaserproduzent mit noch 59 Beschäftigten, die ihre Entlassung mit einer Besetzung der Fabrik beantworteten. Solidaritätskonzert des Canzoniere Veneto, Kampflieder, Volkslieder, Tänze der Osteria. In der kalten Halle die Belegschaft, Familienangehörige, Delegationen anderer Betriebe. Die Stimmung ist gedrückt. Bertelli singt das Lied vom krebserzeugenden PVC.

Text von Ferruccio Brugnaro, Delegierter im Betriebsrat der Montedison. Ein Arbeiter drückt mir einen Zeitungsausschnitt vom 27. 9. 1978 in die Hand: »Die 120. Gaswolke im Chemiegebiet. 40 Arbeiter mußten ärztlich behandelt werden.« »Vergiftungen und Entlassungen, die machen mit uns was sie wollen«, sagt er. (Zwei Gedichtbände von **Brugnaro,** erschienen im Verlag Bertani, Verona, sind eine Chronik dessen, was in den letzten 10 Jahren hier passierte.)

5. Im Hinterland: Mogliano Veneto

Wohne preiswert (kleine Villa mit Park) in **Mogliano Veneto,** auf halbem Weg zwischen Venedig und Treviso. In Treviso oder sonstwo hier im Hinterland zu wohnen ist schön und sinnvoll, wenn man sparen muß, wenn die billigeren, kleinen Pensionen und Hotels in Venedig überfüllt sind oder wenn man sich vor allem die Villen und die venezianische Provinz anschauen will.

Hier ganz in der Nähe wurde die weitläufige Villa Condulmer aus dem 17. Jahrhundert in ein prächtiges »Country-Hotel« umgewandelt. Bei Wechselkursen, die dem deutschen Tourismus die Plünderung fremder Länder erlauben, kann sich unsereiner sogar so etwas leisten. Zur Tourismuskritik, wie sie jetzt in der Bundesrepublik von progressiven und gebildeten Leuten geleistet wird, gehört auch eine Analyse dieser Wechselkurse. Je ärmer die Länder, desto schöner das Reisen. Da stimmt was nicht.

Mogliano Veneto liegt am Terraglio, einer Prachtallee zwischen Treviso und Venedig, die wie die Riviera del Brenta von Villen besäumt ist. Leider machen der Autoverkehr und die Zersiedelung der Landschaft den Genuß der Villen sehr schwer. Um die alten Bauten und Parks breitet sich eine weitgehend ländliche und kleinstädtische Bevölkerung aus mit dem intensiven Wunsch nach einem eigenen Haus. Im Boom der 50er und 60er Jahre rasche Verbreitung einer Unzahl kleiner und mittlerer Betriebe (Lampen, Möbel, Textilien), z. T. stark exportorientiert und aufgrund ständiger Lira-Abwertungen exportfähig, rentabel dank einer überdurchschnittlichen Ausbeutung (Löhne, Arbeitszeit, materielle Arbeitsbedingungen), gegen die eine noch halb bäuerliche, stockkatholische, durch Zuzug aus dem Voralpenland ständig zuneh-

mende Bevölkerung relativ wehrlos ist. Die Kosten der gegenwärtigen Krise werden voll von den Arbeitskräften getragen. Je nach Auftragseingang stellen die Betriebe ein, nehmen Entlassungen vor, verlagern die Produktion auf billigere Heimarbeit oder schließen ganz, meist mit Gewinn, denn die Maschinen sind abgeschrieben, die Gebäude und Immobilien steigen im Wert, die Vorräte werden zu Selbstkosten verschleudert.
In den kleinen Orten des Veneto spielen die Osterien noch eine Rolle. Sie füllen sich nach fünf Uhr nachmittags (im Sommer natürlich später), man trinkt sehr gut und ißt Kleinigkeiten vom Schwein oder aus dem Meer (cannocchie, Krebse, Tintenfische usw.). Auf jeden Fall gibt es gekochte Eier mit Pfeffer und gekochte, süße Zwiebeln. Raffaele hat eine untrügliche Nase für Osterien und ihre spezifische Kultur (Trinken, Essen, Unterhaltung und Musik). In Mogliano Veneto gibt es, zum Hotel La Fenice gehörend, eine etwas anspruchsvolle, aber billige Osteria, in der man die ganzen Weine des Veneto durchprobieren und einen Teller Reis dazu essen kann. Raffaele nennt die Fremden, die sich am mediterranen Volkstum berauschen, Schakale. Bis spät diskutieren wir über das Problem der Aneignung von Kultur und Landschaft durch Einheimische und Fremde, über den Klassencharakter des Massentourismus, der darauf hinausläuft, daß die Bevölkerung der reicheren Länder zur Erholung in die ärmeren Länder verschickt wird, sogenannte Billigländer, die die Funktion haben, entweder direkt Arbeitskräfte zu liefern oder die Erholungskosten der deutschen Arbeitskräfte billig zu halten. Sowohl Arbeitskräfteimporte als auch Massentourismus erfüllen also eine zentrale Funktion für den Arbeitsmarkt der reicheren Länder (das läßt sich auch im Verhältnis Nord–Süd innerhalb Italiens feststellen), und sowohl der Arbeitskräfteimport als auch der Massentourismus verursachen unter Marktbedingungen eine verschärfte Konkurrenz, eine Trennung zwischen einheimischen und fremden Arbeitern, versetzen beide aber auch in einen Zusammenhang, wirken auf eine Angleichung der Interessen. Wie ist das also mit den Schakalen? Raffaele sagt den Kernsatz: keine revolutionäre Aneignung von Kultur ohne Primat des Lokalen, des Regionalen, des Nationalen. Ich sage, ohne Primat des Internationalen. Wir sind uns einig, aber: wie sieht diese »Lösung« in der Praxis unseres Reisens aus? Wie lassen sich so klumpige Sätze und so gewichtige »Primate« in der Praxis unseres Reisens auflösen?

Zwischen Mogliano Veneto verkehren regelmäßig Züge und Omnibusse. Die Entfernung nach Mestre beträgt 12 Kilometer.

6. Venedig und Mestre — Porto Marghera

Man müßte etwas Systematisches zu Mestre-Porto Marghera schreiben. Fast jeder, der nach Venedig fährt, fährt da durch. Jeder tut so, als ob diese Scheußlichkeiten hier mit seinem eigentlichen Reiseziel, mit der Schönheit Venedigs, nichts zu tun hätten. Akzeptieren wir damit nicht unbewußt und resigniert die Trennung, die man uns ständig als »natürlich« einbläut, zwischen Stätten der Schönheit und Wissenschaft und Stätten der Produktion und der Ausbeutung? Hier Porto Marghera, einer der größten Chemiekomplexe Europas, mit seinen 2000 »Fällen« (Menschen!) von Gasvergiftungen jährlich, mit seinen Rauchschwaden, die über die Lagunen ziehen, mit seinem krebserzeugenden PVC und dort die Märchenstadt Venedig? Wie kommt so ein Verhältnis zustande, und wie überwindet man diesen Widerspruch?
Ein paar Daten und Informationen: um die Jahrhundertwende zählte der Ort Porto Marghera 965, Mestre 6530 Einwohner. Die Einwohnerzahl von Mestre stieg bis 1921 auf 13 000, bis 1945 auf 80 000, bis 1958 auf 130 000. Heute zählt der Komplex Mestre-Porto Marghera 250 000 Einwohner, während die Einwohnerzahl des historischen Venedig in der Periode 1950–1975 von 180 000 auf 100 000 sank. Das Monstrum Mestre wächst, Venedig entvölkert sich. Mestre-Marghera ist trotz der Einwohnerzahl keine ordentliche Großstadt, sondern ein zersiedeltes, zusammengewürfeltes Agglomerat von Häusern und Vierteln, die zwischen Bahnlinien, Durchgangsstraßen und Kanälen eingeklemmt liegen. Nicht die Stadt wurde geplant, sondern die Industrieentwicklung. Der Rhythmus des Arbeitsmarktes bestimmte den Rhythmus der Zuwanderung. Der Wohnungsmarkt hinkte hinterher. Die öffentlichen Infrastrukturen hatten sich in bereits vollendete Tatsachen einzufügen oder unterblieben. Perfekte Marktwirtschaft, in der die Industrieinvestitionen das ganze übrige Leben bestimmen.
Um die Jahrhundertwende begann die Diskussion, auf welche Weise eine Stadt wie Venedig industrialisiert werden kön-

ne. Im Jahre 1907 wurden die ersten Pläne vorgelegt, um die Venedig gegenüberliegende terraferma zu industrialisieren, um »zum Wohle der Stadt öden Sumpf und Barene in tätige, blühende Betriebe zu verwandeln«. Aber erst als gegen Ende des 1. Weltkriegs ein Unternehmer wie Giuseppe Volpi den Elektrizitätskonzern SADE und die Industrialisierungspläne in die Hand nahm und seine Beziehungen zur römischen Regierung spielen ließ, entstand in den Jahren 1920–35, im Sumpf zwischen Lagune und Festland, das **Industriegebiet I** und sein Hafen. Wie andere große, venezianische Unternehmer und Abenteurer ließ sich auch Volpi in der Frari-Kirche begraben. Er hatte wertloses Land aufgekauft, den Staat die Urbarmachungskosten bezahlen lassen, das Land an Industriebetriebe und die Hafengesellschaft, die er kontrollierte, verkauft und das Industriegebiet mit der von der SADE produzierten Energie versorgt.

Die Industriezone I löste die Beschäftigungsprobleme Venedigs keineswegs. Daher wurde nach dem zweiten Weltkrieg die **Zone II** und in den 60er Jahren die dritte Zone in Angriff genommen. Federführend war nicht mehr die SADE, sondern Italiens größter Chemiekonzern, die Montedison. Da in die Kostenrechnung der Großkonzerne der Verschleiß an Menschen, Lebenszusammenhängen und Natur nicht eingeht, stellte man erst in den 60er Jahren fest, daß die Industriezone II die Abwanderung von Arbeitskräften aus Venedig nicht verhindert, sondern fördert; daß der ungeheuere Wasserbedarf den Grundwasserspiegel senkt und damit den Boden, auf dem Venedig steht, gefährdet; daß der Bau tiefer Kanäle durch die Lagune große, ökologische Probleme aufwirft und daß die Urbarmachung des sumpfigen Geländes dem Wasser in der Lagune wertvollen Spielraum entzieht.

Am 4. November 1966 bedrohte eine Flutwelle, die bereits die Murazzi auf Pellestrina durchbrochen hatte und deren Wasserstand 190 cm über dem Normalstand lag, Venedig. Diese Katastrophe löste eine umfangreiche ökologische Debatte über den drohenden Untergang der Stadt aus. Das Sondergesetz zur Rettung Venedigs von 1973 hat den Ausbau der **Industriezone III** daraufhin vorläufig gestoppt.

Natürlich hatte man sich bereits vorher Gedanken gemacht über die Frage, ob die Industrialisierung des Festlands, der terraferma, die Zukunft Venedigs fördert oder beeinträchtigt. 1962 beschäftigte sich ein internationaler Kongreß mit diesem Thema. Ich will, während ich hier Ferien mache, nicht die ganzen Protokolle, die 1964 veröffentlicht wurden, durchschauen, fand aber im ausgezeichneten Buch von Piero Zampetti: »Il problema di Venezia« (Sansoni 1976) Auszüge der damaligen Beiträge von Richard Neutra und Le Corbusier. Neutra stellt fest, daß diese Art der terraferma-Politik Venedig mit seinem Hinterland nicht verbindet, sondern die Stadt durch eine regelrechte Barriere von ihrem Hinterland trennt. »Diese Industriezone von Porto Marghera und Mestre ... ist sicherlich ein wichtiger Faktor für eine Stadt, die ihr Weltreich verloren hat. Andrerseits hat sie Venedig von den anderen Plätzen – Vicenza, Padua, Rovigo, die wir Subzentren nennen können – auf höchst unangenehme Weise getrennt.« Und weiter: »Der Zugang zur Stadt ist so desolat, daß etwas getan werden muß. Die Industriezone, die man durchfährt, bevor man die Brücke erreicht, besitzt alle Charaktereigenschaften des Amerikanismus im schlechtesten Sinn des Wortes. Ich habe in der ganzen Welt gearbeitet, in Karatschi, in Johannesburg und im neuen Istanbul. Überall das gleiche Phänomen: diese scheußliche Art des Bauens, die jeder Sache die eigene, wahrnehmbare Form nimmt.« Für den menschlichen Organismus und sein Nervensystem sei aber gerade die Formbestimmtheit lebenswichtig. Den gleichen Gedanken äußert Le Corbusier, der den magischen Reiz von Venedig in der Formbestimmtheit, im Formenreichtum, in der »Menschlichkeit« der Proportionen sieht. Man braucht kein Neutra oder Le Corbusier sein, um dem zuzustimmen. Aber woher diese Scheußlichkeit, von Mestre bis Karatschi? Die beiden Architekten haben keine Antwort, und ihre Lösung ist die aller Konservativen: »Die Behörden müssen Venedig zur heiligen Stadt erklären«, fordert Le Corbusier; lassen wir die Industrie, die bisher zerstörerisch wirkte, auf dem Festland neue Horizonte erschließen und bewahren wir Venedig mit seinen biologisch richtigen Proportionen für die denkenden, diskutierenden, genießenden Menschen. Als ich das las, erinnerte ich mich an das Gedicht von Hofmannsthal. »Manche freilich müssen drunten sterben / wo die schweren Ruder der Schiffe streifen / Andre wohnen bei dem Steuer droben / kennen Vogelflug und die Länder der Sterne /.« Marghera–Venedig, die Kulturfrage läuft immer auf das gleiche hinaus: wer wohnt da und wer wohnt dort und wie läßt sich diese Trennung, die Neutra und Le Corbusier zwar be-

klagen, aber auch als Notwendigkeit sehen, überwinden? Ganz konkret, da ich hier in Marghera sitze, was hat die Arbeiterklasse von Porto Marghera mit Venedig zu tun? Und wir: wie kommen wir von dem elitären Venedigverständnis runter?
Ein unheimlicher Satz im Goetheschen Venedig-Tagebuch lautet: »Auf dieser Reise, hoffe ich, will ich mein Gemüt über die schönen Künste beruhigen, ihr heilig Bild mir echt in die Seele prägen und zum stillen Genuß bewahren. Dann aber mich zu den Handwerkern wenden und, wenn ich zurückkomme, Chemie und Mechanik studieren. Denn die Zeit des Schönen ist vorüber, nur die Not und das strenge Bedürfnis erfordern unsere Tage.« (5. Okt. 1786) In der viel späteren Fassung der »Italienischen Reise« hat Goethe diesen Gedanken nicht mehr aufgenommen.
»Not und strenges Bedürfnis« bedeuten Disziplin und Rationalität der kapitalistischen Produktion. Wann und wie sprengt die Arbeiterklasse diese mörderische Schule? Wann beginnt die Zeit des Schönen, nicht in Venedig, sondern in Mestre-Marghera?
PS: In den Jahren 1968–72 wurde der elitäre Raum der Biennale (Filmpalast auf dem Lido/Pavillons in den Gärten von S. Elena) durch Demonstrationen, die z. T. auf einen sehr harten Polizeieinsatz stießen, gesprengt. Veranstaltungen der **Biennale**, vor allem Filmaufführungen und Theater, wurden auf die Plätze und in die verschiedenen Stadtviertel Venedigs gebracht, und natürlich auch nach Mestre-Marghera. Wir müssen uns vorstellen, was so ein Tapetenwechsel für eine Kunst bedeutet, die nur immer von Venedig, nie aber von »Chemie und Mechanik« Notiz genommen hat. Von dieser Konfrontation erhielt die Reformbewegung der Biennale große Impulse. Das Gesetz zur Neuordnung der Biennale von 1973 nahm einiges davon auf: »Verlängerung« der Tätigkeit der Biennale zeitlich und räumlich – Aufbau fester Strukturen, die eine regelmäßige kulturelle Tätigkeit ermöglichen – Demokratisierung der Leitung durch Hinzuziehung von Parteien, Gewerkschaften und Gebietskörperschaften. In der gegenwärtigen, allgemeinen Restaurationsphase steckt die Biennale in einem Prozeß abstrakter Bürokratisierung und abstrakter Politisierung (immer noch mit einem faszinierenden Kulturprogramm, aber ohne die Kraft, sich an der Realität Marghera/Mestre zu messen).

7. Die Brücke über die Lagune. Mit dem Boot von Fusina zur Piazza S. Marco. Das Arsenal. Die Futuristen.

Bis zu den Jahren 1841–1846, in denen die Österreicher die 4 km lange Eisenbahnbrücke Mestre–S. Lucia bauten, war Venedig eine Insel geblieben. Dem 19. Jahrhundert mußte die Lagune zunehmend als Hindernis für eine industrielle Entwicklung erscheinen und nur noch als Hindernis, denn ihre Funktion als natürliches Hafenbecken war gänzlich bedeutungslos geworden. Das Fest der Vermählung mit dem Meer (der Doge warf seinen Ring feierlich ins Meer), das Venedig »als Zeichen dauernder und ewiger Herrschaft« seit dem Jahre 1000 gefeiert hatte, entbehrte nach dem Fall der Aristokratenrepublik 1797 jeder materiellen Grundlage und wurde gestrichen. Der wirtschaftliche Verfall ging ungemein rasch vor sich. Ich möchte keine Statistiken anführen, sondern nur auf den Unterschied hinweisen, wie Goethe und andere Reisende des ausgehenden 18. Jahrhunderts die Stadt noch sehen konnten und wie sie J. G. Seume wenige Jahre später, 1802, sah. »Um alles in der Welt«, schrieb er in seinem »Spaziergang nach Syrakus«, »möchte ich jetzt nicht Beherrscher von Venedig sein; ich würde unter der Last meiner Gefühle erliegen... Die niederschlagendste Empfindung ist mir gewesen, Frauen von guter Familie in tiefen, schwarzen, undurchdringlichen Schleiern kniend vor den Kirchentüren zu finden, wie sie, die Hände gefaltet auf die Brust gelegt, ein kleines, hölzernes Gefäß vor sich haben, in welches die Vorübergehenden einige Soldi werfen«.
Die Österreicher, die etwa von der Jahrhundertwende bis zur Einigung Italiens 1866 die Herrschaft über Venedig hatten, betrieben konsequent den Anschluß der Stadt an das Festland. Die Eisenbahnbrücke bildete die Achse dieser Entwicklungsstrategie. Die ganz nach Osten, zum Meere hin gebaute Stadt wurde nun mit einigen harten, städtebaulichen Eingriffen nach Westen geöffnet: beim Bau des Bahnhofs wurde die Kirche S. Lucia eingerissen, die großen Brücken der Accademia und (gegenüber dem Bahnhof) der Scalzi wurden errichtet, die Via Nuova wurde angelegt, um den Fußgängerverkehr vom Bahnhof zum Rialto und nach S. Marco zu fördern. Der Canale Grande war nun nicht mehr vornehmlich Fortsatz des Hafenbeckens von S. Marco, sondern wurde in erster Linie zur Achse des Durchgangsverkehrs, was seine Verkehrsbela-

stung vervielfachte. Als Gegenpol zur Piazza S. Marco wurde der Piazzale Roma ausgebaut, ein Brückenkopf, über den seit dem Bau der Autobrücke im Jahre 1932 die Mehrzahl der Besucher Venedig betritt. Daß diese Art des Betretens zunächst ein falsches Bild von Venedig vermittelt, stört die Touristenschwärme natürlich nicht, wohl aber den, der die ursprüngliche Anlage kennt und die Absicht des Architekten zu schätzen weiß: die Piazza S. Marco war nicht nur zentraler Platz der Stadt, sondern vor allem die großartigste Empfangshalle, die man sich vorstellen kann. Es entspricht also ganz der materiellen Struktur der Stadt und nicht ästhetischer Schwärmerei, wenn Thomas Mann seinen Helden bedenken läßt, »daß zu Lande, auf dem Bahnhof in Venedig anlangen einen Palast durch eine Hintertür betreten heiße, und daß man nicht anders, als wie nun er, als zu Schiff, als über das hohe Meer die unwahrscheinlichste der Städte erreichen sollte«.

Nachdem sich in den letzten Jahren der Piazzale Roma und die Autobrücke als eine regelrechte Verkehrsfalle entpuppt haben, hat die Stadtverwaltung versucht, die Anfahrtswege nach Venedig wieder zu diversifizieren. In Mestre wurde der Großparkplatz S. Giuliano errichtet, von dem aus man mit dem Boot das Westufer Venedigs, die Fondamenta Nuova, erreicht. Im Süden von Mestre-Marghera wurde die alte Landestelle Fusina wieder ausgebaut. Hier endet bzw. beginnt der Brenta-Kanal, und hier landete früher der burchiello, das Postschiff, das den regelmäßigen Verkehr Venedig–Padua–Venedig bewerkstelligt hatte. Von Fusina aus erreicht man heute mit einem Boot auf der gleichen Route wie früher direkt den Markusplatz. (Die Boote von S. Giuliano und Fusina aus verkehren nur in den Monaten Mai bis September). Diese Fahrt ist auf jeden Fall lohnender als der Zugang zur Stadt über die Autobrücke. Das Boot steuert direkt auf die Giudecca zu und läßt links die großen Industriegebiete I und II und rechts das bereits eingedeichte Gelände der Industriezone III liegen. Es erreicht den Kanal der Giudecca auf der Höhe des 1866 vom Königreich Italien als Konkurrenz zum österreichischen Triest gebauten Handelshafens. Rechts die Sacca Fisola mit ihrem sozialen Wohnungsbau und dann, bereits auf der Giudecca, die Stuckymühle, ein 1866 errichtetes mehrstöckiges, hohes Gebäude in neoromanischem Stil. Die Stuckymühle war einst eine der größten Mühlen Europas und beschäftigte noch Anfang der 50er Jahre 350 Männer und Frauen. Diese Mühle, die Filiale der Junghans, die Werften auf der Giudecca und das Arsenal waren die venezianischen Großbetriebe, die der Stadt eine gewisse Industriebeschäftigung sicherten. Die Giudecca war damals das Arbeiterviertel Venedigs. Anfang der 50er Jahre begannen diese Unternehmen ihre Beschäftigung abzubauen und zu schließen. 1954 wurden die Arbeiter der Stuckymühle entlassen. 50 Tage lang besetzten sie das Werk. Als sie schließlich kapitulierten und auf den großen barconi das letzte Mal in einem Demonstrationszug durch die Stadt fuhren, den Kanal der Giudecca hoch und durch den Canale Grande, »waren ihre Gesichter weißer als Mehl«, wie es in einem der schönsten Lieder von **Gualtiero Bertelli** heißt. (Auf der Schallplatte »Mi voria saver«, I dischi del sole, DS 1054/56, auf der auch andere venezianische Lieder Bertellis aufgezeichnet sind). Der Niederlage der Mühlenarbeiter folgte die der Werftarbeiter und ein allgemeiner Beschäftigungsabbau. Heute steht die Stuckymühle leer und verlassen, und die Biennale hat vergeblich einen Wettbewerb ausgeschrieben, um für den Bau eine neue Verwendung zu finden.

Zwischen der Stuckymühle und der Kirche S. Eufemia erstreckt sich der nun ebenfalls verlassene Komplex der cantieri navali. Im Zuge eines Programms der Wiederbelebung und Umfunktionierung verlassener Räume hat die Biennale im Jahre 1975 in den langgestreckten Hallen der Werft Theateraufführungen organisiert, unter anderem auch Ronconis weltberühmte Inszenierung der Komödien des Aristophanes. Aber ebenso wie die Projekte zur Wiederverwendung der Stuckymühle blieben auch diese Aufführungen Veranstaltungen von Intellektuellen, was bedeutet, daß »die Hunderte von Arbeitern, die hier einmal ihr Brot verdienten, nicht mehr hierher zurückkommen« (Bertelli). Das Venedig der Arbeiter wird ausquartiert.

Das Venedig der Arbeiter hat seine große Tradition nicht nur auf Murano, der Insel der Glasindustrie, sondern auch in Venedig selbst. Und in diesem Zusammenhang verdient das Arsenal eine besondere historische Bemerkung.

Das Arsenal, Werft und Hafen zugleich, mußte eine zentrale Funktion ausüben in einer Stadt, die ein auf die Stärke der Kriegs- und Handelsflotte gegründetes Imperium war. In der Bilanz des sterbenden Dogen Mocenigo (1423) wird berichtet, daß bei einer Einwohnerschaft von 190000 Menschen das Arsenal 16000 Schiffszimmerleute beschäftigte. Auf 3000 navigli (Boote), 300 navi (größere Schiffe) und 45 Galeeren fuhren damals 17000 bzw. 8000 bzw. 11000 Seeleute. Das 1104 gegründete Arsenal war ein riesiger Betrieb von strategischer Bedeutung für den Ausbau und Erhalt dieser Flotte und war natürlich in öffentlicher Hand. Die hochspezialisierten und qualifizierten Handwerker, die dort arbeiteten, verfügten über zahlreiche Privilegien (Sonderverpflegung bei Hungersnot etc.). Die Produktion war bis in die kleinsten Teile durchorganisiert und verwandte in breitem Maße die standardisierte Vorproduktion von Einzelteilen. Anläßlich eines Besuches des Königs von Schweden setzten die Venezianer zur Demonstration ihrer technischen Überlegenheit eine vollständig ausgerüstete Galeere an einem einzigen Tag zusammen. Allerdings hielt der venezianische Schiffsbau mit den Erfordernissen, die die Ozeanschiffahrt mit sich brachte, dann nicht Schritt, und mit dem Niedergang der venezianischen Flotte verlor auch das Arsenal seine führende Rolle als moderne Werft. Aber für Venedig blieb es die wichtigste Produktionsstätte. Anfang des 18. Jahrhunderts zählte es noch ca. 13000 Beschäftigte, bis dann Napoleon 1797 das Arsenal schloß. Die Österreicher nahmen die Produktion wieder auf, im ersten Weltkrieg spielte das Arsenal sogar wieder eine bedeutende Rolle, bis die Anlagen nach dem 2. Weltkrieg auf Grund des italienisch-jugoslawischen Abkommens endgültig demontiert wurden. Das museo storico navale, das unweit des Arsenals zu besichtigen ist, enthält viele sehenswerte Zeugnisse aus der Geschichte des Arsenals, ohne jedoch dessen historische Bedeutung wirklich vor Augen zu führen. Der vaporetto Murano–San Marco fährt eine kurze Strecke durch das Arsenalgelände.

War der Niedergang der venezianischen Industrie aufzuhalten? Gegen Ende des vorigen Jahrhunderts wurden wilde Pläne ausgeheckt, um das Becken von S. Marco und den Kanal der Giudecca in einen modernen Hafen zu verwandeln. Zu diesem Zweck sollten die Riva degli Schiavoni, die Zattere und der Quai der Giudecca zu großen Molen umgebaut werden. Die Realisierung dieser und anderer Pläne hätte das historische Venedig völlig zerstört. Dessen Konservierung mußte die Stadt andererseits aber immer mehr zu einem schmarotzenden, den arbeitenden Klassen entfremdeten Gebilde machen. Diese Art, das Erbe der Vergangenheit zu hü-

ten, wurde zur Zielscheibe der futuristischen Polemik gegen »das passatistische Venedig«.
Am 27. April 1910 warf Marinetti, der Führer des italienischen Futurismus, vom Uhrturm am Markusplatz ein Flugblatt (in angeblich 800000 Exemplaren) mit folgendem Text: »Wir lehnen das alte Venedig ab, das entkräftet und von jahrhundertelanger Wollust geschwächt ist, obwohl auch wir es einst in unseren sehnsüchtigen Träumen liebten und besaßen. Wir lehnen dieses Venedig der Touristen ab, diesen Markt der Antiquitätenfälscher, diesen Magneten des Snobismus und der Dummheit aus aller Welt, dieses Bett, das Karawanen von Liebenden durchgelegen haben, dieses edelsteingeschmückte Sitzbad für kosmopolitische Kurtisanen, diese *cloaca maxima* des Passatismus. Wir wollen diese faulige Stadt heilen, diese prächtige Wunde der Vergangenheit zum Vernarben bringen. Wiederbeleben und adeln wollen wir das Volk von Venedig, das seine alte Größe verloren hat, das eine ekelerregende Feigheit vergiftet und das Getriebe seiner kleinen, schielenden Händler erniedrigt. Wir wollen die Geburt eines industriellen und militärischen Venedig vorbereiten, das die Adria, dieses große italienische Binnenmeer, beherrschen kann. Beeilen wir uns, die kleinen stinkenden Kanäle mit dem Schutt der alten einstürzenden und aussätzigen Paläste zuzuschütten. Verbrennen wir die Gondeln, diese Schaukelstühle für Idioten, und errichten wir bis zum Himmel empor die mächtige Geometrie der Metallbrücken und der rauchgekrönten Fabriken als Ersatz für die weichen Kurven der alten Bauten. Es komme endlich das Reich des göttlichen elektrischen Lichts, um Venedig von seinem käuflichen Mondschein der möblierten Zimmer zu befreien.« (aus: Christa Baumgarth: »Geschichte des Futurismus«, Rowohlt 1966).
Der Traum von der Adria, als einem »großen italienischen Binnenmeer«, die mechanische, den Lebensbedürfnissen der arbeitenden Bevölkerung nicht verbundene Modernisierungswut und die blinde Fortschrittsgläubigkeit endeten schließlich auf den Schlachtfeldern des ersten Weltkriegs, in Caporetto, Gorizia, am Monte Grappa, also auf dem Kriegsschauplatz zwischen den österreichischen Alpen und der Lagune. Die Frage, was aus Venedig werden soll, ist offengeblieben.

8. Ausflüge in die Landschaft des Po: mit dem Schiff nach Ferrara und Cremona; die große Bonifica; die Abtei Pomposa; Strand, Wald und Fluß; der Lido delle Nazioni und Comacchio

Nur wenige Kilometer südlich der venezianischen Lagune erstreckt sich eine schwermütige, heute noch relativ unberührte Landschaft von Flußläufen, Deichen, Gehölzen, Schilfgebieten, Strand, Fischteichen, Kanälen und urbar gemachten großen Landstrichen. Unmittelbar unterhalb von Chioggia überquert die Strada Romea, als Schnellstraße ausgebaut, die Brenta, deren Lauf im frühen Mittelalter um die Lagune herum geleitet worden war. Nach 9 km überqueren wir die Etsch (Adige) und nach weiteren 10 km erreichen wir den Po, der sich wenige Kilometer östlich zu einem Delta gabelt. Jeder kann sich hier seine eigenen Spaziergänge und Spazierfahrten aussuchen, in den Fischerdörfern gibt es hervorragenden Fisch zu essen (allerdings hat nicht jeder Ort eine trattoria oder osteria), das Wasser an den für einen bescheidenen Fremdenverkehr ausgebauten Stränden südlich des Podeltas ist relativ sauber. Die Flüsse schwemmen zwar Schmutz jeder Art mit sich, so daß das Podelta für Badeferien ungeeignet scheint (für den, der noch wirklich saubere Strände gewohnt ist).

Der vom Po mitgeführte Schmutz war ein Grund für die späte Erschließung dieser Gegend; andere Gründe waren die ungeheuere Armut der Fischer und Bauern und das Fehlen spektakulärer Naturschönheiten und Kunstdenkmäler. In der Tat saust auch heute der Fremdenverkehrsstrom auf der Romea von Chioggia direkt durch bis nach Ravenna oder Ferrara. Auch Goethe, der von Venedig aus das Kurierschiff nach Ferrara nahm, berichtet lediglich: »Die Fahrt, bei herrlichem Wetter, war sehr angenehm, die Aus- und Ansichten einfach, aber anmutig. Der Po, ein freundlicher Fluß, zieht hier durch große Plainen, man sieht nur seine bebuschten und bewaldeten Ufer, keine Fernen.« Nachdem die einstmals verkehrsmäßig bedeutende Schiffahrt auf dem Po und den Binnenlandkanälen (bis Parma, Pavia, Mailand usw.) gegen Ende des letzten Jahrhunderts zum Erliegen gekommen war, kann man heute wieder mit einem Ausflugsschiff von Venedig nach Ferrara, Cremona, Mantua fahren. Allerdings verkehrt das Schiff in den Monaten April–September nur wenige Male im

Monat, für die eintägige (Venedig–Ferrara) oder zweitägige (Cremona–Ferrara–Venedig) Fahrt muß man rechtzeitig reservieren (Kosten einschließlich Essen ca. 50 DM für einen Tag bzw. ca. 120 DM für zwei Tage mit Übernachtung) bei NAVIMAR, Mailand, Piazza della Repubblica 6, Tel. 630858 oder 630310, oder bei einem ITALTURIST-Verkehrsbüro. Weitere Firmen, die kleinere Kreuzfahrten und Ausflüge auf dem Po und im Delta anbieten, sind: Martinoli, GRU, Ferrara, Tel. 34121; – Turisviaggi, Mantua, Tel. 24686; – EPT in Reggio Emilia, Tel. 43370; – im Delta selbst: Pro loco (Verkehrsverein) in Porto Tolle, Tel. 0426/81159; – Pro loco in Taglio di Po, Tel. 0426/61132; – EPT in Rovigo, Tel. 25481.
Mit seinen zahlreichen Inseln und Nebenläufen ist der Po ein außerordentlich reizvoller Fluß, und wer ein eigenes Boot hat, kann flußauf bis nach Pavia vorstoßen. Chioggia–Pavia ist eine Strecke von etwa 420 km bei einem Gefälle von nur 55 Metern. Mit dem Ruderboot läßt sich diese Strecke Pavia–Venedig flußabwärts bequem in 6 Tagen zurücklegen. Die Karte »Prima Carta Turistica di Navigazione sul Po« im Maßstab 1:50000 enthält wissenswerte Angaben, ist aber leider nur schwer in Buchhandlungen aufzutreiben, und wäre auch für Leute, die zumindest Teile dieser Strecke mit dem Fahrrad zurücklegen wollen, außerordentlich nützlich. Auf den Dämmen des Po, der Nebenflüsse und Kanäle kann man mit dem Fahrrad die schönsten Städte Oberitaliens besuchen.
Die Strada Romea überquert bei dem Ort Taglio di Po den Fluß und bei Mesola einen weiteren Arm, den Po di Goro, der die Grenze zwischen der Emilia-Romagna und dem Veneto bildet. Die Straße führt nun durch das weite Gebiet der **Grande Bonifica Ferrarese.** Soweit das Auge reicht, Anbau von Getreide, Mais, Zuckerrüben, Pappeln, vereinzelt auch Reis. Vor 100 Jahren war dieses ganze Land von einer versumpften Wasserfläche bedeckt, ähnlich wie auch andere, weite Teile der Provinzen Rovigo, Mantua, Ferrara und Cremona. Zum Teil liegt das Land bis zu zwei Meter unter dem Meeresspiegel. Die **Valli di Comacchio,** die wir wenige Kilometer weiter im Süden erreichen, sind heute noch teilweise mit Wasser bedeckt, geben aber nur eine ungenügende Vorstellung davon, wie es hier einmal ausgesehen hat, denn in den letzten Jahrzehnten wurden auch diese Valli teilweise trockengelegt und auf jeden Fall ordentlich eingedeicht. Entwässerung, Urbarmachung und Bebauung (das alles beinhaltet der Begriff Bo-

nifica) dieser weiten Gebiete waren eine Pioniertat des italienischen Kapitalismus. Um 1880 konzentrierte hier das Werk der großen Bonifica Kapital, Technik und Menschenmassen und machte das Gebiet des unteren Po (Bassa Padana) zur Wiege des modernen Proletariats und des agrarwirtschaftlichen Fortschritts in Italien. Die Neulandgewinnung umfaßte allein hier, im Gebiet von **Codigoro,** über 55000 Hektar. Turiner, Schweizer und österreichische Banken investierten hier. Große Aktiengesellschaften wurden gegründet. Hunderttausende von Landarbeitern wurden aus der sich auflösenden, feudalen Landwirtschaft des Hinterlandes abgezogen und bei den Entwässerungsarbeiten konzentriert. In den Jahren 1880–1890 führten die Konzentration, die elenden Lebensbedingungen und das wachsende Klassenbewußtsein dieser Arbeiter zu großen, aufstandsartigen Tumulten. Gramsci zählte die Landarbeiter der Bassa Padana zu den revolutionärsten Teilen des italienischen Proletariats. Nach dem zweiten Weltkrieg wurden die Bonifica-Arbeiten fortgeführt und erst gegen Ende der 60er Jahre abgeschlossen. Eine Landreform reduzierte 1950 den Grundbesitz der großen Gesellschaften und Eigentümer und verteilte Lose von durchschnittlich 7 Hektar Größe an einen Teil der Landarbeiter. Die politische Gesamtlage und die Spaltung der Bewegung durch die Landreform führten zur endgültigen Niederlage der Landarbeiterbewegung, zur Massenauswanderung und zur rapiden Modernisierung der Landwirtschaft. Ihr fiel auch der durch die Landreform zunächst geschaffene Zwergbesitz zum Opfer (zahlreiche Besitzer der 7-Hektar-Lose wanderten aus; ihr Besitz und der durch weitere Neulandgewinnung verfügbare Boden wurden in den 70er Jahren in moderneren Höfen mit 20–40 Hektar Umfang organisiert; es sind die neuen viereckigen Häuser, die wir rechts und links der Straße bis nach Comacchio sehen). In Ravenna, Ferrara, Mantua und Porto Marghera wurden große, chemische Industrien angesiedelt. Die umfangreichen Landkäufe der Montedison im Podelta **(Porto Caleri)** mit dem Ziel, dort ein neues und noch größeres Porto Marghera zu errichten, und der Bau eines Atomkraftwerks in Caorso sind die neuesten Meilensteine der Entwicklungspolitik »zugunsten« der Bassa Padana.

Etwa auf halbem Wege zwischen Chioggia und Ravenna erreichen wir die **Abtei Pomposa**, auf die die Romea direkt zuführt. Ich halte es für unmöglich – oder zumindest für eine

außerordentlich schwierige Leistung –, vom Tempo einer Schnellstraße in den Raum eines der bedeutendsten romanischen Klöster des alten Italien und des heiligen römischen Reiches »umzusteigen«.
Gemerkt habe ich das allerdings erst nach einem Tag Aufenthalt, als ich abends, auf einer Seitenstraße vom Meer her kommend, lange den mächtigen Glockenturm aus dem 11. Jahrhundert vor mir sah.
In den frühen Auseinandersetzungen zwischen Kaiser und Papst spielte Ravenna auf der Seite der Kaiser eine bedeutende Rolle, und die Benediktinerabtei Pomposa wurde von Kaisern und Päpsten umworben. Auf dem Höhepunkt der geistigen Blüte des Klosters umfaßte der Grundbesitz fast ausschließlich die insula um Pomposa selbst mit Fischbestand, Salinen und urbar gemachten Feldern. Vom 12. bis zum 14. Jahrhundert kamen vor allem durch Schenkungen Güter in ganz Italien hinzu. Bereits im 14. Jahrhundert verschlechterten sich aber die Umweltbedingungen (Rückgang des Meeres, Versumpfung der Wasserläufe etc.), bald nach 1500 verließen die Mönche das Kloster, das Jahrhunderte später unter der napoleonischen Herrschaft als Bauernhof verkauft wird und verwahrlost. In einem Flügel des Klosters (Zugang über eine Treppe im Chor der Kirche) ist ein kleines Museum untergebracht, in dem eine Fotoausstellung die Restaurierungsarbeiten, die nach der Jahrhundertwende und in neuester Zeit unternommen wurden, sehr eindringlich dokumentiert. Fotos und Erklärungen helfen dem Auge, im Freien und in der Kirche die vielen Einzelheiten zu sehen, die zum Zauber dieser Architektur beitragen (Maiolica aus dem Orient, Friese aus Ton und Keramik, römische, byzantinische und frühromanische Kapitelle). Kostbare Fresken im Refektorium. Überlassen wir dem Baedeker die Sterne.
Von Pomposa zum Meer sind es 10 km (breiter Sandstrand am **Lido di Volano**). Die schmale, geteerte Straße führt durch erst vor 20 Jahren trockengelegtes Gebiet der Landreform, rechts die Valle Bertuzzi, eines der großen, natürlichen Fischgewässer, das ebenfalls trotz Protesten von Ökologen und Fischern langsam trockengelegt wird. Am Lido di Volano findet man eine Bungalowsiedlung, ein kleines Hotel und ein paar gute Restaurants. Im Sommer führt eine Fähre über den **Taglio di Falce** zu einem Seiteneingang des **Bosco della Mesola.** Von Mitte März bis zum 31. Oktober, jeweils Sams-

tag/Sonntag, ist dieser 1000 Hektar große, eingefriedete Wald dem Publikum zugänglich. Am Haupteingang, nächst der Ortschaft Bosco, Fahrradvermietung (leider teuer, 1000 Lire pro Stunde und keine guten Räder). Dieser Wald ist ein geschützter und der Zerstörung durch die Bonifica entrissener Rest der großartigen und wilden Vegetation, für die die ganze Gegend bereits im frühen Mittelalter berühmt und auch berüchtigt war (sowohl bei Dante als auch bei Ariost finden sich Hinweise). Wer wochentags hier vorbeikommt, muß auf den Bosco verzichten und sollte einen Spaziergang am Taglio di Falce (Flußmündung des Po di Volano) unternehmen oder am weiten Strand südlich von Volano in Richtung **Lido delle Nazioni.**
Von Volano zum Lido delle Nazioni sind es etwa 10 km (nochmals: ideale Entfernungen für Spaziergänge mit dem Fahrrad). Zwischen dem Lido delle Nazioni und **Porto Garibaldi** erstreckt sich eine Reihe von neu gebauten Ferienorten, die als die lidi Ferraresi oder lidi di Comacchio bekannt sind. Man kann nicht sagen, daß diese noch nicht abgeschlossene Entwicklung des Fremdenverkehrs die Landschaft völlig verschandelt. Es könnte alles viel schlimmer sein. Überall Pizzerien, weil die Pizza zu den billigsten Nahrungsmitteln gehört und, obgleich teuer verkauft, immer noch »billige« Mahlzeit bleibt. Die gleiche Profitrate würde den Preis der guten lokalen Küche in unerschwingliche Höhen treiben. Die gleiche Logik gilt für den Bau von Ferienwohnungen. Genauso wie von Pizzerien wimmelt es von Immobilienagenturen, die »billige« Miniappartements vermieten oder verkaufen. Wie könnte Erholung so organisiert werden, daß das Besondere eines Ortes zum Ausdruck kommt, anstatt unter Pizza und Zement zu verschwinden?
Das Besondere ist hier mit dem Fahrrad oder zu Fuß immer noch zugänglich: Strand, Schilf, gut zubereiteter, frisch gefangener Fisch. Zum Besonderen gehört auch die Geschichte von Garibaldi, dem größten Strategen des nationalen Guerillakrieges im 19. Jahrhundert. An der Strandpromenade am Lido delle Nazioni steht unvermittelt zwischen Straße und Appartementhäusern eine schilfgedeckte Hütte, die die Boutique eines Antiquitätenhändlers sein könnte, da die Hütte offensichtlich auf alt getrimmt ist. Die Fischerhütte ist jedoch ein wohlgeschütztes monumento nazionale und gleichzeitig ein sinnloses Relikt der heroischen Ereignisse der Jahre

1848/49, die ganz Europa erschütterten – Paris, Posen, Dresden, Berlin, Frankfurt, Baden – und die in Italien in der Proklamation der römischen und der venezianischen Republik gipfelten. Als Rom im Juli 1849 vor den französischen Truppen kapitulieren mußte, floh Garibaldi, gejagt von Franzosen, Österreichern und den Spitzeln der italienischen Zwergfürsten, von Rom über Arezzo, Sansepolcro, das Tal des Metauro hinunter nach S. Marino, wo er seinen Heerhaufen auflöste und mit wenigen Getreuen in Cesenatico Fischerboote aufbrachte, um nach Venedig zu fliehen, wo die Republik sich noch hielt. Die österreichische Flotte fing die Boote ab, und nur Garibaldi gelang es, die Küste zu erreichen beim Ort Magnavacca, der heute Porto Garibaldi heißt. Ringsum erschossen die Österreicher die Patrioten, derer sie habhaft werden konnten. Am Ort, wo Garibaldi landete, an dieser Fischerhütte, wo er am 3. August erste Zuflucht fand, und weiter südlich auf dem Gut Bastogi bei Casal Borsetti, wo am 4. August Anita, seine schwangere Lebens- und Kampfgefährtin vor Erschöpfung starb, erinnern Gedenksteine an den großen, europäischen Revolutionär.
Vom Lido delle Nazioni sind es etwa 10 km nach **Comacchio,** ein bescheidener, auf 13 Inseln gebauter Ort (18 000 Einwohner), der bis zur Trockenlegung der Valli del Mezzano (1965) fast ganz vom Wasser umgeben war. Vor etwa fünftausend Jahren mündete der Po hier ins Meer, bis sein Delta gegen Norden wanderte. Funde aus der griechisch-etruskischen und aus der römischen Zeit künden vom Reichtum der Stadt **Spina,** deren genaue Lage nahe bei Comacchio erst 1956 mit Hilfe von Luftaufnahmen ermittelt wurde. Das Ergebnis der Ausgrabungen liegt im Museum von Ferrara. Von Spina selbst ist wenig zu sehen. Am Eingang zur Nekropolis, die noch bis vor wenigen Jahren unter einer weiten Wasserfläche lag, steht als Denkmal eine geborstene Säule. Sie hat nichts mit Archäologie zu tun, sondern erinnert an die Erschießung des einundzwanzigjährigen Partisanen Vincenzo Folegatti am 18. April 1945. Soweit wir uns umschauen, Neuland der Bonifica mit den typischen Häusern der Landreform. Zurück nach Comacchio, berühmt nicht nur für die Zucht, sondern auch die Zubereitung der Aale (anguilla) und Meeräschen (cefalo). Ein Hektar Fischzucht in den valli bringt heute ein größeres Einkommen als ein Hektar urbar gemachte Landwirtschaft. Die großen Pioniertaten der Bonifica und die großen

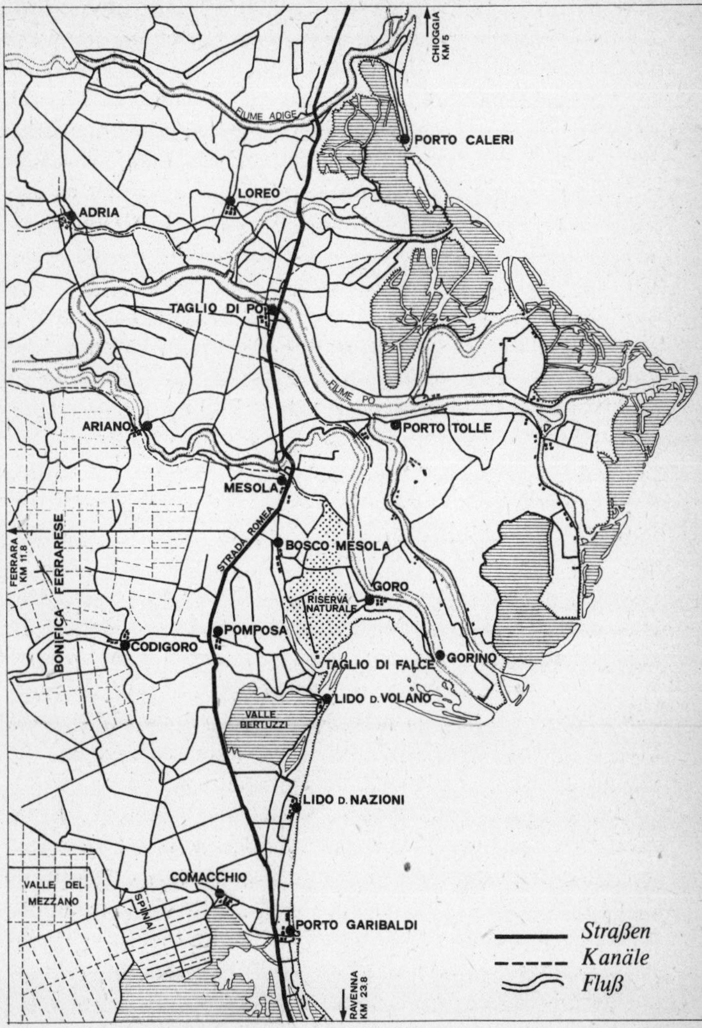

Pioniertaten des Tourismus gefährden heute mit ihrer Entwicklungslogik die letzten Reste einer einzigartigen und durchaus nicht zur Armut verdammten Landschaft.

PS. Viel wäre nachzutragen, über die Landschaft (übrigens die Landschaft von Antonionis Film »Die rote Wüste«) und über die Menschen. In **Gorino** traf ich Gino Turri, einen Fischer, dessen Lebensgeschichte ein zweites Buch füllen würde, ein weiterführendes Buch über die uns Reisenden fremd bleibenden Details des konkreten Lebens. Der Internationalismus steckt im Detail.

Gino Turri wollte nach dem zweiten Weltkrieg, wie viele andere Fischer auch, aus der ständigen Nässe und den schlaflosen Nächten im Schilf und im Ruderboot raus und wollte Bauer werden. Er kämpfte für die Landreform, arbeitete als Arbeiter bei der Bonifica – das ganze Gebiet um Goro und Gorino, aber auch um Mesola, war damals noch Wasserfläche – streikte, wurde verprügelt, kam ins Gefängnis, »und das Land bekamen die, die mich verprügelt hatten«. Die valli waren großer, aus der Feudalzeit stammender Privatbesitz und dienten mehr dem Vergnügen und den Jagden ihrer Besitzer als einer unternehmerischen Erwerbstätigkeit. Fische waren leicht verderblich, »bis wir Fischer sie in die Stadt gebracht hatten, begannen sie bereits zu stinken«. Vor 15 Jahren (also Anfang der 60er Jahre) kaufte Gino Turri sein erstes Motorboot, aus eigenen Ersparnissen. Denn während der Staat ungeheuere Summen in die Trockenlegung und in die Landwirtschaft steckte, erhielten die Fischer keine nennenswerte Unterstützung. Das ist bis heute so geblieben, trotz Bildung von Genossenschaften und obgleich Fische heute eine begehrte Ware sind. Das zentrale Problem für die Fischer ist das Problem der Vermarktung geblieben. In Goro, ähnlich wie in Porto Garibaldi oder in Chioggia, kann man nachmittags die Boote einlaufen sehen und in der Fischhalle der Versteigerung des Fangs beiwohnen. Dem Außenstehenden entgeht, was da wirklich gespielt wird. Die Großhändler machen ihre Angebote, und die Fischer wissen nicht recht, ob sie ihren Fisch zurückhalten sollen, d. h. ob bis Abend die Preise steigen oder fallen. Das ist jeden Tag eine Art Glücksspiel. Wer auf seinem Fisch sitzen bleibt und am nächsten Tag tiefgekühlten Fisch anbietet, erhält nur ein Drittel etwa des ursprünglichen Wertes. Der Versteigerer ist ein untrüglicher Kenner und nicht zu bemogeln. Sehr oft sprechen sich die Händler ab und fahren mit ihren Wagen rasch zu einem anderen Markt, um Fischern, die »zuviel« verlangen, einen Denkzettel zu geben. Der ganze Gewinn und Vorteil liegt im Handel, die Endpreise für Fisch liegen etwa das Dreifache über dem Verkaufspreis der Fischer.

Fremdenverkehr gibt es im Podelta bisher nicht, aber es kommen viele Sportfischer und so haben die Ansässigen eine neue Einnahmequelle erschlossen: werktags gehen sie auf Fang, samstags und sonntags gehen sie mit kleinen Gruppen (10–15 Personen) von Sportfischern ins Delta. Die Söhne von Gino Turri machen das auch so. Sie richten die Köder her und die Interessenten brauchen nur mit den Angelruten zu kommen, um auszufahren und zu fischen. Gefischt werden vor allem sgombri (Makrelen) und der Wert des Fangs, so behaupten die allerdings an der Sache interessierten Fischer, überträfe oft die entrichteten Kosten. Um einen solchen Fang oder eine Spazierfahrt zu organisieren, kann man bei Gino Turri anrufen (Tel.: 0432/99825), oder sich in der Bar in Goro oder Gorino mit anderen Fischern über Art des Ausflugs, Preis, Termin usw. einigen.

P. K.

Villa Manin (Prov. Udine), die Villa des letzten Dogen und eines der vielen Beispiele für die venezianischen Villen der ‚terra ferma'.

Landschaften

Was wissen wir schon von den Landschaften, die wir durchfahren (um rasch ans »Ziel« zu kommen) oder an deren Anblick wir uns, wie es heißt, weiden? Die Städte mit ihren Palästen, Museen und Kirchen sind in unseren Reiseführern verzeichnet, wann von wem gegründet, gebaut, gemalt. Aber Städter, die wir zumeist sind, haben vom Lande in der Regel kaum mehr eine Ahnung, verstehen es nicht zu »lesen«, ihm mehr als ein ästhetisches, bestenfalls (in der Gestalt des raren Fußwanderers) ein gesundheitssportliches Interesse entgegenzubringen. Diese herkunftsbedingte Blindheit, dieses Fehlen von Kategorien zur Entschlüsselung der sinnlichen Eindrücke, die Landschaft vermittelt, ist in mehrfachem Sinne fatal: sie verweist auf eine politisch höchst folgenreiche Ignoranz gegenüber einem der wichtigsten weltpolitischen Probleme – der Ernährung – und auf eine Verkürzung unseres historisch-politischen Selbstverständnisses – dem Ursprung der kapitalistischen Revolution im Prozeß der (von Marx am Beispiel Englands beschriebenen) »ursprünglichen Akkumulation« aus der Landwirtschaft; und sie ist fatal darum auch für das Verständnis eines Landes wie Italien, das den Übergang zum Industriekapitalismus erst in den letzten zwei bis drei Jahrzehnten »vollzogen« hat, ein Prozeß, der sich manifestiert sowohl in der Vitalität und Militanz der gewissermaßen »eben erst« vom Lande vertriebenen und darum jungen Arbeiterklasse, als er auch sozusagen sinnlich wahrnehmbar ist in der Präsenz der Gastarbeiter bei uns.
Es kann sich im Folgenden nur um sehr grobe Annäherungsversuche handeln, Landschaft dem durchreisenden Touristen zu erschließen und sie zum Sprechen zu bringen. Vom Norden, von Mailand kommend, durchquert man nicht nur (Provinz Mailand) die Zone mit dem höchsten Pro-Kopf-Einkommen Italiens, die industrialisierteste Region (Lombardei), sondern auch den landwirtschaftlich fruchtbarsten und am effizientesten bewirtschafteten Teil Italiens: »Valle Padana«, die Po-Ebene zu beiden Seiten des Flusses, zwischen Mailand im Norden, Bologna im Süden, mit Cremona, Mantua, Rovigo und Ferrara im Zentrum. Die Kultivation

dieses fruchtbaren Land»striches«, die Trockenlegung der Sümpfe, die Anlage verzweigter Bewässerungssysteme und die Flußregulierungen gehen zurück vor allem auf die Tätigkeit der großen Benediktiner- und Zisterzienserabteien seit dem 11. Jahrhundert; eindrucksvoll zu sehen am Beispiel der **Abtei von Pomposa** (Nähe Ferrara), die, aus dem 8. Jahrhundert stammend, das umliegende Land bis hin zur Küste trokkenlegen half und bis ins 14. Jahrhundert hinein nicht nur ein kulturelles, sondern auch ein ökonomisches und administratives Zentrum darstellte (wer sich für romanische Architektur interessiert, wird dabei auch nicht enttäuscht werden). Von der **Autobahn Mailand–Bologna** aus wird man zumindest so viel wahrnehmen können: relativ große Felder, rechteckig angelegt, durchzogen von einzelnen Baumreihen (die auf Wassergräben verweisen), Weizen-, Mais- und Futtergetreideanbau; und vor allem: verstreute Einzelhäuser oder Hausgruppen, die sich oft bei genauerem Hinsehen unterteilen – Bauerngehöft (mit Stall, Scheune und Wohnhaus) einerseits und etwas abseits davon, von dichterem Baumwuchs umgeben und mit mehr oder minder schöner Fassade das Haus des Grundbesitzers. Hier ist die kapitalistische Landwirtschaft heute verwirklicht worden: nur 5,5 Prozent der Bevölkerung der Lombardei ist in der Landwirtschaft beschäftigt (18 % gesamtitalienischer Durchschnitt), aber, weitgehend mechanisiert und in Großgrundbesitz (mehr als 30 % des kultivierbaren Landes ist in den Händen von 5 % Grundbesitzern), erwirtschaften sie ein Fünftel der Futtermittel, erbringen sie ein Fünftel der Rinderzucht, steht die Lombardei nur um wenig der benachbarten Region Emilia-Romagna in der Schweinezucht nach und produziert schließlich ein Drittel der nationalen Milchproduktion (Gorgonzola, Taleggio und Stracchino sind die auch über die Landesgrenzen hinweg bekanntesten Käsesorten).
Der Prozeß der Durchsetzung kapitalistischer Produktionsverhältnisse hat sich hier, in der Lombardei, um die Mitte des 19. Jahrhunderts vollzogen: die hier in der Kapitalisierung der Landwirtschaft erwirtschafteten Profite setzten zu Beginn der 2. Hälfte des 19. Jahrhunderts jene Startkapitale frei, mit denen die Industrien Mailands und seiner Umgebung aufgebaut wurden. Es gehört mit zu den Spezifika der italienischen Industrialisierungspolitik, daß sie sehr lange und gesellschaftspolitisch bewußt, eine forcierte Großindustrieent-

wicklung zu vermeiden suchte, um die Entstehung eines politisch gefährlichen Industrieproletariats nach dem – negativen – Vorbild Englands zu verhindern.
In **Crespi d'Adda** (Autobahn Mailand–Venedig, Ausfahrt Capriate) kann man eine solche geplante Industriesiedlung (errichtet 1878) des ›italienischen Weges der industriellen Revolution‹ wie ein lebensgroßes Museum (erst 1971 wurde die Textilproduktion eingestellt) einer paternalistischen Utopie von Harmonie im Kapitalismus noch sehen.
Erst später und dann auch nicht in der Lombardei, sondern im absolutistischen Piemont setzten sich ›moderne‹ Industriekapitäne wie Agnelli oder Olivetti über derartige gesellschaftspolitische Vorstellungen hinweg. Und es bedurfte gegen Ende des 19. Jahrhunderts des Einströmens ausländischen (vor allem deutschen) Kapitals und einer Reorganisation des Bankwesens nach deutschem Vorbild, um Mailand schließlich zu dem zu machen, was es heute ist: eines der wichtigsten Industrie- und Finanzzentren Europas. – Aber es wurde auch die weitere Durchkapitalisierung der padanischen Landwirtschaft von hier aus finanziert und vorangetrieben: der Einigung Italiens – und das hieß Eroberung des Landes durch piemontesische Militärmacht und lombardische Industrie- und Finanzbourgeoisie – war die liberalistische Öffnung für die europäische Konkurrenz gefolgt. Allerdings in Überschätzung der eigenen Stärke, und so folgte dem Eindringen der französischen, deutschen und englischen Konkurrenz eine schwere Industrie- und Landwirtschaftskrise. Zu Beginn der 80er Jahre wurde daraufhin das Steuer abrupt auf Schutzzoll umgeworfen – was zu kriegsuntertönten französischen Wirtschaftsrepressalien führte – und damit lohnten sich vor allem neue Investitionen in moderner landwirtschaftlicher Produktion.
Die Region **Emilia–Romagna** beginnt bei Piacenza, und wer heute an den fruchtbaren Feldern entlangfährt oder wer den lohnenden Abstecher in die Po-Ebene macht (Mantua ist einen solchen ohne Zweifel wert, aber auch Ferrara bis hin zu einem so malerischen Fischerstädtchen wie Comacchio), der muß sich vergegenwärtigen, daß diese Gebiete noch vor achtzig Jahren sumpfig, malariaverseucht und nur teilweise durch Reisanbau und Bastrohr kultiviert waren. Heute ist die Bastproduktion ein völlig ausgestorbener Textilzweig.
Diese Gebiete waren es nun, die in der Periode der Schutzzoll-

politik mittels lombardischen Kapitals und vor allem mit Hilfe der zuvor in den kultivierten, fruchtbaren Regionen ›freigesetzten‹ Arbeitskräfte trockengelegt und landwirtschaftlich erschlossen wurden – um den Preis Tausender von Menschenleben. Die Arbeiter starben an Unterernährung, an Malaria und Seuchenkrankheiten. Aber: hier entwickelten sich auch die ersten Formen autonomen proletarischen Widerstandes gegen den bürgerlichen Staat.

Hier, in den Provinzen Ferrara, Rovigo, Ravenna, Bologna, Modena, Reggio, Mantua bis hinauf nach Verona war (1881) ein mehr als 2 Millionen starkes **Landarbeiterproletariat** konzentriert, teils saisonale Lohnarbeiter, teils festangestellte Landarbeiter. Nahezu überall kommt es hier in den Jahren 1882–85 zu spontanen, d. h. autonom organisierten, d. h. nicht von der städtisch-intellektuellen-industriearbeiterschaftlich basierten Sozialistischen Partei angeleiteten Aufständen proletarischer Massen. 1882 wird der erste sozialistische Abgeordnete ins Parlament gewählt, **Andrea Costa,** der nicht zufällig aus der Agrarbewegung stammt und zwar eben aus der Romagna: er vertritt die »Revolutionär-sozialistische Partei der Romagna«. Costas Werdegang selbst ist paradigmatisch: er war als junger Mann Anhänger Bakunins; Bakunin hatte 1874 von Bologna aus –und daran erinnert leider keine der sonst so zahlreichen Gedenktafeln in der Stadt – seinen letzten Aufstandsversuch gestartet, der allerdings kläglich scheiterte. Daraufhin zog er sich resigniert in die Schweiz zurück, wo er kurz darauf starb. Die Erfahrung des Fehlschlags der anarchistischen Aktion machte Costa nunmehr zum Marxisten; der Marxismus ist in Italien überhaupt gewissermaßen auf den Schultern des Anarchismus importiert worden. Aber der »parlamentarische Weg«, den er in den 80er Jahren einschlug, ließ die militanten Massen schließlich führungslos. »Die fehlende Verschmelzung zwischen Masse und Intellektuellen macht aus Italien das Land der ›Aufstände‹ statt des Landes der ›Revolution‹ und läßt die so kampfbereiten Massen hin- und herschwanken zwischen Reformismus und Maximalismus« wie es in der materialreichen fünfbändigen Arbeit über »Proletarier ohne Revolution« von Renzo Del Carria heißt (Verlag Savelli, Rom). Wer also heute – um auf die Landschaft wieder zurückzukommen – durch die fruchtbaren Gebiete der Lombardei und der Emilia-Romagna fährt, der sollte diese als ein großflächiges

Monument der hier über ihnen abgepreßte Leistungen zum ersten großen Proletariat formierten revolutionären Bewegung Italiens zu verstehen versuchen.

Die reiche Folklore der politisierten Kämpfe des Landproletariats ist auf zahlreichen Schallplatten dokumentiert; wer sich nur eine davon kaufen möchte, der sollte unbedingt »Bella Ciao« nehmen (ed. Il Sole), eine ausgezeichnete Anthologie, deren Lieder auch dann unmittelbar eingängig sind, wenn man die Texte nicht versteht – sie sind übrigens, da zum großen Teil in Dialekt, auch für Italiener nur teilweise verständlich, weshalb der Platte die italienischen Übersetzungen beiliegen.

Kleiner Exkurs: wer sich in der Gegend des Dreiecks Cremona – Mantova – Parma bewegt, der sollte unbedingt den kleinen Abstecher nach **Sabbioneta** (auf halbem Wege zwischen Mantua und Parma) machen: hier entwickelte gegen Ende des 16. Jahrhunderts ein zum Herzog erhobener General Karls V., Vespasiano Gonzaga, sein Erbstück, die Kleinstadt Sabbioneta, zu einem rationalen, modernen Muster-Stadtstaat, der in nuce all jene politische, künstlerische und ökonomische Kreativität repräsentierte, die aus Italien die Wiege des modernen Europa und seiner schließlich weltweiten Dynamik und Herrschaft gemacht hat. »Klein Athen« nannten die Zeitgenossen die kaum 2000 Einwohner fassende Stadt, die der Herzog von Gonzaga buchstäblich auf dem Reißbrett plante und errichten ließ – orientiert an den architektonischen Idealen der Klassik. Alles war hier vorhanden und ist noch heute zu sehen: das Theater, wo er als einer der ersten eine feste Truppe unterhielt; die Bibliothek, an die er Gelehrte ganz Italiens zu ziehen versuchte; der Herzogspalast, entworfen z. T. von ihm selbst und ausgestaltet von den führenden Künstlern der Zeit; eine jüdische Gemeinde – die Synagoge ist noch zu besichtigen – wurde angesiedelt, der der Buchdruck überantwortet wurde. Sabbioneta hatte seine eigene Münze, ein öffentliches Krankenhaus, der Herzog kümmerte sich persönlich um die Verbesserung der Landwirtschaft. Er führte als erster in Italien den Maisanbau ein – dank seiner Verbindung zu Karl V. und dem spanischen Weltreich in ›Lateinamerika‹, gab den Handwerkern und dem Handel treibenden Bürgertum seiner kleinen Gemeinde Rechtsschutz und militärische Sicherheit – die Festungsanlage von Sabbioneta ist mit dem wohlproportionierten klassischen Stadtinnern eine organische Einheit – kurz: ein singolarer Modellfall von Renaissance-Moderne. Daß Sabbioneta nach dem Tode des Herzogs politisch und ökonomisch schnell verfiel, ist eine andere Sache: das Städtchen bleibt als eindrucksvolles Monument jener folgenreichen Symbiose von frühbürgerlicher wirtschaftlicher Energieentfaltung und einer an klassischen schönheits- und naturbeherrschenden Vernunftidealen orientierten politischen Führungsschicht von ehrgeizigen Individuen, an denen das Renaissance-Italien so reich ist bzw. war: seien es die Medici in Florenz, die Malatesta von Rimini, die Este von Ferrara, die Sforza von Milano oder – im äußeren Erscheinungsbild noch am ehesten dem Kleinod Sabbioneta vergleichbar – die Montefeltro von Urbino.

Aber zurück zu den großen Klassenkämpfen des 19. Jahrhunderts in der Po-Ebene. Diese endeten keineswegs um die Jahrhundertwende: sie erfuhren nach dem ersten Weltkrieg einen erneuten Aufschwung: hier, auf den großen Latifundien, organisierte sich das Landproletariat, hier entstanden die ersten landwirtschaftlichen Kooperativen und die Gewerkschaft der Landarbeiter – die »Lega«, in vielen politischen Volksliedern besungen – und hier entstanden auch die von den Grundherren organisierten und bezahlten faschistischen Schlägerbanden, die »Squadre fascisti«. Mussolini selbst stammt aus der Romagna, und wer sich nicht scheut, kann seine Geburtsstadt Predappio bei Forlì – mit Grab – besuchen gehen... Er besuchte die Universität von Bologna, und im Universitätsmuseum – Einlaß auf Anfrage beim Rektorat – kann man sein Abschlußdiplom ausliegen sehen, demzufolge er vor allem in Deutsch schwach war... Aber auch andere faschistische Größen wie Italo Balbo begannen hier (Balbo in Ferrara) als gefürchtete Schlägerführer. Im Herbst 1943 wurde die Po-Ebene mit ihren verzweigten Kanalsystemen eines der Aktionsgebiete der Partisanen-Befreiungsbewegung. – Schon knapp hundert Jahre früher hatte auch Garibaldi hier auf der Flucht vor Österreichern und Franzosen nach dem Fall der Römischen Republik, 1849, in einer Schilfhütte nördlich von Ravenna, kurz Unterschlupf gefunden – die Hütte ist zu besichtigen. Und schließlich nahm nach der Befreiung die vom Faschismus unterbrochene bzw. unterdrückte Bewegung der landwirtschaftlichen und anderen Genossenschaften hier neuen Aufschwung, heute nahezu völlig in der Hand bzw. unter Kontrolle der KPI. Sie blieben allerdings – da die kapitalistische Ordnung selbst nicht revolutionär zerstört wurde bzw.

der revolutionäre Impetus durch alliierte Besatzungspolitik, römische Repression und KPI-Stillhaltepolitik blockiert wurde – gesamtökonomisch von untergeordneter Bedeutung: nur in der Käseproduktion überwiegt die Zahl der Genossenschaften gegenüber den Privatbetrieben der Emilia-Romagna. Der Weinbau etwa ist nur zu einem Drittel in genossenschaftlichen Händen, Lebensmittelkonserven werden nur zu 10 Prozent von Genossenschaften hergestellt. Die Durchkapitalisierung der Landwirtschaft ist denn hier – in der Emilia – auch vor allem erst nach dem zweiten Weltkrieg erfolgt, im Unterschied zur Lombardei. Der Anteil der landwirtschaftlich Beschäftigten ging von 52 Prozent (1951) auf 20 Prozent (1971) zurück – bei gleichzeitiger Produktionssteigerung durch Mechanisierung und Intensivierung. Und im Unterschied zu den großen Industriezentren Turin und Mailand, die ihre Arbeitskraft aus dem Süden rekrutierten, bedeutete die Freisetzung der Landarbeiter in der Emilia vor allem regionale Binnenwanderung – nach Bologna vor allem; aber auch Modena, Reggio Emilia, Parma und deren Klein-und Mittelindustrien nahmen die emilianische Landbevölkerung auf, weshalb es hier nicht zu jenen Formen der südlichen Immigration kam, und damit auch nicht zu jenen gesellschaftlich explosiven Überfremdungserscheinungen, die jene Großstädte kennzeichnen.

Die kapitalistische Landwirtschaft in der Po-Ebene

An der **Via Emilia** liegen alle größeren Städte der Region, und zwar jeweils dort, wo nach Südwesten sich Pässe über den Appenin öffnen. Sie stammt in ihrer bis heute erhaltenen Linienführung – die Autobahn verläuft parallel zu ihr – aus dem zweiten vorchristlichen Jahrhundert und trägt ihren Namen nach dem Konsul Emilio Lepido. Dem einen Teil der Region hat sie schließlich auch ihren Namen gegeben.
Hinter Bologna beginnt – bei Imola – die Romagna; der Name stammt von Romania, d. h. jenem Teil, der unter der Kontrolle von Ostrom = Byzanz blieb, als die Langobarden im 6. Jahrhundert zwischen Reggio Emilia und Bologna zum Halten gezwungen werden konnten. Die mittelalterliche, postbyzantinische Geschichte der Region ist vielschichtig und turbulent; freie Kommunen und Adelsfamilien wechselten sich in der Kontrolle der befestigten Zentren ab, wovon die zahlreichen, in der Regel gut erhaltenen Burgen und Festungsanlagen ein noch immer einprägsames Zeugnis ablegen. Als nunmehr zum touristischen Relikt herabgekommenes letztes Beispiel einer solchen freien Republik ist **San Marino** trotz allem einen Abstecher wert.
Von Bologna nach Florenz ergibt sich die Autostrada als natürlicher Reiseweg – und die häufigen Reparaturen auf dieser Strecke werden übrigens nicht von vermeintlich schlechtem Straßenbau verursacht, sondern davon, daß der Appenin als relativ junges Gebirge ständig in Bewegung ist und darum auch die Autobahn immer wieder bricht und verschiebt.
Das Selbstverständliche allerdings dieses schnellen Reiseweges täuscht bzw. verdeckt wichtige historisch-politische Einsichten. Nur einige wenige seien hier herausgegriffen:
Die plötzlich so steil ansteigende Berg- und Gebirgslandschaft läßt daran erinnern, daß Italien ein von Natur aus relativ armes Land ist: nicht nur arm an Bodenschätzen (z. B. fehlt die für die »klassische« industrielle Revolution ausschlaggebende Kohle als Energiequelle – bis heute ist Italien mehr als seine kontinentaleuropäischen Konkurrenten abhängig vom Rohmaterialien-Import, also auf Ausfuhr von Fertigprodukten vital angewiesen), sondern auch arm an kultivierbarem Ackerland; 37 Prozent des Landes bestehen aus Gebirge, 41 Prozent aus Hügellandschaft, was arbeitsintensive Landwirtschaft erfordert bzw. großflächige Mechanisierung erschwert, und nur 22 Prozent sind ebenflächig; und dieses Land ist wiederum zu einem guten Teil – wie am Beispiel

der Po-Ebene gezeigt – erst in der jüngsten Gegenwart landwirtschaftlich erschlossen worden.
Sodann wird es ohne Schwierigkeiten auffallen, daß der Appenin nur einen relativ dünnen Baum- und Unterholzbestand hat, die Berge sind entweder kahl und tot oder nur von Büschen mühsam bedeckt. Dies ist vor allem die Folge rücksichtslosen und irreversiblen Raubbaus an Holz, der zurückgeht auf die Römerzeit, aber besonders intensiv durch die schiffahrttreibenden Handelskommunen für deren Flottenbau fortgesetzt wurde. Waldbrände – sichtbar durch große rostbraune Flächen – taten dann das Ihre; der abgeschwemmte Waldboden ist nicht wieder rekonstruierbar.
Die Autobahn selbst wurde erst zu Beginn der 50er Jahre fertiggestellt, die durchgehende Eisenbahn Bologna–Florenz mit unzähligen Tunnels – der längste davon, 18 km, gehört zu den längsten in Europa überhaupt – besteht erst seit den dreißiger Jahren. Es ist darum unmittelbar einleuchtend, welche natürliche Barriere der Appenin bis in unsere Gegenwart dargestellt hat. Deshalb hat sich der Norden des Landes, bis vor kurzem fast nur über die Küstenstraßen und bis noch vor einhundert Jahren am schnellsten und sichersten auf dem Seewege erreichbar, ökonomisch und teilweise auch kulturell weit mehr nach Nord- bzw. Nordwesteuropa hin orientiert oder zumindest seine eigene Identität entwickelt. Für den durchschnittlichen Norditaliener beginnt jenseits des Appenin, sicher jedenfalls hinter Florenz, buchstäblich im Umgangsitalienisch »Afrika«.
Zum letztenmal hat diese natürliche Barriere unmittelbar politische Bedeutung erlangt im zweiten Weltkrieg. Es sollte sich lohnen, auf der Höhe des Appenin beim **Futa-Paß** die Autobahn nach links hin zu verlassen und zumindest für rund 20 km die alte Straße nach Florenz zu nehmen: man wird dort an einem gewaltigen Soldatenfriedhof vorbeikommen, der auf jener Grenze angelegt ist, die als die »Gotenlinie« für ein wichtiges Jahr den deutsch-besetzten faschistischen Norden vom alliiert befreiten Süden trennte. In dieser »Schonzeit« für den unter deutscher Ägide wiedererweckten Faschismus entwickelte sich im Rücken des deutsch-faschistischen Regimes die **Partisanenbewegung,** die für das italienische Proletariat die Hoffnungen auf eine sozialistische Revolution durch gewaltsame Zerschlagung der faschistischen Diktatur weckte und die bis heute wachgehaltene Tradition des bewaffneten

Widerstandes begründete. Andererseits stellte diese Bewegung für die Alliierten den Alptraum »kommunistischer Machtergreifung« dar, und sie taten alles, um diese sozialrevolutionäre Befreiungsbewegung so schwach wie möglich zu halten, ihr z. B. keine schweren Waffen zu liefern, sie damit vielfach den deutschen und den faschistischen Truppen faktisch auszuliefern. Sie wurden darum nach der Befreiung auch so schnell wie möglich entwaffnet. Es gehört zu den – wenn der abgeschmackte Ausdruck gestattet ist – Ironien der italienischen Geschichte, daß jene mehr als 1½ Jahre unterschiedlicher politischer Erfahrung (Juli 1943–April 1945) die ohnehin bestehende Kluft zwischen Nord- und Süditalien noch einmal in besonderer Weise akzentuiert hat: dem »Nordwind«, dem Partisanenkrieg also, entsprach aufgrund der relativ schnellen Befreiung des Südens kein bewaffneter antifaschistischer Kampf – den spontanen Landbesetzungen hier gab auch die historische Linke keine Chance, ehe die Entscheidungen im Norden gefallen wären, so daß schließlich beide, »Norden« und »Süden«, getrennt, wenn auch nicht als gänzlich Besiegte, aber ebensowenig als Sieger aus der Befreiung hervorgingen. Bei der Anwesenheit der alliierten bewaffneten Revolutionsverhinderung wäre das überhaupt nur in Gemeinsamkeit vorstellbar gewesen.
Der Futa-Paß markiert jedoch vor allem die Grenze zur **Toskana,** und daß man mit der Toskana in eine deutlich unterscheidbare Region mit spezifischer ökonomischer und kultureller Identität eintritt, zeigt sich bereits für den Straßen- oder auch Autobahnreisenden. Letzterer sieht vom Arno-Tal nicht, wie der Reisende vor 50 oder auch 500 Jahren, die rote Kuppel des Doms von Florenz inmitten der vom Grünen umgebenen Stadt – sondern ihm begegnet die Toskana zunächst und vor allem in der Form breit ausgefächerter, in moderner Flachbeton-Architektur häßlich sich bis an den Fuß des Appenin heranfressender Industriesiedlungen: **Prato.** Die Stadt selbst, der alte Kern – er ist sehr sehenswert und unbedingt einen Zwischenaufenthalt wert –, ist, von außen bzw. aus der Halbhöhe gesehen, fast verschwunden und ertrunken im Meer dieses grauweißen Betons. An diesem äußeren Erscheinungsbild läßt sich ein Teil der italienischen politischen Ökonomie festmachen:
1. verfügt Prato (wie alle anderen toskanischen Städte, und zwar die toskanischen mehr als alle anderen, weshalb eben

diese Landschaft im 15. und 16. Jahrhundert die führende politische, kulturelle und ökonomische Region der Halbinsel war) über eine reiche handwerkliche, kleingewerbliche Tradition des Familienbetriebes: Kunsthandwerk, Möbel, Keramik, Textilien;
2. ergab sich für diese Produktion in den 50er und 60er Jahren eine Expansionschance vor allem in Richtung Export. Das Ergebnis war die Freisetzung ländlicher Arbeitskraft auch und gerade in der Toskana, also regionale Binnenwanderung statt Auswanderung, d. h. die relativ dicht beieinanderliegenden Städte können die »überschüssige« Landbevölkerung relativ leicht aufnehmen. Dies bedeutet billige Arbeitskraft und eine vor allem westeuropäische Marktlücke;
3. darum eben die Expansion von Prato: Bevölkerungsverdoppelung innerhalb von weniger als 20 Jahren von 77000 (1951) auf 145000 (1970). Aber dies fand statt auf der Grundlage des kleinen und mittleren Familienbetriebes; man arbeitet relativ wenig kapital- bzw. technologieintensiv, dafür aber um so arbeitsintensiver. Gewissermaßen ist dies ein »Nachholen« der vorindustriellen Organisation von Produktion – der Manufaktur – die ja, wie das u. a. Karl Marx so anschaulich im »Kapital«, Kap. 22, beschrieben hat, nicht durch neue Technologien, sondern durch ihre neue Art von Arbeitsteilung gekennzeichnet ist;
4. schließlich ist es eine der Spezifika dieser »italienischen Produktionsweise«, den Arbeitskräftemarkt der Hausfrauen entdeckt und erschlossen zu haben – unternehmerische Genialität. Ein großer Teil der Produktion spielt sich nämlich hier ab als Heimarbeit, indem der Fabrikant den Hausarbeiterinnen die einfachsten Ausrüstungen stellt wie Nähmaschinen, kleine mechanische Webstühle etc. und natürlich das Material, und die Frauen sich ihre Arbeit einteilen können. Sie versorgen die Kinder (und den Mann) und sind doch für den Fabrikanten produktiv tätig. In der Regel spart er sich dabei auch noch Steuern, Versicherung, Investitionen zum Schutz des Arbeitsplatzes etc., und er hat es mit gefügigen Arbeitern zu tun, die nicht gewerkschaftlich organisierten Widerstand gegen die Ausbeutung leisten – wohl auch gar nicht leisten würden, weil der Anreiz, wenigstens etwas Geld nebenbei zu verdienen, größer ist als die Angst, keine Arbeit zu haben. Die großen Zahlungsbilanz-Überschüsse Italiens während der 50er und 60er Jahre wurden zu einem ganz we-

sentlichen Teil von dieser Mittel- und Kleinindustrie erwirtschaftet, und sie ist bis heute ein zentraler Bestandteil des italienischen Exportes geblieben – insbesondere in dem Maße, in dem die industrielle Produktion durch die von den organisierten Klassenkämpfen durchgesetzte Verteuerung der Ware Arbeitskraft die internationale Konkurrenzfähigkeit der Industrieproduktion in Frage gestellt hat.
5. Schließlich kann man die Produkte dieser Ausbeutung gerade in Prato selbst in Augenschein nehmen bzw. erstehen: der große Markt an jedem Montagvormittag ist ein Mekka für den, der allerhand billige Dinge – Schuhe, Kleidung, Glas- und Keramikwaren – einkaufen möchte, wobei die Käse-, Salami-, marinierten Oliven- und andere Lebensmittelstände auch nicht zu verachten sind.
Landschaftlich gesehen jedoch fallen, von Norden kommend, unmittelbar an den Südhängen des Appenin beginnend die terrassenförmig angelegten Olivenhaine auf. Sie, und dann zunehmend durchbrochen von relativ kleinen Anbauflächen, schließlich ergänzt und abgelöst von den weinbaubedeckten Hügeln Richtung Siena etwa, machen den ästhetischen Reiz der Landschaft aus. Was sich dahinter verbirgt, ist u. a. dies: die Geschichte der Toskana ist zunächst und vor allem die Geschichte der Stadtkommunen, handwerklich in der Produktion und prosperierend als die ersten Zentren des Finanzkapitals und des Bankwesens. Die älteste italienische Bank, deren Filialen man überall aber besonders in der Toskana findet, »Monte dei Paschi di Siena«, feierte kürzlich ihr 500jähriges Jubiläum. Aus dem kriegerisch ausgetragenen Konkurrenzkampf dieser Stadtrepubliken ging schließlich **Florenz** siegreich hervor; es unterwarf sich u. a. Prato, obwohl vor den Toren von Florenz gelegen, erst nach zweijähriger Belagerung; **Pisa,** wo sich Machiavelli als militärischer Organisator seine ersten Meriten verdiente – und ein Traktat über Kriegsführung schrieb; **S. Gimignano,** das durch friedliche Diplomatie »gewonnen« wurde, und hierbei wirkte Dante als überzeugungskräftiger Botschafter – S. Gimignano ist zu Recht quasi-obligatorisch für jeden Touristen; **Siena,** geschwächt u. a. durch die Pest, die eine bleibende Narbe hinterlassen hat in der Gestalt des unvollendeten Domes. Mit der Gründung bzw. dem Ausbau von **Livorno,** an dessen Befestigungsplanung auch Leonardo da Vinci beteiligt war, schuf sich Florenz einen Zugang zum Meer. Der

Machtergreifung der großen Finanz- und Bankfamilien – in Florenz waren es die berühmten Medici – folgte jedoch die Wirtschaftskrise, die hier in der Blockierung des Mittelmeer- und Levantehandels durch die Türken – Fall Konstantinopels, 1453 – die Krise der Handwerksproduktion und des Handelskapitals war. Ein Teil dieses Kapitals wanderte aus nach Norden, nach Frankreich, Flandern, England, wo die toskanischen Bankiers nicht nur vermittelnd wirkten für die dort entstehende Manufaktur, sondern auch zu Begründern des Bankwesens selbst wurden oder auch zu königlichen Finanz»ministern«, so die Riccardi von Lucca in England unter Edward I.; erst knapp 200 Jahre später wurden die Italiener – unter Elisabeth I. – aus England buchstäblich vertrieben. Ein anderer Teil des Kapitals jedoch – und das ist für unsere Landschaft nun unmittelbar relevant – ging in die landwirtschaftliche Produktion, in die Wiederentdeckung agrarischer Profitmöglichkeiten. Nun, gegen Ende des 16. Jahrhunderts, investierten die großen Familien nicht nur in Land, sondern sie verlagerten auch ihre Wohnsitze zumindest während des Sommerhalbjahres aufs Land, nicht zuletzt ermöglicht durch die politische Pazifikation der ersten territorialen Flächenstaaten. Ergo die großen **toskanischen Villen.** Umgeben in der Regel von hohen Mauern und dichten Parks sind sie nicht überall und ohne Aufmerksamkeit von der Straße aus zu sehen, in der Regel auch noch immer in Privatbesitz, oft derselben Familie seit nunmehr einem halben Jahrtausend. Aber mit einer gewissen Aufmerksamkeit wird man zumindest dies sehen: zwei große Steinsäulen am Straßenrand, darauf heraldische Tierskulpturen (vielfach Löwen), dahinter beginnend entweder ein Park oder eine Doppelreihe von Zypressen, die sich gegen einen Hügel hin verliert, wo man dann eine schöne Renaissance-Fassade ausmachen kann. Wie gesagt, nur wenige von ihnen sind zu besichtigen; drei besonders schöne Exemplare findet man in der Provinz von Lucca, der »Lucchesia«, an der Straße zwischen Montecatini und Lucca durch gelbe Touristenschilder angekündigt: Villa Torrigiani, Villa Mansi und die Villa von Collodi. Sie werden nicht zufällig von der italienischen Regierung bisweilen für Staatschefs-Gespräche verwandt. Hier, auf dem Lande also, reproduzierte die nunmehr wieder von der landwirtschaftlichen Rendite lebende Bourgeoisie ihre städtischen Lebensgewohnheiten, ihren städtischen Stil und künstlerischen Geschmack.

Halbpacht-Landwirtschaft aus der kommunalen Zeit – hier Gradara/Marken.

Was sich dem bloßen Auge als panoramische Harmonie und malerische Schönheit einer durch und durch kultivierten, bearbeiteten und gepflegten Landschaft darstellt, ist in eben dieser Ästhetik nicht nur zufällig: Landschaftsgestaltung durch Parks, Baumgruppen oder -reihen, Basiliken auf imponierenden Hügeln, aber auch das einfache Bauernhaus – die »casa colonica« – waren Gegenstand bewußter Planung einerseits und künstlerischer, malerischer Reproduktion andererseits. Die Rolle der agrikulturell bearbeiteten Landschaft als Hintergrund religiöser oder weltlicher Motive der italienischen Renaissance-Malerei wird auch dem oberflächlichsten Museumsbesucher unmittelbar auffallen müssen; das »bel paesaggio« gehört mit zur Renaissance so wie ihre Architektur, Bildhauerei und Wissenschaft.

Einschub: Die ästhetisch wohl beispiellose Schönheit dieser Kulturlandschaft ist auch geschichtlich zu begreifen: Mit dem Untergang bzw. dem Zerfall der römischen Herrschaft verfiel auch das sklavenbewirtschaftete römische Latifundium – oder richtiger in der Umkehrung zu lesen: mit der langsamen Austrocknung des Sklavenreservoirs als Folge der Stagnation imperialer Expansion begann der innere ökonomische Zerfall Roms und seiner gesellschaftlichen Basis, eben des Latifundiums. – Die derart bewirtschafteten Ebenen, die Niederungen, das fruchtbare Land entlang der Flußläufe verkamen zu

Sümpfen, die Landbevölkerung zog sich – sowohl vor den krankheitserregenden Moskitos als auch zum Schutz vor den Invasoren – auf die sicheren Hügel zurück. Die malerischen Bergstädte und -dörfer sind das sichtbare Zerfallsprodukt des römischen Reiches seit dem 5. und 6. Jahrhundert – und so auch die sich nunmehr entwickelnde systematische Kultivation der Hügellandschaft Mittelitaliens.
Während der folgenden Jahrhunderte verblieben dergestalt die Ebenen unbewohnt, unkultiviert, galten sie klimatisch wie politisch als ungeeignet für Siedlung und Landwirtschaft. Noch heute leben 90 Prozent der Bevölkerung der drei zentralen Regionen Toskana, Umbrien und Marke – die eigentlichen Kernländer der Renaissance – auf Hügelsiedlungen und in den Hügelstädten (Fiesole, Siena, S. Gimignano, Orvieto, Perugia, Urbino – um nur einige wenige der berühmtesten zu nennen). 55 Prozent des Territoriums dieser drei Regionen werden als »terreno collinare« (Hügelland) eingestuft.
Die realökonomische Basis dieser landschaftlichen Harmonie in der Vielfalt der kleinen Feldeinheiten und idyllisch anmutenden Paläste und Bauernhäuser, die in der Regel rechteckig bis quadratisch sind mit einem wiederum quadratisch herausragenden Mittelstück – auf römische Modelle zurückgehend –, war die relative Selbstgenügsamkeit dieser ökonomischen Einheiten als Einheiten. Jede von ihnen produzierte ihr eigenes Öl, den Weizen, den Wein und das Gemüse, auch Schaf- und Rinderzucht für den eigenen Bedarf – den des Grundherren und den des Bauern, weshalb es nicht zu Großflächenbearbeitung kam. Die rechtlich-gesellschaftliche Form dieser Produktionsorganisation ging unter dem Namen der »Mezzadria« in die italienische Wirtschafts- und Sozialgeschichte bis heute ein. Mezzadria heißt, vereinfacht übersetzt, Teilungswirtschaft oder Halbpacht (mezzo = halb): der Grundherr stellt das Land, das Haus, die Geräte und die Saat, und am Jahresende wird die Ernte geteilt – ein Teil dem Grundherrn, der andere seinem oder seinen Bauern. Der Kampf um die jeweiligen Anteile macht den Kern der sozialen Konflikte im ländlichen Italien des mittleren Nordens aus, denn die Mezzadria wird zur vorherrschenden Rechtsform auch z. B. in der Emilia und in Umbrien, und zwar für rund 1000 Jahre, vom 9. bis in die 50er Jahre des 20. Jahrhunderts.
An der kleinflächigen relativen Autarkie der toskanischen Landwirtschaft läßt sich zweierlei ablesen. Zum einen waren

die Bauern keine Leibeigenen oder deren Gegenstück, lohnabhängige Landarbeiter. Sie hatten eine relativ sichere Existenz hier, und diese macht sich einerseits in ihrem bis heute noch sogar im Einzelverhalten präsenten Selbstbewußtsein deutlich, das sie gegenüber dem ›Padrone‹ wie jedweder herrschenden Klasse gegenüber haben. Andererseits konnte auf diesem Boden nicht wie in der Po-Ebene das militante Klassenbewußtsein des ländlichen Proletariats mit seinen sozialrevolutionären Konsequenzen entstehen. Zum anderen implizierte die relative Autarkie dieser Region zugleich langfristige Stagnation, da sie in sich selbst kaum Impulse und zur Innovation und zur Mechanisierung birgt, keine Anreize bietet für die im 16. und 17. Jahrhundert etablierte Grundherrschaft, hier Kapital zu investieren. Darum ist das, was sich dem Auge in seiner Schönheit darbietet, doch zugleich heute eine wirtschaftliche Misere – der Olivenanbau subventioniert, der Gemüseanbau nicht europäisch konkurrenzfähig, der Getreideanbau parzelliert und nur geringfügig mechanisiert bzw. unter den gegebenen Besitzverhältnissen der Parzellierung auch kaum großzügig mechanisierbar. Folglich die Landflucht: von 1963 bis 1971 wurde die Zahl der in der Landwirtschaft Beschäftigten halbiert (von 20,7 auf 11,5 Prozent). In Mezzadria werden heute nur noch etwa 12 Prozent des Landes bearbeitet, während die kapitalistische, d. h. die mit Lohnarbeit betriebene, Landwirtschaft deutlich zunimmt – knapp 50 Prozent.
Dies allerdings um einen tendenziell gefährlichen Preis; denn die vielgestaltige Hügellandschaft ist sehr empfindlich. Es wird dem aufmerksamen Beobachter nicht entgehen, daß die Einebnung von Terrassen, der Weinanbau durch standardisierte Reihenkulturen mit Zementpfählen in Traktorabstand (für die Ungezieferbekämpfung und den Tiefpflug – Weinstöcke verlangen eine bis zu 1 m tiefe Pflügung) zu deutlich sichtbaren Bodenerosionsprozessen geführt hat und damit das unwiederbringlich zerstört wird, was den Charakter dieser Landschaft über Jahrhunderte hinweg geprägt hat und Italien u. a. den Beinamen vom »Garten Europas« (im 18. und 19. Jahrhundert) eingetragen hatte.
Die Selbstgenügsamkeit der toskanischen Gutswirtschaft hat den Toskanern ihre Charakterisierung als nüchtern bis geizig eingetragen, und wie an allen Vorurteilen dieser Art ein wahrer Kern enthalten ist, so läßt sich der in diesem Falle auch für

den Touristen noch auf angenehme Art verifizieren: die **toskanische Küche** ist in besonderem Maße einfach – die »bistecca alla fiorentina« ist ein Stück mageren gegrillten Rindfleisches, die weißen Bohnen nur mit Olivenöl angemacht, die Pasta-Gerichte, wenn sie genuin sind, ohne »schwere« Soßen. Was nicht heißt, daß im Rahmen dieser schlichten ›materiellen Basis‹ keine große Variationsbreite möglich ist – im Gegenteil und natürlich wird sie besonders praktiziert und verfeinert von der toskanischen Aristokratie. Wer heute von der französischen Küche schwärmt, der darf daran erinnert werden, daß diese einen angebbaren historischen Ursprung hat, nämlich in der Heirat der Katharina von Medici, 1533, die die toskanische Kochkunst nach Paris brachte und die bis dahin eher primitive französische Küche erst zu dem machte, was sie heute ist; der »Kenner« wird von der Speisenfolge bis hin zu zumindest einigen der Hauptbestandteile der französischen Küche ihren toskanischen Ursprung entdecken können.

Kleiner Exkurs: Im Süden der Toskana sollte man zumindest an einer kleinen Stadt nicht vorbeifahren und einen – auch wegen des dort angebauten besonders guten toskanischen Weines lohnenden – Umweg machen: **Pienza.** Der Ort hat seinen Namen nach dem dort geborenen Aeneas Piccolomini (1405–1464), der 1458 als Pius II. Papst wurde (Pio – Pienza). Um sich bzw. seinen Geburtsort vor Gott und der Geschichte zu verewigen, ließ er die Stadt von einem Baumeister und Bildhauer völlig neu bauen: hier wurden die Idealvorstellungen der Renaissance von der nach menschlichen Proportionen rational und harmonisch gestalteten bzw. ausgerichteten Stadt etwa so weit realisiert, wie das nur denkbar ist – und sie blieb bis heute unverändert so erhalten. Außer in dem erwähnten Sabbioneta dürfte dieses »lebende Museum« kaum seinesgleichen haben – und die erwähnten großen Weine der Provinz findet man in einer reich ausgestatteten Enakothek im Hauptsträßchen.

E. K.

Bologna

Beginnen wir lieber nicht mit dem Üblichen – damit etwa, daß Bologna (wie schon der flüchtigste Blick auf die Landkarte zeigt) an einem wichtigen Verkehrsschnittpunkt liegt und das bereits seit den Zeiten der Etrusker, als es noch »Felsinea« hieß. Diese Tatsache ist für den Italienbesucher allenfalls insofern von Bedeutung, als sie ihn in der Regel an Bologna vorbeiführt. Die Stadt wäre längst nicht mehr, was sie noch ist, eine Stadt, in der man sich wohl fühlen kann, wenn nicht die langfristig planende Verwaltung einen großen Autobahnring um die Peripherie gelegt hätte, die Tangenziale, die es eben auch ermöglicht und nahelegt, zugunsten bekannterer Ziele an ihr vorbeizufahren. Behaupten wir auch nicht, Bologna habe Sehenswürdigkeiten und sei reich an Kunstschätzen, die sich mit Venedig oder Florenz oder etwa mit dem nahen Ravenna vergleichen ließen. Was in Bologna sehenswert ist, ist anderer Natur – aber doch nicht weniger dem aufgeschlossenen Touristen zugänglich, als die großen Museen und Paläste anderswo.

Auf dem Weg in die Stadt – zum »Centro« – stößt man irgendwo unvermeidlich auf den **Stadtring**, die »Viale«: eine in beiden Richtungen doppelspurige Straße mit Bäumen und einem asphaltierten Gehweg in der Mitte. Sofern es noch hell ist, lohnt sich die relativ kurze (15 Minuten) Rundfahrt trotz des in der Regel zu allen Tageszeiten dichten Verkehrs. Hier stand bis um die Jahrhundertwende die alte Stadtmauer, von der noch einige Teile zu sehen sind, unterbrochen von den »Porte« an den alten Ausfallstraßen. Der Abbruch der Mauer kam vor allem der Bourgeoisie zugute, die hier ihre großen Villen baute, deren Gärten dann im Zuge der Straßenverbreiterung beschnitten wurden. Sie lebt noch heute hier – außerhalb des Zentrums, das sie dem niederen Volk, politisch gesprochen der Linken, überließ bzw. überlassen mußte –, zurückgezogen, marginalisiert, verbittert und potentiell bösartig. Sodann fährt man irgendwo in die Stadt selbst hinein –» Centro Storico« –, sucht sich einen Parkplatz und geht dann zu Fuß zu einem Hotel; die immer freundliche Stadtpo-

lizei, genannt »Vigile Urbano«, wird da ein paar Tips geben können.
Man wird **essen gehen** wollen. Daß man in Italien überall gut ißt, ist eine Binsenwahrheit – und sie ist noch wahrer für Bologna, das als Beinamen auch »la grassa«, die Fette, heißt. Ob man in eines der bereits vom Äußeren her besonders attraktiven »Ristorante« geht oder in eine kleinere Trattoria hinter einer undurchsichtigen Glastür, ist vor allem eine finanzielle Frage, ein Unterschied in der Auswahl und der individuellen Bedienung. In jedem Fall sollte man als »Primo« die Bologneser Spezialität Tortellini (»alla panna«, in Sahne) essen, der Legende zufolge dem Nabel der Venus nachgebildet. Wenn man gern vor dem »Primo« ein »Antipasto« mit möglichst großer Auswahl essen möchte, dann sind dafür die teureren Ristoranti zu empfehlen. Die beiden wichtigsten Weine der Region sind der leicht moussierende Lambrusco und der ebenfalls rote Sangiovese – das Blut des Jupiter, so der römische Ursprung dieses Namens. Ganz zum Ende des Abends sollte man um ein Gläschen »Amaro« bitten, einen Bitter. – Aber auch noch im Selbstbedienungsrestaurant wird man nicht enttäuscht sein: man findet es unter den Arkaden der Via Ugo Bassi, von der Piazza Maggiore kommend auf der linken Seite. Es ist dies übrigens eine Kooperative, d. h. jenem weitverzweigten Netz von Konsum- und Produktionsgenossenschaften angehörend, die in der zweiten Hälfte des 19. Jahrhunderts besonders in der Provinz Emilia auf Initiative der Sozialisten – und nicht weniger Anarchisten – gebildet wurden. Sie vermochten sich de facto selbst während des Faschismus zu behaupten, und ihre Kontrolle ging nach dem zweiten Weltkrieg an die KPI über. Die KPI ist ihrerseits inzwischen zum größten Unternehmer der Provinz geworden und ist im Geschäft mit Baumaterialien, Hotels, Tourismus, Teigwaren, Bekleidungsindustrie, Lebensmittelhandel und anderem.
Man beginnt sich in Bologna umzusehen am besten dort, wo alles seinen Ausgang nahm und wo noch immer und in jeder Beziehung das Zentrum der Stadt ist: **Piazza Maggiore,** der Hauptplatz. In dessen Mitte, mit Eingang gegenüber dem Neptunsbrunnen, der **Palazzo Re Enzo;** zu ebener Erde befindet sich dort das staatliche Reisebüro CIT für touristische Informationen über kulturelle und andere Möglichkeiten in Bologna und darüber hinaus. Dieser Palazzo war um die Mitte

der vierziger Jahre des 13. Jahrhunderts als Sitz der Stadtregierung gebaut und gerade fertiggestellt worden, als die Bologneser im Mai 1249 einen Überraschungssieg errangen über das vom Sohn Kaiser Friedrich II. von Hohenstaufen, König Enzo, befehligte Heer und sie ihn bei der Gelegenheit gefangennahmen. Die Geschichte Italiens »beginnt« mit dem langen Konflikt zwischen den Guelfen und den Gibellinen. Während die Guelfen die frühbürgerlichen, freien Kommunen repräsentierten, die als Geburtsstätten der Handelsbourgeoisie und der sehr frühzeitig die kapitalistische Produktionsweise vorbereitenden Handwerkszünfte gelten können, waren die Gibellinen die Kaiserlichen. Hätten sie unter Friedrich II. gesiegt, wäre Italien zum zentralistisch regierten und »modern« administrierten Einheitsstaat geworden – vermutlich um den Preis zumindest einer Verzögerung der Renaissance und alles dessen, was von dieser ausging: nicht zuletzt die »Erfindung« des Frühkapitalismus, des Bankwesens und der modernen Naturwissenschaft.
Der Sieg der Guelfen jedoch, die in taktischer Allianz mit dem Papsttum sich befanden, bedeutete zunächst den Sieg des Papsttums, damit die historische Besiegelung der politischen Zersplitterung Italiens und die permanente Bedrohung der kommunalen Freiheiten der frühen Bourgeoisie selbst. Im Palazzo Re Enzo also setzten die Bologneser ihren prominenten Gegner mit großen Ehren und ihm einen regelrechten Hofstaat gestattend, 1249 gefangen – und hielten ihn dort bis zu seinem Tode (1272), lange nachdem die Dynastie der Hohenstaufen zu bestehen aufgehört hatte. Jedoch: Weltlich erzogen, gebildet und Anziehungspunkt für die Söhne der Bürger-Notablen von Stadt und Provinz, wurde der »Hof« König Enzos eine der Geburtsstätten italienischer (anstatt lateinischer) Kultur bzw. Literatur. Zusammen mit seinem Vater Kaiser Friedrich wird Re Enzo als einer der ersten Lyriker italienischer Sprache in den gängigen Schulanthologien geführt und zitiert. Eine Gedenktafel über dem Eingang zum Reisebüro erinnert an diese Jahre.
Die Piazza Maggiore beherrschend der Dom, **S. Petronio.** Daß die Fassade unvollendet ist, hat er mit vielen anderen Kirchen der Zeit gemein; aber diese spezifische Kirche repräsentiert darüber hinaus noch einmal den Sieg des Papsttums über die Gemeindefreiheit, die Bologna nach kurzer Zeit ohnehin zugunsten des päpstlichen Regiments wieder verlor, ohne daß

damit der Konflikt nun innerhalb des guelfischen Lagers überwunden gewesen wäre. Man wird, wenn man an der linken Flanke entlangläuft, entdecken, daß der Kirchenbau selbst abgebrochen wurde, daß das – schon genügend imposante – Hauptgebäude von S. Petronio nur Teil eines weiteren Bauprojektes war bzw. ist, das seinerseits nicht vollendet wurde. In einem Nebenraum des Kircheninnern findet man ein Modell des geplanten Gesamtkomplexes – es stellt sich heraus, daß dieses, wäre es nach den Plänen der Kommune zu Ende gebracht worden, St. Peter in Rom um ein Beträchtliches in den Dimensionen übertroffen hätte und damit möglicherweise bis heute die größte christliche Kirche der Welt hier entstanden wäre. Daß das der Papst nicht zulassen konnte, ist leicht einzusehen; um aber jeden Gedanken an den Weiterbau – abgesehen vom sehr bald ausgesprochenen Verbot – zu unterdrücken, entschloß sich die Kurie zu einer an Klarheit und Eindeutigkeit nichts zu wünschen übriglassenden Maßnahme: sie baute in der Rekordzeit von weniger als einem Jahr (1562/63) die »Archiginnasio« genannte Universität – jene lange Arkadenfront, die sich parallel zur abgeschnittenen linken Domseite befindet. Damit war deutlich demonstriert worden, wer der Herr im Hause bzw. in der Stadt war. Allerdings erhielt die Stadt dafür eine Art Entschädigung: sie durfte den Neptunsbrunnen bauen, dessen Entwurf allerdings, da es sich um ein heidnisches Motiv handelte, zuvor in Rom gebilligt werden mußte.

Das Innere von S. Petronio ist allenfalls wegen seiner machtarchitektonischen Dimensionen eindrucksvoll – mit zwei Ausnahmen: vorn links befindet sich der Altar, vor dem Karl V. im Jahre 1530 zum römischen Kaiser gekrönt wurde; und wenn man genau zur Mittagsstunde kommt und klarer Sonnenschein herrscht, so kann man halblinks auf dem Marmorboden einen dünnen Sonnenstrahl flackernd über ein eingelegtes Kupfermeßband ziehen sehen – eine der ganz wenigen noch erhaltenen Sonnenuhren, wobei die unruhig zitternden Ränder des Sonnenbildes von den Eruptionen auf der Sonnenoberfläche herrühren...

Bleiben wir noch weiterhin auf der Piazza Maggiore, am Neptunsbrunnen vor dem Palazzo Re Enzo. Rechts unterhalb der Tafel, die an den »glänzenden Hof«, den »splendido corteggio« des Staatsgefangenen erinnert (die Betonung der fürstlichen Behandlung König Enzos resultiert daraus, daß noch lange nach dessen Ableben die Bologneser sich verleumdet sahen von Fremden, die z. B. das Gerücht ausstreuten, Enzo sei in einem Käfig gehalten worden, etc.), findet sich ein Kupferrelief in realistisch-heroischer Manier, das an ein nun ungemein wichtigeres Ereignis 700 Jahre später erinnert: die Befreiung Bolognas vom Faschismus durch die Alliierten und die Partisanenverbände am 21. April 1945 (die Tafel wurde zum 25. Jahrestag angebracht). Ohne dieses Datum bzw. ohne die Rolle, die der bewaffnete Widerstand gegen den »Nazi-Faschismus« spielte, ist die Nachkriegsentwicklung Bolognas – und Italiens selbst – nicht zu verstehen. An der Außenmauer des **Palazzo d'Accursio,** des Sitzes der Kommunalverwaltung, unmittelbar gegenüber von Palazzo Re Enzo bzw. Neptunsbrunnen, befindet sich das politisch-historische »Gewissen« dieser Stadt: die große Gedenkwand für die »im Widerstand für Freiheit und Gerechtigkeit, für Ehre und Unabhängigkeit des Vaterlandes Gefallenen«. Für die – wie es in vielfacher Variation bei allen Staatsakten verkündet wird – »aus dem Widerstand geborene italienische Republik« heißt zweiter Weltkrieg nicht die Jahre 1941 (Eintritt des faschistischen Italiens in den Krieg) bis 1945, sondern der Krieg ist der antifaschistische Widerstand und der Krieg der zu den Alliierten übergewechselten post-faschistischen Regierung gegen das Dritte Reich und die von ihm geschaffene faschistische Marionettenrepublik Salò. Man wird in anderen italienischen Städten Gedenktafeln für die Gefallenen des zweiten Weltkrieges (1941–1945) durchaus finden – in Bologna lediglich in einigen Kirchen. Der historisch relevante Krieg ist der des Widerstandes. Wie aus der Bilderwand ersichtlich, stellte die Stadt allein 14425 Partisanen, davon 2212 Frauen; von diesen fielen im Kampf 2059, wurden 2350 als Geiseln erschossen und verstarben 829 in deutschen Lagern. Was nicht gesagt wird, ist, daß sich die insgesamt 18 Bologneser Partisanenbataillone zusammensetzten aus zwei sozialistischen, einer christlich-demokratischen, zwei der Aktionspartei, aber 13 kommunistischen. Es ist die hier geschmiedete Einheit von Kommunistischer Partei und antifaschistischem Befreiungskampf (die Bologneser Partisanen rekrutierten sich zu 62,4 % aus Industrie- und zu 15,4 % aus Landarbeitern), die nicht nur für Bologna das Fundament der post-faschistischen Rekonstruktion abgab und die bis heute gehalten hat. Ohne diese Einheit ist auch die Nachkriegsgeschichte der KPI selbst

nicht verständlich – ihre Verwurzelung in den Massen als antifaschistische Volkspartei. Übrigens lieferten die Partisanen in Bologna den deutschen Truppen die einzige große und siegreiche offene Schlacht in einer Stadt – am 7. November 1944 behaupteten sich 270 gut organisierte Partisanen in der berühmten Schlacht von Porta Lame gegen überlegene deutsche Truppen und Panzer für ganze 15 Stunden, wobei sie nur 14 Gefallene gegenüber 216 Deutschen zu beklagen hatten. Eine Tafel an der **Porta Lame** (ringsum wurde alles wieder neu gebaut) erinnert an dieses wichtige Ereignis. Nicht zuletzt dafür erhielt die Stadt die goldene Widerstands-Medaille; ein goldenes Buch aus Messingplatten am Schauplatz des größten deutschen Geisel-Massakers in den Fosse Ardeatine bei Rom enthält die Namen aller der Städte, mit denen Bologna diese Ehre teilt. Der Verleihungstext findet sich auf einer Tafel neben der Partisanen-Gedenkwand: »Die Stadt der Partisanen, getreu ihren alten, heldenhaften Traditionen, wollte sich nicht der Übermacht des deutschen Eindringlings unterwerfen und mit dem reinen Blut von Tausenden ihrer besten Söhne, ihre Häuser zerstört und in ständigen Kämpfen mit den dem Feinde entrissenen Waffen* war sie in der Avantgarde des ungleichen Kampfes und der Erhebung, die zu Beginn des strahlenden April 1945 das Vaterland zur Wiedergewinnung seiner Freiheit führte.«
Aber nicht nur der Partisanenkampf wird hier gewürdigt, sondern es wird auch die antifaschistische Tradition der italienischen Armee begründet – ein aktuell zu verstehender Appell an die Verpflichtung des Militärs auf die Verteidigung der antifaschistischen Republik: rechts neben den Partisanen-Gefallenen wird der Opfer von Cefalonia und Korfu gedacht. Auf diesen beiden Inseln befanden sich bei Kriegseintritt Italiens auf Seiten der Alliierten mehrere Bataillone, die, im Stich gelassen und ohne Anweisungen der neuen Regierung, sich der Aufforderung der deutschen Armee zur Kapitulation widersetzten. In dem von vornherein – wegen des Fehlens zunächst versprochener Entlastung – aussichtslosen Kampf verloren auf Cefalonia zunächst 1315 und auf Korfu 603 Soldaten ihr Leben. Aber der militärischen Niederlage folgte das Massaker: die Deutschen betrachteten ihre früheren Bundes-

* Diese Formulierung verweist auf die Tatsache, daß die Alliierten sich aus politischen Gründen weigerten, den Partisanen angemessene Waffen zu liefern.

genossen nicht mehr als Kriegsgefangene, sondern als Rebellen und erschossen auf Cefalonia kurzerhand sämtliche ihnen in die Hand gefallenen überlebenden 5325 Soldaten und Offiziere (3000 weitere kamen bei der Flucht auf offener See um), während sie auf Korfu »nur« 17 kriegsgefangene Offiziere erschossen.
Davon weiß man in der Regel in Deutschland kaum etwas – Massenerschießungen werden in der deutschen Geschichtsschreibung so gut wie ausschließlich der SS angelastet und beziehen sich, darüber hinaus, fast nur auf osteuropäische Juden. Von Bologna aus sollte man unbedingt zumindest noch zwei historische Stätten besuchen: **Marzabotto,** etwa 20 Minuten mit dem Auto (man folgt den Straßenschildern in Richtung Pistoia), wo vom 29. September bis 5. Oktober 1944, als Repressalie gegen die zunehmende Partisanentätigkeit alle 1830 Einwohner dieses kleinen Städtchens und seiner Umgebung ermordet wurden, der dafür verantwortliche General Reder sitzt lebenslänglich, und die bundesrepublikanische Regierung plädiert in regelmäßigen Abständen vergeblich für seine Begnadigung. Und **Sabbiuno di Monte** – von der Viale (Porta S. Mamolo) einem gelben Touristenpfeil folgend (10 Minuten) –, wo 100 gefangene Partisanen aus dem Gefängnis abgeführt und an einem Steilhang erschossen wurden: eine der schlichtesten und eindrucksvollsten Gedenkstätten, die man sich denken kann.
Überhaupt sind die Hügel der Emilia voller überwachsener Erinnerungen an blutige Kämpfe und nazi-faschistische Brutalität, die faschistischen Kollaborateure betätigten sich in der Regel als Denunzianten. An die ausradierten Dörfer und Gehöfte erinnert heute in der Regel nichts mehr. Sollte man allerdings von Modena auf der Landstraße kommend den mittleren Abstecher von einer halben Autostunde nicht scheuen und dabei etwas von der rauhen Hügellandschaft kennenlernen wollen, so besuche man das heute unscheinbare Bergstädtchen **Montefiorino:** hier wurde eine von jenem knappen Dutzend Partisanenrepubliken errichtet, wie sie während des an der Gotenlinie – zwischen Bologna und Florenz – für etwa ein Jahr stabilisierten Stellungskriegs spontan aus dem Boden schossen; die berühmteste ist die von Domodossola an der Grenze zur Schweiz. Montefiorino wurde – im Unterschied zu den meisten anderen – nicht von den deutsch-faschistischen Truppen zurückerobert. Marzabotto ist je-

doch – neben den Fosse Ardeatine von Rom – das eigentliche Symbol des Widerstandes und der für die Befreiung gebrachten Opfer: »Die Erschossenen und Verbrannten, aus dunklen Chroniken von Bauern und Arbeitern, sie treten in die Geschichte der Welt, mit dem Namen Marzabotto«, so heißt es bei Salvatore Quasimodo. In Marzabotto kann und sollte man aber auch die Reste der etruskischen Siedlung besichtigen, die – obwohl in ihren Kunstschätzen nicht mit Tarquinia oder Volterra etwa vergleichbar – dennoch zu den wichtigsten in Italien gehört. Und auf dem Wege von Bologna nach Marzabotto kann man gar nicht umhin, das monumentale Mausoleum für **Marconi,** den Entdecker der Radiowellen, zu bemerken; die Stadt wurde nach ihm Sasso Marconi benannt. Seine Geschichte ist für das moderne Italien typisch: als genialer Erfinder, Student an der Universität Bologna, fand er in Italien selbst weder Mittel noch investitionsbereite Industrielle für seine erst langfristig rentablen Forschungen. Daher ging er ins Ausland – nach England und in die USA.
Zurück zur Piazza Maggiore. Der Verweis auf die »alten, heldenhaften Traditionen« des Widerstandes ist keine rhetorische Floskel. Im Innenhof des massiven Regierungspalastes d'Accursio findet man eine Tafel neben der anderen zur Erinnerung an die andere große Befreiungsperiode, die des »Risorgimento«. 1848 hatten die Bologneser, und zwar das gemeine Volk, die »Massen«, die Österreicher in einem siegreichen Häuserkampf aus der Stadt vertrieben – am **8. August**. Der Platz, der heute Sitz der Partisanenveteranen ist und einen schönen Park hat, trägt den Namen dieses Datums; jeweils freitags und sonnabends ist hier Markt für billige Kleidung und Trödlereien. Garibaldi, der im November desselben Jahres auf taktischem Rückzug durch die Stadt kam, sprach in seiner Abschiedsbotschaft bewegt vom Ruhm, den sich die Stadt im siegreichen Widerstand erworben habe und bedankte sich für »die Hochrufe, die einem Manne gelten, der unter euch kommt, um euch zu sagen, daß wer ein Gewehr hat, der soll es schultern, denn es gilt, noch weiter zu kämpfen«. Man findet Garibaldis Grußworte an einem der beiden klassizistischen Porta-Flügeln der **Porta Santo Stefano;** den anderen Flügel hat die Gemeinde übrigens – eine Geste von politisch-historischer Bedeutung – den Anarchisten als Sitz zur Verfügung gestellt. 1849 kamen die Österreicher zurück, übergaben die Stadt wieder dem Kirchenstaat, der ein zehn-

jähriges repressives Regime etablierte, bis sich Bologna 1859 der Einigungs- und zweiten Befreiungsbewegung anschloß, woran die verschiedenen Proklamationen im Innenhof des Palazzo d'Accursio erinnern. Zum Einstand der Rückeroberung im August 1849 erschossen die Österreicher den von ihnen gefangengenommenen Kaplan Garibaldis, **Ugo Bassi,** an den der Name der großen Hauptstraße vor dem Palazzo d'Accursio und eine Statue schräg gegenüber vom Bahnhof erinnern. Wie überhaupt viele Straßennamen an Widerstand und Opposition erinnern: **Luigi Zamboni,** nach dem die zum Teatro Communale und zur Universität führende Straße genannt ist, wurde 1794 verhaftet als radikaler Jakobiner, der zum Widerstand gegen Klerus und Großbourgeoisie aufrief; er beging Selbstmord im Karzer; die große Ausfallstraße **Via Andrea Costa** erinnert an den großen Sozialistenführer und Begründer der agrarrevolutionären Bewegung, der 1874 noch als Anarchist zusammen mit Bakunin in Bologna einen Aufstand auszulösen versuchte – es war Bakunins letzter. Aufgrund dieses Fehlschlages bekehrte sich Costa zum marxistischen Sozialisten und gründete 1881 in Imola die noch heute bestehende Zeitung der Sozialistischen Partei »Avanti!«; als erster Sozialist wurde er ins Parlament gewählt und endete politisch als Revisionist.

Piazza Maggiore, bzw. eben jener Teil mit dem Neptunsbrunnen, war am **21. November 1920** auch Schauplatz eines historischen Ereignisses von weit über Bologna hinausweisender Tragweite: hinter dem passiven Schutz der Carabinieri griffen faschistische Sturmtruppen – die »Squadristi« – mit Handbomben und Feuerwaffen die vor dem Balkon des Palazzo d'Accursio versammelten Massen einer Kundgebung an, die sich dort zur Feier des soeben gewählten ersten kommunistischen Bürgermeisters, Enio Gnudi, versammelt hatten. Es kam dabei nicht nur zu Toten und Verwundeten, sondern Gnudi wurde zwei Tage später zur Abdankung gezwungen – und öffnete damit der faschistischen Machtergreifung mittels organisierten Terrors eine wichtige Bresche. Direkt gegenüber der Piazza Nettuno, an der Ecke Via Indipendenza / Via Rizzoli, kam es sechs Jahre später, im Oktober 1926, anläßlich eines mit großem Pomp aufgezogenen Besuches Mussolinis in der Stadt gelegentlich der Einweihung des noch heute zentralen **Sportstadions** (an dem man von Bologna Richtung Casalecchio–Pistoia–Autostrada nach Florenz vorbeifährt), zu einem Attentat auf den Duce durch einen jungen Anarchisten, **Andrea Zamboni** (siehe Gedenktafel). Da er auf der Stelle von den Faschisten gelyncht wurde, hält sich bis heute der nicht unbegründete Verdacht, das Attentat sei von faschistischen Gegnern Mussolinis inszeniert gewesen, die nach dem Scheitern den Zeugen aus dem Wege räumen mußten. Wichtiger jedoch ist, daß Mussolini das Attentat als willkommenen Vorwand nahm zur Durchsetzung der ersten großen Notstandsgesetzgebung, mit der ein wesentlicher Schritt weg vom liberalen Verfassungs- zum faschistischen Führerstaat gemacht wurde; das Stadion kann uns daran erinnern.

Nachdem man sich dergestalt auf der Piazza Maggiore umgesehen hat, lohnt sich ein kleiner – »unpolitischer« – Abstecher in die kleinen, winkligen Gassen, die unter den Arkaden zur Linken (wenn man vor S. Petronio steht) beginnen: Via Vecchie Pescherie und Via Claviature. Hier ist der Lebensmittelmarkt Bolognas, der »Fetten«, der keiner Erläuterung bedarf... Die Arkadenpassage selbst führt – es war schon früher im Zusammenhang mit dem Abbruch des Kirchenbaus darauf hingewiesen worden – parallel zum Hauptschiff von S. Petronio zur alten Universität; auf dem Wege dahin kommt man am Portal des Stadtmuseums – **Museo Civico** – vorbei, woran das »Beste« die einigermaßen regelmäßigen Sonderausstellungen sind und, für historisch nunmehr Interessierte, ein dem »Risorgimento« gewidmeter Saal mit Stücken aus den Kämpfen vor allem der 40er und 50er Jahre des 19. Jahrhunderts. Der sich zur Rechten öffnende Platz heißt **Galvani:** aus dem Schulunterricht ist er wohl uns allen noch geläufig – hier in Bologna machte er seine berühmten Entdeckungen an den beim Gewitter zappelnden Froschschenkeln. Ihm sind als einem der berühmteren wissenschaftlichen Söhne der Stadt (neben Marconi) Platz und Denkmal gewidmet. Die alte Universität gegenüber dem Denkmal, Eingang von den Arkaden her, ist heute Kommunalbibliothek – aber man kann sich dennoch bis zu einem gewissen Grade dort umsehen. Wände und Decken sind mit dem Familienwappen der Studenten und Professoren bedeckt – derer, die sich's leisten konnten; im 1. Stock – man frage danach, hineinschauen zu dürfen – die heute bibliothekarisch genutzten, zahlreichen kleinen Hörsäle, einer hinter dem anderen; dort, von wo der Professor dozierte, jeweils ein Bild der Madonna

in Kopfhöhe. Der Professor wurde von einem mit einer Art goldenen Zepter ausgerüsteten Pedell durch die langen Gänge in den Hörsaal begleitet und durfte seine Vorlesung erst beginnen, wenn der Pedell dazu das Zeichen gegeben hatte.
Der Hausmeister im Hofe des Archiginnasio zeigt auf Wunsch das ganz in Holz getäfelte und mit geschnitzten Figuren höchst kunstvoll ausgestattete **Teatro Anatomico,** den alten Anatomiesaal, ein kleines Juwel, auch dies mit einer langen (bis ans Ende des 19. Jahrhunderts reichenden) Geschichte – einschließlich der geheimen Kammer für den Vertreter der Kirche, der, verborgen unter der Decke des Saales, die Lektionen unterbrechen durfte mit kritisch-theologischen Fragen zur Legitimität der Anatomie.
Daß Bologna die älteste europäische Universität beherbergt – und damit, wie eine eurozentrische Geschichte behauptet, die älteste der Welt –, ist bekannt. Ihr Ursprung ist aufs engste verknüpft mit der Entstehung der frühbürgerlichen Kommune, er ist laizistisch, nicht kirchlich. Die ersten Gelehrten, denen von der historisch bedeutsamen Herzogin Matilda* offizielle Anerkennung gewährt wurde, waren die berühmten **Glossaren**, die den über Ravenna vererbten Corpus Iuris des Justinian »glossierten«, d. h. für die Bedürfnisse der rechtlichen Regelung der frühbürgerlichen Verhältnisse zurechtstutzten. Der berühmteste dieser ersten »Glossari« war **Irnerio**. Eine große Straße ist nach ihm benannt, und sein Grab kann man, auf Säulen stehend und mit einem grünen Keramikdach, vor der Kirche S. Francesco an der **Piazza Malpighi** – am Ende der großen Achse von Via Ugo Bassi – überhaupt nicht übersehen; mit ihm beginnt die ideologische Begründung für den modernen, d. h. rationalen Staat. Kein Wunder, daß die Kirche dann nachzog und, ebenfalls in Bologna, im Kanonischen Recht die Gegenlehre entwickelte. 1158 gewährte Kaiser Barbarossa dem Studium Autonomie – die Juristen sollten von nun an eine zentrale Rolle spielen im Konflikt mit der Kurie. Später wurde das Jahr 1088 als offizielles Gründungsdatum festgelegt und 1888 feierlich begangen. Ein anderer jener frühen, großen Juristen Bolognas, Rolandino, schrieb 1249 einen berühmt gewordenen Brief an Kaiser Friedrich II., in dem er mit der Verweigerung der Freilassung von

* Es ist dieselbe Matilde, vor deren Burg Canossa Heinrich IV. 1077 seinen berühmten »Gang« antrat. Die Reste der Burg sind noch immer eindrucksvoll: zu erreichen in einer halben Stunde von Reggio Emilia aus.

König Enzo die kommunalen Freiheiten verteidigte. Sein Grabmal, wie das des Irnerio ausgestattet, befindet sich vor der Kirche San Domenico – in derselben liegt Re Enzo bestattet. Später gehörten zu den berühmten Dozenten und Studenten der Universität Dante (1285–87), Petrarca (1323–26), Kopernikus (1496–1500; eine Tafel an dem Haus, wo er vermutlich in der Via Galliera wohnte, erinnert daran) und in der Gegenwart der erste italienische Literatur-Nobelpreisträger Giosuè Carducci, der hier Literatur lehrte (1860–1905) und als engagierter Republikaner zumindest anfangs beträchtliche Schwierigkeiten hatte, trotz seiner Reputation.
Von der alten Universität, dem Archiginnasio, sind es nur einige Minuten zur einzigen wirklich sehenswerten Kirche Bolognas: Santa Stefano – ein Komplex von vier, ursprünglich sogar sieben, eng ineinander verschachtelten Kirchen, modelliert nach der Grabeskirche von Jerusalem.
Zur heutigen Universität gelangt man auf der **Via Zamboni.** Von den beiden Türmen (s. u.) kommend, weitet sich die Straße nach ca. 200 Metern: hier endete im 12. Jahrhundert die alte Stadt, deren Stadtmauer noch sichtbar ist. Zur Linken hat man dann das **Teatro Communale** für Opern und Konzerte. An seiner Stelle stand bis 1507 einer der größten und, wie es heißt, schönsten Renaissance-Paläste Italiens, der Palazzo Bentivoglio. Auch damit hat es seine aufschlußreiche Geschichte: die Bentivoglio stellten jenes früh-großbürgerliche Diktaturregime für Bologna, das in Städten wie Florenz, Mailand und Genua triumphierte und die Zeit der freien Kommunen zugunsten der ökonomisch-politischen Machtentfaltung der Handels- und Finanzbourgeoisie ablöste – innenpolitisch vor allem die Zünfte und das mittlere Bürgertum sowie die Massen der Handwerksgesellen und proletarisierten Städter besiegend bzw. letztere für sich mobilisierend. In Bologna war dieser seignorilen Politik nur eine kurze Zeitspanne von fünfzig Jahren vergönnt: es gehört in die auch und nicht zuletzt von der Resistenza des zweiten Weltkrieges berufenen Widerstandstradition der Bologneser, daß diese 1507 den zweiten in der Bentivoglio-Dynastie in einer spontanen, massenhaften Volksbewegung aus der Stadt vertrieben und daß dem Volkszorn der gesamte Palast zum Opfer fiel – es blieb kein Stein auf dem anderen und von der mächtigen Familie selbst kaum eine Spur in der Stadt. Erhalten blieben von dem mächtigen Palast nur die dem Teatro Communale gegen-

überliegenden Pferdeställe – darin heute u. a. die Mensa der Universität – und der Name einer kleinen Nebenstraße: Via del Guasto – Straße der Zerstörung. Aber das Erbe der Revolte trat nicht das Volk an, sondern der Papst. Von dessen Legaten wurde die Stadt von nun an streng und repressiv bis zur napoleonischen Befreiung regiert. – Weiter auf der Via Zamboni nun rechts und links die Universität – teils in Palästen aus dem 17. Jahrhundert, teils in architektonisch gut eingepaßten Neubauten.
Nur ein kurzes Wort über das hier nicht zu schreibende Kapitel Universität: sie umfaßt mehr als 60000 Studenten, das sind 10 % der Stadtbevölkerung (die gesamte italienische Studentenschaft wird auf 900000 geschätzt). Daß dieses unmöglich Vollzeitstudenten sein können und daß das, was sich als Universität noch dem flüchtigsten Passanten darbietet, eine völlig inadäquate Institution ist, die mit dem organisierten Studium à la Bundesrepublik kaum etwas gemein hat und mit ganz anderen Kategorien erfaßt werden muß, dürfte hier sinnfällig werden.
Piazza Verdi – vor der Oper – war im März 1977, hinter dem Schutz von Barrikaden, das Zentrum der studentischen und jugendlichen Rebellion gegen die »Wohlfahrtsstadt«, eine Stadt, die für ihre zunehmend aus dem Arbeitsmarkt ausgeschlossene Jugend ebensowenig getan hatte und auch weiterhin nicht wird tun können wie Italien insgesamt. Nur war und ist der Konflikt hier besonders bitter, eben weil die kommunistische Stadtverwaltung höhere Erwartungen geweckt hatte. Mehr als die Hälfte der Studenten Bolognas kommen aus anderen Regionen, allein 13 Prozent aus dem Süden – angezogen vom bewußt kreierten Image der gut regierten Städte... Während studentische Wohnungen entweder nicht oder nur zu Wucherpreisen zu haben sind, stehen gerade im Universitätsviertel Dutzende von Wohnungen aus Spekulationsgründen leer. Das vorzügliche Restaurant »Cantonzein« wurde nicht zufällig, als Symbol gewissermaßen dieses Widerspruchs, dieser Provokation, im März 1977 völlig geplündert. Die darauf folgende Repression bedeutete für das innere politisch-soziale Klima der Stadt einen qualitativen Bruch, der vorläufig – und sicher nicht auf der Ebene kommunaler Politik – kaum überwunden werden kann. Solches allerdings entzieht sich notwendigerweise auch dem aufgeschlossensten Besucher, weil es keine Sinnfälligkeit im Straßenbild hat. Mit

einer kleinen Ausnahme – und im Vergleich, nämlich zum Tod Benno Ohnesorgs, Berlin, Krumme-Straße, 2. Juni 1967, ist dies tatsächlich in seiner politischen Symbolik bedeutsam. Dort, wo damals der Lotta-Continua-Student Lorusso von der Polizei erschossen wurde und hiermit die Anti-KPI-Gewaltakte ausgelöst wurden, findet sich eine Gedenktafel, **Via Mascarella 37:**
»Die Genossen Francesco Lorussos, an dieser Stelle von der bewaffneten Grausamkeit des Regimes am 11. März 1977 ermordet, wissen, daß seine Ideen von Gleichheit, Freiheit und Liebe jedes Verbrechen überleben werden. Francesco lebt und kämpft mit uns.«
Gleich hinter der erwähnten Mensa geht zur Rechten die Via Belmeloro ab – für den Verkehr gesperrt als Teil des Universitätsgeländes. Man gehe in diese hinein: nach ca. 150 m befindet man sich zwischen den rechts abbiegenden Gassen S. Apollonia und S. Leonardo vor einem der Musterprojekte, für die die kommunistische Stadtverwaltung mit Recht international berühmt geworden ist: die Altstadtsanierung. Hier wird Sanierung im echten Sinne betrieben – also nicht Abriß und Erschließung für Verkehr und Großkapital, sondern Restauration des alten Stadtbildes unter Beibehaltung seiner sozialen Struktur von Handwerkern, Angestellten, Studenten und Einzelwarengeschäften, die hier ansässig sind. Das ursprüngliche Projekt der Enteignung dieser Häuser und ihrer Restauration im Kommunalbesitz erlag dem massiven Widerstand nicht zuletzt vieler KPI-Hausbesitzer selbst. Nunmehr wurden die Familien temporär ausgesiedelt, ihre Häuser abgerissen und nach den alten Plänen – bis hin zu den alten Naturfarben! – wieder aufgebaut, die in Hinterhöfen versteckten Gärten den Wohngemeinden zugänglich gemacht, und die alten Mieter zogen schließlich als Teileigentümer mit lebenslänglichem Wohnrecht wieder ein. Was sich dort in der Keimzelle gewissermaßen beobachten läßt, hat weit über die Stadt hinausgreifende Bedeutung zur Erhaltung der Innenstädte als Lebens- und Arbeitsraum. Immerhin hat Bologna den größten geschlossen erhaltenen mittelalterlichen Stadtkern von Italien. Und im Unterschied etwa zu Mailand, das seine Innenstadt weitgehend durch die überwältigenden Interessen von Handel und Finanz hat zerstören lassen, oder auch im Unterschied zu Turin, dessen Altstadt zu einem guten Teil als Getto der süditalienischen Gastarbeiter verkommt, ist

die Innenstadt hier voll intakt – ja, durch sich immer weiter ausdehnende Verkehrserschwerungen und Fußgängerzonen wird sie sogar noch zunehmend »menschenfreundlicher«. Unübersehbar im Zentrum die beiden Türme: der **Torre degli Asinelli** (97,20 m) und der mindestens so aufregend wie in Pisa schiefe **Torre Garisenda** (48,10 m), die Wahrzeichen der Stadt. Der Aufstieg auf den Asinelli lohnt sich, vor allem bei gutem Wetter natürlich. Da bekommt man zum einen einen Einblick in die reichen Gärten, die sich hinter den strengen Fassaden der Paläste und Arkadenfronten verbergen und von denen viele eines Tages, wie gesagt, den Wohngemeinschaften erschlossen werden sollen. Da hat man zum zweiten einen eindrucksvollen Blick auf Bolognas Lage am Fuße des Appenins und wird anzuerkennen haben, was es bedeutet, wenn eine nicht von der Bourgeoisie kontrollierte Stadtregierung einen strengen Bebauungsplan durchsetzen kann, der die Hügel den Gärten und den Palästen des 19. Jahrhunderts erhält; man vergleiche das mit den Hängen Turins etwa, die alle ein Opfer der Spekulation geworden sind! Und man erblickt, drittens, die Überreste so vieler anderer Turmstümpfe über die ganze Stadt verteilt – im 13. Jahrhundert sollen es ca. 200 gewesen sein –, die es notwendig machen, auf dieses eigenartige Phänomen kurz einzugehen. Die Türme wurden errichtet von den sich befehdenden aristokratischen Familien in der

Zeit des Übergangs zur Kommunalzeit, teils als befestigte Zufluchtstätten, teils als »Statussymbol«. Der quer durch Italien sich ziehende Konflikt zwischen Guelfen und Gibellinen hatte auch hier seine Parteigänger. Aber insoweit es sich dabei um einen inneraristokratischen Konflikt handelte, wurde dieser überwunden durch den – wie es sich mit der ersten Signoria des Taddeo Pepoli (1337) herausstellte: vorübergehenden – Sieg der Kommune, d. h. der Zünfte und der frühen Handelskapitalisten über die verstrittenen Klassengegner. Von nun an wurde die Störung des innerstädtischen Friedens durch die Aristokratie u. a. damit bestraft, daß deren Türme je nach Schwere des Vergehens gekürzt oder auch ganz geschleift wurden: die Turmstümpfe also als sprechende Zeugnisse des frühen Klassenkampfes bzw. der beginnenden kapitalistischen Revolution. Der Torre Asinelli selbst hat eine davon leicht divergierende und nicht ganz geklärte Geschichte; jedenfalls war dieser Turm (errichtet von 1109 bis 1119) spätestens seit der zweiten Hälfte des 13. Jahrhunderts in öffentlichem Besitz und diente vor allem als Aussichts- bzw. Wachturm – übrigens auch den deutschen Besatzungstruppen im zweiten Weltkrieg noch. Der schiefe Turm Garisenda, wie der Asinelli uspründlich einer gibellinischen, d. h. der »kaiserlichen Partei« verbundenen Familie gehörend, mußte sehr bald schon nach seiner Erbauung um knapp 50 Meter gekürzt werden, um den drohenden Einsturz zu verhindern. Schon Dante fand ihn bemerkenswert genug, um ihn in der Göttlichen Komödie zu erwähnen (das Zitat findet sich auf einer Tafel am Turm), während Goethe meinte, er müsse wohl absichtlich schief gebaut worden sein.
Aber auch das andere Wahrzeichen Bolognas, seine **Arkaden** – die »Portici« – erschließen bei kenntnisreichem Hinsehen ein Stück Sozialgeschichte. Ihre Entstehung selbst ist umstritten und läßt sich, zunächst als Bologneser architektonische Tradition, bis ins frühe Mittelalter zurückverfolgen. Die erste kommunale »Stadtplanung« stammt aus dem Jahre 1249, als die Höhe auf mindestens 7 Fuß (2,66 m) festgelegt wurde, so daß ein Reiter zu Pferd ohne Mühe sich unter ihnen bewegen konnte; sie wurden danach obligatorisch – bis in die Zeit der Signoria, der Adelsherrschaft des 15. Jahrhunderts (wir erwähnten die Bentivoglios) und ihrer Verlängerung unter päpstlichem Regiment, die sich architektonisch an Florenz orientierte und in den Portici eine Beeinträchtigung ihrer Pri-

vilegien sah, die das gemeine Volk zu nahe kommen ließ. Folglich sieht man noch heute deutlich, wie die großen Renaissance-Paläste die architektonische Einheitsfront der – demokratischen – Portici durchbrechen und ihre demonstrative Distanz von »der Straße«, dem Treiben der kleinen Leute, in der Verweigerung des Arkadenganges und damit der Niederlassung von Händlern und Straßenkrämern architektonisch zur Schau stellen. Im Ganzen verfügt Bologna über 35 Kilometer Portici; die längste geschlossene Arkade ist die von der Porta Saragozza bis hinauf zur Wallfahrtskirche **San Luca** mit einer Länge von knapp 4 Kilometern, errichtet aus Bürgerspenden und Arbeitsleistungen Bologneser Handwerker und Arbeiter, fertiggestellt 1674. Von San Luca hat man übrigens einen besonders eindrucksvollen Blick nicht nur auf die Stadt selbst, sondern weit in die Emilia und tief hinein in den Appenin.

Es wurde hier – bis auf gelegentliche Andeutungen – nicht von Bologna in der Eigenschaft gesprochen, in der die Stadt gewissermaßen weltweit bekannt geworden ist: als Stadt mit der ältesten, kontinuierlichen kommunistischen Verwaltung Westeuropas – nämlich seit 1945, und dieses Wählermandat in immer verstärkterem Umfange erweiternd. Die damit zusammenhängenden Probleme erschließen sich touristisch zumindest kaum und sollen darum hier ausgespart bleiben. Dem Besucher kann zwar die ausgeglichene Atmosphäre der Stadt auffallen, die – zumindest im Unterschied zu anderen italienischen Städten – keine Slums kennt, keine sichtbare proletarische Armut, eine unterdurchschnittliche Kriminalität, wo die Sauberkeit keine Vergleiche zu scheuen braucht, usw. Ihr antifaschistisch-demokratisches Potential manifestiert sich bei zahlreichen Gelegenheiten auf der Piazza Maggiore, den zahlreichen Diskussionsveranstaltungen von Kulturzirkeln mit Beteiligung der politischen Vertreter der Stadt einschließlich des dort überall leicht zugänglichen Bürgermeisters. Ihre auf Demokratisierung des öffentlichen Lebens angelegte Kommunalpolitik realisiert sich im Eigenleben der 18 Bezirke – Quartieri – mit ihren Bibliotheken, Schulverwaltungen, Sanierungsplanungen, Altersvorsorgen usw., was sich aber dem außenstehenden Beobachter naturgemäß kaum so rasch erschließt. Auch der – durch Einsatz technologischer Mittel ermöglichte – Versuch, Zentralisierung und Dezentralisierung zu kombinieren (ein zentraler Computer erlaubt es

den Quartieren, dem Bürger jede notwendige administrative Hilfestellung und Information in kürzester Zeit zu liefern), durch Quartiersräte die Bevölkerung zumindest konsultativ an zentralen Entscheidungen partizipieren zu lassen (die Sanierungsplanung des Centro Storico bzw. seine Wandlung durch die Auseinandersetzung mit den Interessen der unmittelbar Betroffenen ist da ein Schulbeispiel), das alles wäre nur im Zuge einer den hier gesetzten Rahmen sprengenden Analyse darstellbar. Die Zukunft des kommunistischen Verwaltungsexperiments ist je länger desto mehr eingebettet in die Zukunft von Wirtschaft und Politik Italiens selbst. Wie sich etwa der auf 600000 Einwohner festgesetzte Wachstumsstopp der Stadt (gegenwärtig rund 500000) durchsetzen läßt und auswirken wird – ohne daß dem eine gesamtgesellschaftliche Planung korrespondierte –, ist eine offene Frage. In gewisser Weise war der soziale Frieden und ist auch das relativ ausgewogene Wachstum der Stadt nicht nur glücklichen ökonomischen Umständen zu verdanken – der Existenz vorwiegend exportorientierter Kleinbetriebe und einer Zulieferindustrie für den Norden, den nur vier Fabriken mit einer Belegschaft von ein- bis zweitausend Arbeitern. Die ausgewogene Entwicklung Bolognas wurde auch erkauft auf Kosten anderer Städte und Regionen. Z. B. hat Bologna – mit Ausnahme der studentischen – keine nennenswerte Immigration aus dem Süden, und die Kredite, die es zur Stadtsanierung aufnahm, gingen anderen, bedürftigeren, aber korrupt regierten Kommunen, die nicht kreditwürdig schienen, verloren.
Aber Bologna als Wegbereiter einer alternativen soziopolitischen Ordnung Italiens und seine dreißigjährige Nachkriegsgeschichte als die Pionierzeit für ein sozialistisches Italien – diese Erwartung der Bologneser Kommunisten stellt sich spätestens angesichts der brennenden Barrikaden der Märztage 1977 als eine – wenn man so will: tragische – Illusion heraus.

E. K.

Die Kommunistischen Pressefeste, die »Festival dell'Unità«

1. Niemand, der im Sommer – zwischen Juli und September – durchs Land fährt, kann sie übersehen: die von roten Fahnen eingesäumten Plätze in Parks und an den Peripherien der kleineren und mittleren Städte, auf die in der Regel außerdem große Spruchbänder über den Eingangsstraßen hinweisen – die **Festival dell'Unità.** Im Falle der großen Städte verteilen sie sich turnusmäßig über die verschiedenen Stadtquartiere, die kleineren Städte hingegen organisieren jeweils nur eines, und sie dauern in der Regel 14 Tage bis drei Wochen.
Seit einigen Jahren verfolgt auch die nichtkommunistische Öffentlichkeit diese Feste mit besonderer Aufmerksamkeit, denn sie sind zu einer Institution geworden, die einen erheblichen kulturpolitischen Einfluß auf das heutige Italien ausübt. Ihr wachsender Einfluß geht allein schon aus den Zahlen hervor. Im Jahre 1972 fanden 4700 Feste der Unità statt, im Jahre 1975 bereits über 7000, und im Jahre 1978 wurden über 8500 »rote Volksfeste« gefeiert, in kleinen Dörfern, in den verschiedenen Quartieren der großen Städte und als Krönung schließlich, wie jedes Jahr, ein Festival nazionale, im Jahre 1978 in Genua. Der Schriftsteller Alberto Moravia hat den unbestreitbaren Erfolg dieser Feste darauf zurückgeführt, daß sie drei Elemente in sich vereinigen: die Tradition der kirchlichen Feste, die Tradition des Marktes, die Tradition der Räte. In der Verquickung zeremonieller Formen, elementarer Tauschvorgänge und demokratischer Inhalte liegt die Anziehungskraft dieser Kirmes. In Genua strömten zwei Wochen lang täglich ca. 100000 Personen durch die Ausstellungshallen der Fiera di Levante, der ligurischen Industriemesse, auf deren Gelände die Partei das Festival nazionale organisiert hatte. Zur Schlußkundgebung mit Parteisekretär Berlinguer kamen über 500000 Personen angereist. Die Gesamtkosten dieses nationalen Festivals beliefen sich auf ca. 1,2 Millionen DM (500 Millionen Lire), und dabei bleiben 225000 Arbeitstage ungerechnet, die die Aktivisten der Partei freiwillig geleistet haben. Bereits diese wenigen Zahlen zeigen, daß die Festival dell'Unità in den letzten Jahren riesige

Apparate der Unterhaltungs- und Kulturindustrie geworden sind, die eine Rolle im gesellschaftlichen Leben Italiens spielen und deshalb auch von Freund und Feind ernst genommen werden. Das war nicht immer so.

Italienische Kommunisten im Exil, Vertreter einer Partei, die bis zur Bewegung der Resistenza eine von den Massen isolierte Partei der Avantgarden gewesen war, sahen im Paris der 30er Jahre mit Bewunderung die großen Feste der Humanité. Sie erlebten dabei die Bedeutung der Kulturarbeit, wie sie von den großen kommunistischen Parteien in Frankreich und zuvor Deutschland entwickelt worden war, und sie spürten die Anziehungskraft revolutionärer Volksfeste, denn die Feste der Humanité standen ja in einer Tradition, die auf die Französische Revolution zurückgeht. Aus dem Exil brachten sie nach dem Krieg die Idee der Festival dell'Unità mit. Die ersten Feste entwickelten sich zunächst auf der Ebene der Ortsvereine, als Treffen von Partisanen, als Konkurrenzveranstaltungen zu religiösen Feierlichkeiten und vor allem als Versuch, durch eine Art Kirmes die Parteikasse wieder aufzufüllen. Die wachsende Zahl dieser Feste gestaltete sich nicht nach einheitlichen Richtlinien. Jedes Fest hatte den Charakter, den der Ortsverein ihm geben wollte, während die nationalen Schlußveranstaltungen eine Selbstdarstellung der Partei zelebrierten und zu verschiedenen kulturpolitischen Fragen Bündnisangebote vor allem an die Intellektuellen richteten. Es ist bekannt, daß ein großer Teil der italienischen Intellektuellen auf diese Angebote positiv reagierte und durch Teilnahme an diesen Festen zu deren Gelingen beigetragen hat. Trotzdem hatten die roten Pressefeste bis etwa Mitte der 60er Jahre im wesentlichen den Charkter von reinen Parteiveranstaltungen behalten, und die nichtkommunistischen Parteien und Kräfte bemühten sich intensiv, den Gettocharakter dieser Feste zu unterstreichen.

Das änderte sich grundlegend, als in der zweiten Hälfte der 60er Jahre – in Italien früher als in anderen Ländern – immer breitere Bevölkerungsschichten als Reaktion auf die Wohlstandsgesellschaft und die Vernichtung unmittelbarer, alltäglicher, kultureller Zusammenhänge ein neues Bedürfnis nach festlichem Zusammensein, nach Wiederbelebung von Traditionen und Volkskultur, nach neuen sozialen Kontakten Ausdruck gaben. Diesen Bedürfnissen boten sich die Feste der Unità als Laboratorien für neue Verkehrsformen an, als Au-

genblicke der kritischen Wiederbelebung von Traditionen, als Instrumente einer Kulturpolitik, die auf der Kritik der Massenmedien durch die Massen beruht.
Die Feste der Unità ermöglichten es, daß die Kulturkritik, die allgemein in Europa Mitte der 60er Jahre einsetzte und die Wohlstandsgesellschaft mit ihrer Manipulation der Menschen und Meinungen zum Gegenstand hatte, einen praktischen Ausdruck finden konnte und nicht nur in Büchern und Vorträgen stattfand. Damit änderte sich der alternative Charakter der Feste der Unità: waren diese Feste bisher alternativ zu religiösen Festen, zur herrschenden politischen Meinungsbildung und zu den offiziellen Massenveranstaltungen der bürgerlichen Parteien und Organisationen gewesen, so wurden sie jetzt ganz allgemein Alternativen zur Kulturzerstörung, zur Vereinsamung der Massen, zu bestimmten Lebensweisen in der Industriegesellschaft. Die feste dell'Unità verloren somit langsam ihren spezifisch politischen Charakter. Nicht mehr Darstellung dessen, was Kommunisten heute wollen und was sie sind, sondern pluralistische Konfrontation mit den anderen sozialen Kräften und Diskussion der großen politischen und gesellschaftlichen Probleme wurden nun zum Hauptinhalt der Veranstaltungen. Damit verschob sich auch das Gewicht von den kleinen Festen an der Basis zu den Mammutveranstaltungen auf dem Messegelände großer Städte. Heute ist diese Entwicklung abgeschlossen, und die Grenzen dieser Konzeption werden sichtbar. Die stolzen Erfolgsziffern und die Tatsache, daß Veranstaltungen dieser Art nun auch von anderen Parteien (selbst die Christdemokraten haben seit zwei Jahren ihre feste dell'amicizia ins Leben gerufen) nachgeahmt werden, täuschen nicht darüber hinweg, daß die Festival dell'Unità trotz oder gerade wegen ihres riesigen Erfolgs in eine Identitätskrise geraten sind. »Die kommunistische Partei bietet auf ihren Festen wie ein Kaufhaus alles an, sogar die Waren der Konkurrenz, aber wo ist ihre eigene Linie?« fragte spottend der Philosoph Lucio Colletti. Wer die Programmhefte der großen nationalen Veranstaltungen der letzten Jahre (1978 Genua, 1977 Modena, 1976 Neapel, 1975 Florenz etc.) durchschaut, ist nicht nur beeindruckt von der Fülle der Darbietungen, sondern auch vom unbekümmerten Eklektizismus, der eben anbietet, was gerade an großen Leistungen der bürgerlich-progressiven Kultur vorhanden ist.

2. Das Festival 1978 in Genua stand unter dem Thema der »centralità operaia«, der zentralen Führungsrolle der Arbeiterklasse. Ein Meer von roten Fahnen unterstrich diesen Anspruch, aber abgesehen von dieser ästhetischen Demonstration war dann vom explosiven Inhalt dieses Themas nichts mehr zu spüren. Es erstarrte zur bürokratischen Formel, die von Funktionären, Soziologen und Politikern auf abendlichen Veranstaltungen durchdiskutiert wurde. Die meisten kulturellen Darbietungen und Veranstaltungen hatten mit der Arbeiterklasse herzlich wenig zu tun. Das hat sicherlich viele bürgerliche Besucher beruhigt, und es hat die Arbeiter unter den Besuchern, seit jeher gedrillt in der Rolle der Kulturkonsumenten, anscheinend auch nicht verwundert. Brecht wurde gefeiert, sein 80. Geburtstag. Strehler rezitierte, Milva sang, das Weimarer Nationaltheater gastierte. Nur Benno Besson, der mit Arbeitern des Stahlwerks in Terni vor einigen Jahren Stücke Brechts auf ihre heutige politische Tauglichkeit geprobt hatte, machte Andeutungen über das heutige Verhältnis der Brechtschen Texte zur Arbeiterklasse. Neben diesem Brecht-Zyklus gab es auch einen Vivaldi-Zyklus. Der 300. Geburtstag Vivaldis und der 150. Todestag Schuberts wurden gefeiert. Zufälliger geht's nicht mehr. Auf der Terrasse über dem Meer wurde abends getanzt, in den paar Dutzend Restaurants aß man vorzüglich, auf den Spaziergängen durch die Hallen entdeckte man hervorragende Fotoausstellungen: Fotos aus dem Italien der Jahrhundertwende aus dem Archiv der Fotografenfamilie Alinari; Fotos über die Zerstörung der Flußlandschaft des Po; Fotos über den Verfall eines alten Dorfes in der Basilicata; eine Ausstellung über das Bild des Arbeiters in der Presse. Dazu ein reichhaltiges Filmprogramm, ein Seminar über moderne Musik, Veranstaltungen mit prominenten Diskussionsrednern.
Diesem geballten, hochwertigen Kulturangebot fand sich der normale Besucher jedoch ohne Führung hilflos ausgesetzt. Brechts Wort an den Arbeiter »Du mußt die Führung übernehmen« wurde hier zur bloßen Ironie, die Führung lag bei denen, die seit jeher Kultur und Wissenschaft gepachtet hatten.
In der Tat geriet der Kaufhauscharakter des Festivals zunehmend ins Schußfeld der Kritik. Die Passivität der Besucher und ihre verständliche Unfähigkeit, eine reine »Konsumhaltung« zu überwinden, wurden schließlich zum Gegenstand

öffentlicher Diskussion. Die für die Kulturarbeit der Partei Verantwortlichen gaben zu, daß die Mammutfestivals trotz oder auch wegen ihres Erfolges den demokratischen Charakter der Veranstaltungen – d. h. die Möglichkeit einer wirklichen Beteiligung – in Frage stellen. Als Gegenstrategie zu den Mammutfesten bieten sich zwei Möglichkeiten an: Feste, die sich an spezifische Interessengruppen wenden, z. B. das Festival der Frauen, der Jugendlichen etc. und/oder eine Aufwertung der kleinen und mittleren Quartierfeste, die von der Basis und nicht vom Apparat getragen werden. Eine solche Gegenstrategie hätte nicht nur organisatorische Folgen.
Die in den letzten Jahren erstmals für Jugendliche und Frauen veranstalteten Feste liefen weder so gut geölt noch so unverbindlich ab wie die großen Massenveranstaltungen; denn auf diesen Festen mußte sich die Partei mit dem auseinandersetzen, was in der Frauenbewegung und in der Bewegung vor allem der jungen Generation an Problemen artikuliert und an Neuem hervorgebracht worden ist. Es kam auf diesen Veranstaltungen zu sehr heftigen Debatten und z. T. auch zu tätlichen Auseinandersetzungen mit Besuchern, die die Parteilinie nicht nur konsumieren, sondern radikal in Frage stellen wollten.
Aber auch die politische Aufwertung der kleinen Quartierfeste ist nicht unproblematisch. Ihre Zahl ist rapid im Wachsen begriffen. Diese Feste enthalten ein enormes Konfliktpotential, vor allem wenn man berücksichtigt, daß die Regierungsmitverantwortung der Partei in den letzten zwei Jahren keine greifbaren Erfolge in der Verbesserung der Lebensbedingungen der Bevölkerung gezeitigt, sondern vielmehr zu einer zunehmenden Entfremdung der Parteibasis geführt hat (diese Entfremdung drückt sich aus in Stagnation oder Rückgang der Mitgliederzahlen und vor allem in einer qualitativen Veränderung der Mitgliederzusammensetzung: weniger Arbeiter und mehr Mittelstand). Daß dieses Konfliktpotential bisher kaum auf den Quartierfesten zum Ausbruch kam, liegt daran, daß sie vor allem in den roten Regionen und Gemeinden zunehmend als »demokratische Bürgerfeste« organisiert wurden, auf denen die Politik der lokalen Körperschaften dargestellt wird und kritische Anregungen erhalten soll. Es geht um Kindergärten, Schulpolitik, Stadtsanierung und kommunale Kinos, und hinter dieser »Konkretheit« verschwinden die großen gesellschaftlichen Widersprüche und

erscheinen meist nur noch als abstrakte, politische Analysen, die weiter kein Interesse erregen.
In dieser Konkretheit und in der Bürgernähe liegt die eigentliche Faszination der kleinen Feste, die von den Parteisektionen Monate zuvor bereits diskutiert und vorbereitet und von Hunderten von freiwilligen Helfern getragen werden.

3. Nicht nur das Festival nazionale, sondern fast alle feste dell'Unità stehen, wenn man es in einem Schlagwort zusammenfassen will, unter der Hegemonie bürgerlicher Kulturvorstellungen. Wenn man so ein Thema wie das der »centralità operaia«, der »zentralen Rolle der Arbeiterklasse« ernst nimmt, muß man sich aber fragen: wie legitimiert diese Klasse ihren Führungsanspruch, welche Kultur produziert sie, wie unterscheidet sich diese von der bisher dominierenden Kultur, wie können sich die Arbeiter die alte Kultur aneignen, was doch ein komplizierter Prozeß sein muß, der nicht einfache Übernahme, sondern kritisches Zurechtrücken und Auf-die-Füße-Stellen beinhaltet.
Diese Fragen blieben auch schon in der ersten Entwicklungsphase der Festivals, in den 50er Jahren, unbeantwortet. Man schaue sich Fotos, Veranstaltungskalender und Berichte über die damaligen Feste an (oder einfach das informierende Buch von Claudio Bernieri: »L'albero in Piazza«, Mailand 1977 im Verlag Mazzotta). Die damaligen Feste waren eine Mischung von Amerikanismus und sozialistischem Realismus. Es gab Aufmärsche mit Bildern von Parteiführern (von Mao bis Stalin) vor versammeltem Zentralkomitee, und es gab unpolitische Veranstaltungen mit populären Schlagersängern und sogar schüchterne Versuche, eine Miß Unità zu wählen. Das darf nicht verwundern, denn Feste der Unità sind keine »befreiten Gebiete«, wo die Massen sozialistische Kultur unter Laboratoriumsbedingungen entwickeln können. Andererseits ist aber das Bedürfnis nach einer Kritik der herrschenden Auffassungen von Kultur und Wissenschaft seit der Kulturrevolution Ende der 60er Jahre gewaltig gewachsen. Die Feste der Unità zeigen, daß die kommunistische Partei auf dieses Bedürfnis bisher keine befriedigende Antwort gefunden hat. Und doch ist dieses Bedürfnis in Italien kein chinesischer Importartikel, sondern wird seit dem Ende der 50er Jahre in vielen Basisgruppen, vor allem sozialistischer Tradition, diskutiert und artikuliert. Bahnbrechend war die Arbeit von Gian-

ni Bosio, seine theoretische und praktische Beschäftigung mit den Lebensbedingungen und der Kultur der subalternen Klassen. Auf seine Arbeit gehen unter anderem auch die **dischi del sole** zurück, Schallplatten, die zahlreiche Volkslieder vor Vergessenheit und Vernichtung bewahrt haben. Aber es geht nicht nur um Volkslieder und um Folklore. Um was es geht, sagt Lino Lacorte, ein Intellektueller, ein Universitätsprofessor, der eng mit der Basisgruppe **Lega di cultura di Piadena** (Cremona) zusammenarbeitet, in einem Film über die Kulturarbeit der Lega. Diesen dichten und nicht leicht verständlichen Text will ich als Denk- und Diskussionsanstoß hier wiedergeben.

»Ich befinde mich hier in Piadena in einer Welt, die ich schon seit Jahren kenne, und wieder einmal stelle ich fest, wie schwierig es ist für einen Universitätsprofessor, diese Welt zu beschreiben, sie *so* erscheinen zu lassen, wie sie *wirklich* ist. Diese Schwierigkeit gilt für alle Spezialisten der Kulturarbeit, für Techniker, Journalisten und Schriftsteller, weil sie objektiv auf der Seite der Macht stehen und in andere Lebensverhältnisse integriert sind, denen sie ihre Maßstäbe entnehmen.

Wenn sie in diese andere, subalterne Welt hier hinabsteigen, bringen sie ihre Maßstäbe bereits fertig von außen mit. Die Spezialisten der Kulturarbeit sind Integrierte, sind selbst Kolonisierte, weil sie die Welt nicht so sehen können, wie sie ist, sondern immer die Perspektive der Herrschenden einnehmen, die Welt von oben her sehen, also auf dem Kopfe stehen und nicht auf dem Boden.

Diejenigen, die disponieren, die wissen, die das Wort und die Kommunikationsmittel haben, stehen auf der *einen* Seite. Auf der anderen Seite stehen die Sprachlosen, die Millionen Bauern der italienischen Halbinsel, die Arbeiter in den großen Städten und in den Baracken der Auswanderer. Es ist schwer einzusehen, daß aus der Perspektive dieser Mehrheit die Welt *anders* aussieht, daß ihre Kultur und Lebensweise eine ›andere‹ Kultur ist, daß es ein ›anderes‹ Italien gibt, das im Gegensatz zur herrschenden Kultur steht und von dieser unterdrückt und an der Entfaltung gehindert wird. ›Wir sind nicht besiegt, sondern unterworfen‹, sagt die Lega. Von denen, die an der Macht sind, werden wir als Vertreter einer Randkultur, einer Subkultur abgetan, die bestenfalls in den Museen für Volkskunde einbalsamiert wird. Und doch vertreten wir eine jahrhundertelange Tradition, die Kultur derer, die arbeiten, eine Kultur, die mit der Entfaltung der Arbeiterbewegung sich ihre wissenschaftliche Tradition geschaffen hat, eine Kultur, die volkstümlich ist. Wir dürfen den verdächtigen Klang im Wort ›volkstümlich‹ nicht überhören, aber wir dürfen uns diesen Begriff nicht durch den Faschismus nehmen lassen, denn wir brauchen ihn. Volkstümlich heißt: ›den breiten Massen verständlich, ihre Ausdrucksform aufnehmend und bereichernd / ihren Standpunkt einnehmend, befestigend und korrigierend / den fortschrittlichsten Teil des Volkes so vertretend, daß er die Führung übernehmen kann, also auch den andern Teilen des Volkes verständlich / anknüpfend an die Traditionen, sie weiterführend / dem zur Führung strebenden Teil des Volkes Errungenschaften des jetzt führenden Teils übermittelnd‹ (Brecht). Dieser Begriff ›volkstümlich‹ verbindet uns nicht nur mit Brecht und Eisler, sondern auch mit der Befreiungsbewegung der dritten Welt. Es ist kein Zufall, daß die Gruppe von Piadena die Schriften von Amilcar Cabral liest, selbst druckt und verbreitet. Das Gemeinsame besteht im Kampf um die eigene politische, kulturelle und nationale Identität – gegen das, was die Kulturindustrie uns von außen in die Köpfe pressen will. Kultur ist eine Waffe. Unsere Filme, unsere Untersuchungen, Ausstellungen, Seminare und Aufführungen sind der Boden, auf dem wir stehen, um das zu tun, was Marx als die Aufgabe der Philosophie bezeichnet hat: ›Selbstverständigung der Welt über ihre Kämpfe und Wünsche‹. Wir wollen eine andere Gesellschaft und wir kämpfen für eine andere Gesellschaft, in der es keine Unterdrückung mehr gibt. Wir heben die Vergangenheit in der Erinnerung auf, und wir geben denen eine Stimme und eine Sprache, die ständig ihrer Sprache und Identität beraubt werden.«

P. K.

Florenz

An dieser Stadt ließe sich, wie an keiner anderen Stadt Italiens – vermittelt über Architektur, Skulptur und Malerei – das darstellen, was an der Renaissance-Bourgeoisie über das im engeren Sinne »Ökonomische« hinaus (z. B. die »Erfindung« des Bankwesens) im wahrsten Sinne des Wortes revolutionär war. Ein Stück Kunstsoziologie wäre zur Erschließung dieser einzigartigen Stadt und ihrer Schätze der angemessenste Zugang, Perspektiven also und Zusammenhänge anzudeuten, wie wir sie in den gängigen Reiseführern mit ihren Jahreszahlen, der Aufzählung großer Namen und zu besuchender Museen nicht einmal ansatzweise finden (aufregend zu lesen, gerade für den Besucher der Uffizi etwa, die soeben übersetzte Arbeit von Michael Baxandall: Die Wirklichkeit der Bilder – Malerei und Erfahrung im Italien des 15. Jahrhunderts; Syndicat Verlag, 1977). Aber das würde sowohl den Rahmen eines solchen Kapitels als auch die bescheidene Kompetenz des Verfassers bei weitem überschreiten. Auch liegen über keine einzelne italienische Stadt so viele Monographien vor wie gerade über Florenz, die kritisch zu werten hier ebenfalls zu weit führen würde (sehr persönlich gehalten, bei allem informatorischen Reichtum jedoch immer wieder unscharf und sprunghaft – und dennoch empfehlenswert – das kleine Büchlein von Mary McCarthy). Was »man« hier zu sehen »hat«, findet sich überall leicht zugänglich ausgewiesen.
Greifen wir statt dessen nur ein einziges Stück aus diesem Reichtum heraus: die **Statue des Perseus** von Benvenuto Cellini (1500–1571) in der Loggia vor dem Palazzo Vecchio – und zwar ihre aufregende Entstehungsgeschichte, so wie sie von ihrem Schöpfer in dessen Autobiographie erzählt wird. Diese Autobiographie ist ebenso spannend wie farbig, amüsant und frisch wie informativ für Florenz und das Italien der Hochrenaissance; nicht zuletzt Goethe hatte das erkannt und war davon zur Übersetzung angespornt worden (leider gibt es derzeit keine Einzelausgabe auf dem westdeutschen Buchmarkt, man muß sie daher einer Goethe-Gesamtausgabe entnehmen). Dieser Bericht über das Perseus-Standbild (über mehrere Kapitel verteilt und im Folgenden zusammengezogen)

macht nicht nur deutlich, was sich hinter der wie selbstverständlichen Vollendetheit des Kunstwerks an technisch-handwerklichem Können verbirgt, sondern auch, welch faszinierende Rolle gerade die Skulptur offensichtlich im Selbstverständnis der Florentiner – und zwar eben nicht nur der auftraggebenden Mäzene, sondern auch des kritisch anteilnehmenden Volkes – gespielt hat; sie war eine öffentliche Angelegenheit. (Die Skulpturensammlung des **Bargello,** wo sich im übrigen auch die erste, kleine Fassung des Perseus befindet, »muß man« darum auch besuchen.) Während sich das Volk also den Perseus mit Lobessprüchen aneignete, reimte es auf den in der gleichen Zeit entstandenen Neptun Bartolomeo Ammanati's (1511–1592) – er steht, groß und klobig, links vom Palazzo Vecchio – den noch heute in Florenz bekannten Spottvers: »Ammanato, Ammanato, che bel marmo hai rovinato«, welch schönen Marmor hast du verpfuscht.

E. K.

Das Standbild des Perseus

Aus: »Leben des Benvenuto Cellini, florentinischen Goldschmieds und Bildhauers, von ihm selbst geschrieben. Übersetzt von Goethe.« (4. Buch, Kap. 3–8)

»... Indessen ich die Werkstatt mauern ließ, um den Perseus darin anzufangen, arbeitete ich im Erdgeschosse des Hauses und machte das Modell von Gips, und zwar von derselbigen Größe, wie die Statue werden sollte, in der Absicht, sie nachher von diesem Modell abzugießen. Als ich aber bemerkte, daß die Arbeit auf diesem Wege mir ein wenig zu lange dauerte, so griff ich zu einem andern Mittel; denn schon war ein bißchen Werkstatt, Ziegel auf Ziegel, so erbärmlich aufgebaut, daß es mich ärgert, wenn ich nur wieder daran denke. Da fing ich die Figur sowohl als auch die Meduse vom Geripp an, das ich von Eisen machte. Dann verfertigte ich die Statuen von Ton und brannte sie, allein mit einigen Knaben, unter denen einer von großer Schönheit war, der Sohn einer Dirne, ›die Gambetta‹ genannt. Ich hatte mich dieses Knaben zum Modell bedient, denn wir finden keine anderen Bücher, die Kunst zu lernen, als die Natur...

Ich hatte schon die Figur der Meduse, wie gesagt, ziemlich weitgebracht. Über das Gerippe von Eisen war die Gestalt gleichsam anatomisch übergezogen, ungefähr um einen hal-

ben Finger zu mager. Ich brannte sie aufs beste, dann brachte ich das Wachs drüber, um sie zu vollenden, wie sie dereinst in Erz werden sollte. Der Herzog, der oft gekommen war, mich zu sehen, war so besorgt, der Guß möchte mir nicht geraten, daß er wünschte, ich möchte einen Meister zu Hülfe nehmen, der diese Arbeit verrichtete. Diese Gunst des Herrn ward mir sehr beneidet, und weil er oft mit Zufriedenheit von meiner Unterhaltung sprach, so dachte sein Haushofmeister nur auf eine Gelegenheit, um mir den Hals zu brechen. Der Herzog hatte diesem schlechten Mann, der von Prato und also ein Feind aller Florentiner war, große Gewalt gegeben und ihn aus einem Sohn eines Böttchers, aus einem unwissenden und elenden Pedanten, bloß weil er ihn in seiner Jugend unterrichtet hatte, als er an das Herzogtum noch nicht denken konnte, zum Oberaufseher der Polizeidiener und aller Gerichtsstellen der Stadt Florenz gemacht. Dieser, als er mit aller seiner Wachsamkeit mit nichts Übels tun und seine Klauen nirgends einschlagen konnte, fiel endlich auf einen Weg, zu seinem Zweck zu gelangen. Er suchte die Mutter meines Lehrburschen auf, der Cencio hieß, ein Weib, der man den Namen ›die Cambetta‹ gegeben hatte. Nun machte der pedantische Schelm mit der höllischen Spitzbübin einen Anschlag, um mich in Gottes Namen fortzutreiben. Sie hatten auch einen Bargell auf ihre Seite gebracht, der ein gewisser Bologneser war und den der Herzog nachher wegen ähnlicher Streiche wegjagte. Als nun die Gambetta den Auftrag von dem schelmischen pedantischen Narren, dem Haushofmeister, erhalten hatte, kam sie eine Sonnabendsnacht mit ihrem Sohn zu mir und sagte: sie habe das Kind um meines Wohles willen einige Tage eingeschlossen. Darauf antwortete ich ihr: um meinetwillen solle sie ihn gehen lassen, wohin er wolle. Ich lachte sie aus und fragte: warum sie ihn eingeschlossen habe? Sie antwortete: weil er mit mir gesündigt habe, so sei ein Befehl ergangen, uns beide einzuziehen. Darauf sagte ich, halb erzürnt: Wie habe ich gesündigt? fragt den Knaben selbst! Sie fragte darauf den Sohn, ob es nicht wahr sei? Der Knabe weinte und sagte: Nein! Darauf schüttelte die Mutter den Kopf und sagte zum Sohne: Du Schelm! ich weiß wohl nicht, wie das zugeht? Dann wendete sie sich zu mir und sagte: ich sollte ihn im Hause behalten, denn der Bargell suche ihn und werde ihn überall wegnehmen, nur nicht aus meinem Hause. Darauf sagte ich: Ich habe bei mir eine verwitwete Schwester mit sechs frommen Töchtern, und ich will niemand bei mir haben! Darauf sagte sie: der Haushofmeister habe dem Bargell die Kommission gegeben, man solle suchen, mich auf alle Weise gefangen zu nehmen; da ich aber den Sohn nicht im Hause behalten wolle, so sollte ich ihr hundert Scudi geben und weiter keine Sorge haben, denn der Haushofmeister sei ihr größter Freund und sie werde mit ihm machen, was sie wolle, wenn ich ihr das verlangte Geld gäbe. Ich war indessen ganz wütend geworden und rief: Weg von hier, nichtswürdige Hure! Tät ich es nicht aus Achtung gegen die Welt und wegen der Unschuld eines unglücklichen Kindes, so hätte ich dich schon mit diesem Dolche ermordet, nach dem ich zwei-, dreimal gegriffen habe. Mit diesen Worten und mit viel schlimmen Stößen warf ich sie und das Kind zum Hause hinaus...

Das erste, was ich in Erz goß, war das große Bildnis Seiner Exzellenz, das ich in dem Zimmer der Goldschmiede bossiert hatte, da ich nicht wohl war. Dieses Werk gefiel: ich hatte es aber eigentlich nur unternommen, um die Erden zu versuchen, welche zu den Formen geschickt seien. Denn ich bemerkte wohl, daß Donatello, der bei seinen Arbeiten in Erz sich auch der florentinischen Erden bedient hatte, dabei sehr große Schwierigkeiten fand, und da ich dachte, daß die Schuld an der Erde liege, so wollte ich, ehe ich den Guß meines Perseus unternahm, keinen Fleiß sparen, um die beste Erde zu finden, welche der wundersame Donatell nicht mußte gekannt haben, weil ich eine große Mühseligkeit an seinen Werken bemerkte. So setzte ich nun zuletzt auf künstliche Weise die Erde zusammen, die mir aufs beste diente, und der Guß des Kopfes geriet mir; weil ich aber meinen Ofen noch nicht fertig hatte, bediente ich mich der Werkstatt des Meister Zanobi von Pagno, des Glockengießers, und da ich sah, daß der Kopf sehr rein ausgefallen war, erbaute ich sogleich einen kleinen Ofen in der Werkstatt, die auf Befehl des Herzogs nach meiner Angabe und Zeichnung in dem Hause, das er mir geschenkt hatte, errichtet worden war, und sobald mein Ofen mit aller möglichen Sorgfalt sich in Ordnung befand, machte ich Anstalt, die Statue der Meduse zu gießen, die Figur nämlich des verdrehten Weibchens, das sich unter den Füßen des Perseus befindet. Da dieses nun ein sehr schweres Unternehmen war, so unterließ ich nichts von allem dem, was mir durch Erfahrung bekannt geworden war, damit mir nicht etwa ein Irrtum begegnen möchte. Und so geriet mir der erste Guß aus meinem Ofen auf das allerbeste: er war so rein, daß meine Freunde glaubten, ich brauchte ihn weiter nicht auszuputzen. Sie verstanden es aber so wenig, als gewisse Deutsche und Franzosen, die sich der schönsten Geheimnisse rühmen und behaupten, dergestalt in Erz gießen zu können, daß man

nachher nicht nötig habe, es auszuputzen. Das ist aber ein närrisches Vorgeben, denn jedes Erz, wenn es gegossen ist, muß mit Hammer und Grabstichel nachgearbeitet werden, wie es die wundersamen Alten getan hatten, und auch die Neuen – ich meine diejenigen, welche in Erz zu arbeiten verstanden. Dieser Guß gefiel Seiner Exzellenz gar sehr, als Sie in mein Haus kamen, ihn zu sehen, wobei Sie mir großen Mut einsprachen, meine Sachen gut zu machen. Aber doch vermochte der rasende Neid des Bandinello zu viel, der immer Seiner Exzellenz in den Ohren lag und Ihr zu verstehen gab, daß, wenn ich auch dergleichen Statuen gösse, so sei ich doch nie imstande, sie zusammenzusetzen; denn ich sei neu in der Kunst, und Seine Exzellenz solle sich sehr in acht nehmen, Ihr Geld nicht wegzuwerfen.
Diese Worte vermochten so viel auf das ruhmvolle Gehör, daß mir die Bezahlung für meine Arbeiter verkürzt wurde, so daß ich genötigt war, mich gegen Seine Exzellenz eines Morgens lebhaft darüber zu erklären. Ich wartete auf ihn in der Straße der Serviten und redete ihn folgendergestalt an: Gnädiger Herr! ich erhalte das Notdürftige nicht mehr und besorge daher, Eure Exzellenz mißtraue mir; deswegen sage ich von neuem, ich halte mich für fähig, das Werk dreimal besser zu machen, als das Modell war, so wie ich versprochen habe. Als ich bemerkte, daß diese Worte nichts fruchteten, weil ich keine Antwort erhielt, so ärgerte ich mich dergestalt und fühlte eine unerträgliche Leidenschaft, so daß ich den Herzog aufs neue anging und sagte: Gnädiger Herr! diese Stadt war auf alle Weise die Schule der Talente; wenn aber einer einmal bekannt ist und etwas gelernt hat, so tut er wohl, um den Ruhm seiner Stadt und seines Fürsten zu vermehren, wenn er auswärts arbeitet. Eurer Exzellenz ist bekannt, was Donatello und Leonardo da Vinci waren und was jetzt der wundersame Michelagnolo Buonarroti ist; diese vermehren auswärts durch ihre Talente den Ruhm von Eurer Exzellenz. Und so hoffe ich auch meinen Teil dazu zu tun und bitte deswegen, mich gehen zu lassen...
Da der Herzog mich also entschieden sah, kehrte er sich halb zornig um und sagte: Benvenuto! wenn du Lust hast, das Werk zu vollenden, soll dir nichts abgehen. Darauf antwortete ich, daß ich kein anderes Verlangen habe, als den Neidern zu zeigen, daß ich imstande sei, das versprochene Werk zu vollenden. Da ich nun auf diese Weise von Seiner Exzellenz

wegging, erhielt ich eine geringe Beihülfe, so daß ich genötigt war, in meinen eigenen Beutel zu greifen, wenn das Werk mehr als Schritt gehen sollte...

So hielt ich mich zu Hause, zeigte mich selten im Palast und arbeitete mit großer Sorgfalt, mein Werk zu vollenden. Leider mußte ich dabei die Arbeiter aus meinem Beutel bezahlen, denn der Herzog hatte mir durch Lattanzio Gorini etwa achtzehn Monate lang gewisse Arbeiter gut getan: nun währte es ihm zu lange, und er nahm den Auftrag zurück. Hierbei befragte ich den Lattanzio, warum er mich nicht bezahle? Er antwortete mir mit seinem Mückenstimmchen, indem er seine Spinnenfinger bewegte: Warum endigst du nicht das Werk? Man glaubt, daß du nie damit fertig werden wirst! Ich sagte darauf erzürnt: Hol Euch der Henker und alle, die glauben, daß ich es nicht vollenden könne! So ging ich verzweiflungsvoll wieder nach Hause zu meinem unglücklichen Perseus, und nicht ohne Tränen, denn ich erinnerte mich des glücklichen Zustandes, den ich in Paris im Dienste des verwundernswürdigen Königs verlassen hatte, der mich in allem unterstützte, und hier fehlte mir alles...

Als der Guß meiner Meduse so gut geraten war, arbeitete ich mit großer Hoffnung meinen Perseus in Wachs aus und versprach mir, daß er ebensogut wie jene in Erz ausfallen solle. So ward er in Wachs wohl vollendet und zeigte sich sehr schön. Der Herzog sah ihn, und die Arbeit gefiel ihm sehr wohl. Nun mochte ihm aber jemand eingebildet haben, die Statue könne so von Erz nicht ausfallen, oder er mochte sich es selbst vorgestellt haben, genug, er kam öfter, als er pflegte, in mein Haus und sagte mir einmal unter anderm: Benvenuto! die Figur kann dir nicht von Erz gelingen, denn die Kunst erlaubt es nicht. Über diese Worte war ich sehr verdrießlich und sagte: Ich weiß, daß Eure Exzellenz mir wenig vertrauen, und das mag daher kommen, weil Sie entweder denen zu viel glauben, die von mir Übels reden, oder daß Sie die Sache nicht verstehen. Er ließ mich kaum ausreden und versetzte: Ich gebe mir Mühe, mich darauf zu verstehen, und versteh es recht gut. Darauf antwortete ich: Ja, als Herr, aber nicht als Künstler! denn, wenn Eure Exzellenz es auf die Weise verstünden, wie Sie glauben so würden Sie Vertrauen zu mir haben, da mir der schöne Kopf von Erz geraten ist, das große Porträt von Eurer Exzellenz, das nach Elba geschickt wurde, und da ich den Ganymed von Marmor mit so großer Schwierigkeit restauriert

und dabei mehr Arbeit gehabt habe, als wenn ich ihn ganz neu hätte machen sollen; so auch, weil ich die Meduse gegossen habe, die Eure Exzellenz hier gegenwärtig sehen. Dies war ein sehr schwerer Guß, wobei ich getan habe, was niemand vor mir in dieser verteufelten Kunst leistete. Sehet, gnädiger Herr, ich habe dazu eine ganz neue Art von Ofen gebaut, völlig von den andern verschieden. Denn außer manchen Abänderungen und kunstreichen Einrichtungen, die man daran bemerkt, habe ich zwei Öffnungen für das Erz gemacht, weil diese schwere und verdrehte Figur auf andere Weise niemals gekommen wäre, wie es allein durch meine Einsicht geschehen ist und wie es keiner von den Geübten in dieser Kunst glauben wollte. Ja gewiß, mein Herr, alle die großen und schweren Arbeiten, die ich in Frankreich unter dem wundersamen König Franziskus gemacht habe, sind mir trefflich geraten, bloß weil dieser gute König mir immer so großen Mut machte mit dem vielen Vorschuß und indem er mir so viel Arbeiter erlaubte, als ich nur verlangte, so daß ich mich manchmal ihrer vierzig, ganz nach meiner Wahl, bediente. Deswegen habe ich in so kurzer Zeit so eine große Menge Arbeiten zustande gebracht. Glaubt mir, gnädiger Herr, und gebt mir die Beihülfe, deren ich bedarf, so hoffe ich ein Werk zustande zu bringen, das Euch gefallen soll. Wenn aber Eure Exzellenz mir den Geist erniedrigt und mir die nötige Hülfe nicht reichen läßt, so ist es unmöglich, daß weder ich noch irgendein Mensch in der Welt etwas leisten könne, das recht sei.
Der Herzog hörte meine Worte und Gründe nicht gern und wendete sich bald da-, bald dorthin, und ich Unglücklicher, Verzweifelter betrübte mich äußerst, denn ich erinnerte mich des schönen Zustands, den ich in Frankreich verlassen hatte. Darauf versetzte der Herzog: Nun sage, Benvenuto, wie ist es möglich, daß der schöne Kopf der Meduse da oben in der Hand des Perseus jemals kommen könne? Sogleich versetzte ich: Nun sehet, gnädiger Herr, daß Ihr es nicht versteht! denn wenn Eure Exzellenz die Kenntnis der Kunst hätte, wie Sie behauptet, so würde Sie keine Furcht für den schönen Kopf haben, der nach Ihrer Meinung nicht kommen wird, aber wohl für den rechten Fuß, der da unten so weit entfernt steht.
Auf diese meine Worte wendete sich der Herzog halb erzürnt gegen einige Herren, die mit ihm waren: Ich glaube, Benvenuto tut es aus Prahlerei, daß er von allem das Gegenteil behauptet. Dann kehrte er sich schnell zu mir, halb verächtlich, wo-

rin ihm alle, die gegenwärtig waren, nachfolgten, und fing an zu reden: Ich will so viel Geduld haben, die Ursache anzuhören, die du dir ausdenken kannst, damit ich deinen Worten glaube. Ich antwortete darauf: Ich will Eurer Exzellenz so eine wahre Ursache angeben, daß Sie die Sache vollkommen einsehen soll. Denn wisset, gnädiger Herr, es ist nicht die Natur des Feuers, abwärts, sondern aufwärts zu gehen, deswegen verspreche ich, daß der Kopf der Meduse trefflich kommen soll; weil es aber, um zu dem Fuße zu gelangen, durch die Gewalt der Kunst sechs Ellen hinabgetrieben werden muß, so sage ich Eurer Exzellenz, daß er sich unmöglich vollkommen ausgießen, aber leicht auszubessern sein wird. Da versetzte der Herzog: Warum dachtest du nicht dran, es so einzurichten, daß er ebensogut als der Kopf sich ausgießen möge? Ich sagte: Ich hätte alsdann einen weit größern Ofen machen müssen und eine Gußröhre wie mein Fuß, und die Schwere des heißen Metalls hätte es alsdann gezwungen, da jetzt der Ast, der bis zu den Füßen hinunter diese sechs Ellen reicht, nicht stärker als zwei Finger ist; aber es hat nichts zu bedeuten, denn alles soll bald ausgebessert sein. Wenn aber meine Form halb voll sein wird, wie ich hoffe, alsdann wird das Feuer von dieser Hälfte an nach seiner Natur in die Höhe steigen und der Kopf des Perseus und der Meduse werden aufs beste geraten, wie ich Euch ganz sicher verspreche. Da ich nun meine gründlichen Ursachen gesagt hatte, nebst noch unendlich vielen andern, die ich nicht aufschreibe, um nicht zu lang zu werden, schüttelte der Herzog den Kopf und ging in Gottes Namen weg.

Nun sprach ich mir selbst Sicherheit und Mut ein und verjagte alle Gedanken, die sich mir stündlich aufdrangen und die mich oft zu bittern Tränen bewegten und zur lebhaften Reue, daß ich Frankreich verlassen hatte und nach Florenz, meinem süßen Vaterland, gekommen war, nur um meinen Nichten ein Almosen zu bringen: nun sah ich freilich für eine solche Wohltat den Anfang eines großen Übels vor mir. Dessenungeachtet versprach ich mir, daß, wenn ich mein angefangenes Werk, den Perseus, vollendete, sich meine Mühe in das größte Vergnügen und in einen herrlichen Zustand verwandeln würde, und griff mutig das Werk mit allen Kräften des Körpers und des Beutels an. Denn ob mir gleich weniges Geld übrig geblieben war, so schaffte ich mir doch manche Klafter Pinienholz, die ich aus dem Walde der Serristori zunachst

Monte Lupo erhielt. Und indem ich darauf wartete, bekleidete ich meinen Perseus mit jenen Erden, die ich verschiedene Monate vorher zurecht gemacht hatte, damit sie ihre Zeit hätten, vollkommen zu werden, und da ich den Überzug von Erde gemacht, ihn wohl verwahrt und äußerst sorgfältig mit Eisen umgeben hatte, fing ich mit gelindem Feuer an, das Wachs herauszuziehen, das durch viele Luftlöcher abfloß, die ich gemacht hatte: denn je mehr man deren macht, desto besser füllt sich nachher die Form aus.

Da ich nun alles Wachs herausgezogen hatte, machte ich einen Ofen um gedachte Form herum, den ich mit Ziegeln auf Ziegeln aufbaute und vielen Raum dazwischen ließ, damit das Feuer desto besser ausströmen könnte; alsdann legte ich ganz sachte Holz an und machte zwei Tage und zwei Nächte Feuer, so lange, bis das Wachs völlig verzehrt und die Form selbst wohl gebrannt war. Dann fing ich schnell an, die Grube zu graben, um meine Form hereinzubringen, und bediente mich aller schönen Vorteile, die uns diese Kunst anbefiehlt.

Als nun die Grube fertig war, hub ich meine Form durch die Kraft von Winden und guten Hanfseilen eine Elle über den Boden meines Ofens, so daß sie ganz frei über die Mitte der Grube zu schweben kam. Als ich sie nun wohl gerichtet hatte, ließ ich sie sachte hinunter, daß sie dem Grunde des Bodens gleichkam, und stellte sie mit aller Sorgfalt, die man nur denken kann. Nachdem ich diese schöne Arbeit vollbracht hatte, fing ich sie mit eben der Erde, woraus der Überzug bestand, zu befestigen an, und so wie ich damit nach und nach heraufkam, vergaß ich nicht, die Luftkanäle anzubringen, welches kleine Röhren von gebrannter Erde waren, wie man sie zu den Wasserleitungen und andern dergleichen Dingen braucht. Da ich sah, daß die Form gut befestigt war und meine Art, sie mit Erde zu umgeben sowohl als die Röhren am schicklichsten Orte anzubringen, von meinen Arbeitern gut begriffen wurde, ob ich gleich dabei ganz anders als die übrigen Meister dieser Kunst zu Werke ging, so wendete ich mich, überzeugt, daß ich trauen konnte, zu meinem Ofen, in welchem ich vielen Abgang von Kupfer und andere Stücke Erz aufgehäuft hatte, und zwar kunstmäßig eins über das andere geschichtet, um der Flamme ihren Weg zu weisen. Damit aber das Metall schneller erhitzt würde und zusammenflösse, so sagte ich lebhaft, sie sollten dem Ofen Feuer geben.

Nun warfen sie von dem Pinienholze hinein, das wegen seines

Harzes in dem wohlgebauten Ofen so lebhaft flammte und arbeitete, daß ich genötigt war, bald von einer, bald von der andern Seite zu helfen. Die Arbeit war so groß, daß sie mir fast unerträglich ward, und doch griff ich mit an, was nur möglich war. Dazu kam unglücklicherweise, daß das Feuer die Werkstatt ergriff und wir fürchten mußten, das Dach möchte über uns zusammenstürzen. Von der andern Seite gegen den Garten jagte mir der Himmel so viel Wind und Regen herein, daß mir der Ofen sich abkühlte. So stritt ich mit diesen verkehrten Zufällen mehrere Stunden und ermüdete mich dergestalt, daß meine starke Natur nicht widerstand. Es überfiel mich ein Fieber, so heftig, als man es denken konnte, daß ich mich genötigt fühlte, wegzugehen und mich ins Bett zu legen. Da wendete ich mich sehr verdrießlich zu denen, die mir beistanden, das ungefähr zehen oder mehrere waren, sowohl Meister im Erzgießen als Handlanger und Bauern, ingleichen die besondern Arbeiter meiner Werkstatt, unter denen sich Bernardino von Mugello befand, den ich mir verschiedene Jahre durch angezogen hatte. Zu diesem sagte ich, nachdem ich mich allen empfohlen hatte: Siehe, lieber Bernardin, beobachte die Ordnung, die ich dir gezeigt habe; halte dich dazu, was du kannst, denn das Metall wird bald gar sein, du kannst nicht irren. Die andern braven Männer machen geschwind die Kanäle, und mit diesen beiden Eisen könnt ihr die Löcher aufstechen, und ich bin gewiß, daß meine Form sich zum besten anfüllen wird. Ich empfinde ein größeres Übel als jemals in meinem Leben, und gewiß, in wenigen Stunden wird es mich umbringen. So ging ich höchst mißvergnügt von ihnen weg und legte mich zu Bette. Dann befahl ich meinen Mägden, sie sollten allen zu essen und zu trinken in die Werkstatt bringen, und setzte hinzu: ich würde den Morgen nicht erleben. Sie munterten mich auf und sagten: dieses große Übel würde vorbeigehen, das mich nur wegen zu gewaltsamer Anstrengung überfallen habe! und so litt ich zwei ganze Stunden, ja ich fühlte das Fieber immer zunehmen und hörte nicht auf zu sagen: ich fühle mich sterben.

Diejenige, die meinem ganzen Hauswesen vorstand und den Namen Frau Fiore von Castell del Rio hatte, war die trefflichste Person von der Welt und zugleich äußerst liebevoll. Sie schalt mich, daß ich so außer mir sei, und suchte mich dabei wieder auf das freundlichste und gefälligste zu bedienen; da sie mich aber mit diesem unmäßigen Übel befallen sah, konn-

te sie den Tränen nicht wehren, die ihr aus den Augen fielen, und doch nahm sie sich so viel als möglich in acht, daß ich es nicht sehen sollte.
Da ich mich nun in diesen unendlichen Nöten befand, sah ich einen gewissen Mann in mein Zimmer kommen, der von Person so krumm war wie ein großes S. Dieser fing mit einem erbärmlichen und jämmerlichen Ton, wie diejenigen, die den armen Sündern, die zum Gericht geführt werden, zusprechen, an zu reden und sagte: Armer Benvenuto! Euer Werk ist so verdorben, daß ihm in der Welt nicht mehr zu helfen ist. Sobald ich die Worte dieses Unglücklichen vernahm, tat ich einen solchen Schrei, daß man ihn hätte im Feuerhimmel hören mögen. Ich stand vom Bett auf, nahm meine Kleider und fing an, sie anzulegen, und wer sich näherte, mir zu helfen, Mägde oder Knabe, nach dem trat und schlug ich. Dabei jammerte ich und sagte: O Ihr neidischen Verräter! dieses Unheil ist mit Fleiß geschehen, und ich schwöre bei Gott, ich will es wohl herausbringen, und ehe ich sterbe, will ich noch so ein Beispiel auf der Welt lassen, daß mehr als einer darüber erstaunen soll. Als ich angezogen war, ging ich mit schlimmen Gedanken gegen die Werkstatt, wo ich alle Leute, die ich so munter verlassen hatte, erstaunt und höchst erschrocken fand. Da sagte ich: Nun versteht mich! weil ihr die Art und Weise, die ich euch angab, weder befolgen wolltet noch konntet, so gehorchet mir nun, da ich unter euch und in der Gegenwart meines Werkes bin. Niemand widersetzte sich mir, denn in solchen Fällen braucht man Beistand und keinen Rat. Hierauf antwortete mir ein gewisser Meister Alessandro Lastricati und sagte: Sehet, Benvenuto! Ihr bestehet vergebens darauf, ein Werk zu machen, wie es die Kunst nicht erlaubt und wie es auf keine Weise gehen kann. Auf diese Worte wendete ich mich mit solcher Wut zu ihm und zum Allerschlimmsten entschlossen, so daß er und alle die übrigen mit *einer* Stimme riefen: Auf! befehlt uns nur! wir wollen Euch in allem gehorchen und mit allen Leibes- und Lebenskräften beistehn. Diese freundlichen Worte, denk ich, sagten sie nur, weil sie glaubten, ich würde in kurzem tot niederfallen.
Sogleich ging ich, den Ofen zu besehen, und fand das Metall stehend und zu einem Kuchen geronnen. Ich sagte zwei Handlangern, sie sollten zum Nachbar Capretta, dem Fleischer, gehen, dessen Frau mir einen Stoß Holz von jungen Eichen versprochen hatte, die schon länger als ein Jahr ausgetrocknet

waren, und als nur die ersten Trachten herankamen, fing ich an, den Feuerherd damit anzufüllen. Diese Holzart macht ein heftiger Feuer als alle andern, und man bedient sich des Erlen- und Fichtenholzes zum Stückgießen, weil es gelinderes Feuer macht. Als nun der Metallkuchen dieses gewaltige Feuer empfand, fing er an zu schmelzen und zu blitzen. Von der andern Seite betrieb ich die Kanäle, andere hatte ich auf das Dach geschickt, dem Feuer zu wehren, das bei der großen Stärke des Windes wieder aufs neue gegriffen hatte; gegen den Garten zu ließ ich Tafeln, Tapeten und Lappen aufbreiten, die mir das Wasser abhalten sollten. Nachdem ich nun alles dieses große Unheil so viel als möglich abgewendet hatte, rief ich mit starker Stimme bald diesem, bald jenem zu: Bringe dies! nimm das! so daß die ganze Gesellschaft, als sie sahe, daß der Kuchen zu schmelzen anfing, mir mit so gutem Willen diente, daß jeder die Arbeit für drei verrichtete. Alsdann ließ ich einen halben Zinnkuchen nehmen, der ungefähr sechzig Pfund wiegen konnte, und warf ihn auf das Metall im Ofen, das durch allerlei Beihülfe, durch frisches Feuer und Anstoßen mit eisernen Stangen in kurzer Zeit ganz flüssig ward.
Nun glaubte ich einen Toten auferweckt zu haben, triumphierte über den Unglauben aller der Ignoranten und fühlte in mir eine solche Lebhaftigkeit, daß ich weder ans Fieber dachte noch an die Furcht des Todes. Auf einmal hörte ich ein Getöse, mit einem gewaltsamen Leuchten des Feuers, so daß es schien, als wenn sich ein Blitz in unserer Gegenwart erzeugt hätte. Über diese unerwartete fürchterliche Erscheinung war ein jeder erschrocken, und ich mehr als die andern. Als der große Lärm vorbei war, sahen wir einander an und bemerkten, daß die Decke des Ofens geplatzt war und sich in die Höhe hob, dergestalt, daß das Erz ausfloß. Sogleich ließ ich die Mündung meiner Form eröffnen und zu gleicher Zeit die beiden Gußlöcher aufstoßen. Da ich aber bemerkte, daß das Metall nicht mit der Geschwindigkeit lief, als es sich gehörte, überlegte ich, daß vielleicht der Zusatz durch das grimmige Feuer könnte verzehrt worden sein, und ließ sogleich meine Schüsseln und Teller von Zinn, deren etwa zweihundert waren, herbeischaffen und brachte eine nach der andern vor die Kanäle; zum Teil ließ ich sie auch in den Ofen werfen, so daß jeder nunmehr das Erz auf das beste geschmolzen sah und zugleich bemerken konnte, daß die Form sich füllte. Da halfen sie mir froh und lebhaft und gehorchten mir, ich aber befahl

und half bald da und bald dort und sagte: O Gott, der du durch deine unendliche Kraft vom Tode auferstanden und herrlich gen Himmel gefahren bist, verschaffe, daß meine Form sich auf einmal fülle! Darauf kniete ich nieder und betete von Herzen. Dann wendete ich mich zu der Schüssel, die nicht weit von mir auf einer Bank stand, aß und trank mit großem Appetit, und so auch der ganze Haufen. Dann ging ich froh und gesund zu Bette (es waren zwei Stunden vor Tag), und als wenn ich nicht das mindeste Übel gehabt hätte, war meine Ruhe sanft und süß.

Indessen hatte mir jene wackre Magd aus eigenem Antrieb einen guten, fetten Kapaun zurechte gemacht, und als ich aufstund, war es eben Zeit zum Mittagessen. Sie kam mir fröhlich entgegen und sagte: Ist das der Mann, der sterben wollte? Ich glaube, Ihr habt das Fieber diese Nacht mit Euren Stößen und Tritten vertrieben; denn als die Krankheit sah, daß Ihr in Eurer Raserei uns so übel mitspieltet, ist sie erschrocken und hat sich davongemacht aus Furcht, es möchte ihr auch so gehen. So war unter den Meinigen Schrecken und Furcht verschwunden, und wir erholten uns wieder von so saurer Arbeit. Ich schickte geschwind, meine zinnernen Teller zu ersetzen, nach Töpferware, wir aßen alle zusammen fröhlich zu Mittag, und ich erinnere mich nicht, in meinem Leben heiterer und mit besserem Appetit gespeist zu haben. Nach Tische kamen alle diejenigen, dic mir geholfen hatten, erfreuten sich und dankten Gott für alles, was begegnet war, und sagten, sie hätten Sachen gesehen und gelernt, die alle andern Meister für unmöglich hielten. Ich war nicht wenig stolz und rühmte mich mit manchen Worten über den glücklichen Ausgang; dann bedachte ich das Nötige, griff in meinen Beutel, bezahlte und befriedigte sie alle.

Sogleich suchte mein tödlicher Feind, der abscheuliche Haushofmeister des Herzogs, mit großer Sorgfalt zu erfahren, was alles begegnet sei, und die beiden, die ich im Verdacht hatte, als wenn sie am Gerinnen des Metalls schuld seien, sagten ihm: ich sei kein Mensch, sondern eigentlich ein großer Teufel, denn ich habe das verrichtet, was der Kunst unmöglich sei. Das brachten sie nebst viel andern großen Dingen vor, die selbst für einen bösen Geist zu viel gewesen wären. Sowie sie nun wahrscheinlich mehr, als geschehen war, vielleicht um sich zu entschuldigen, erzählten, so schrieb der Haushofmeister geschwind an den Herzog, der sich in Pisa befand, noch schrecklicher und noch wundersamer, als jene erzählt hatten. Als ich nun zwei Tage mein gegossenes Werk hatte verkühlen lassen, fing ich an, es langsam zu entblößen, und fand zuerst den Kopf der Meduse, der sehr gut gekommen war, weil ich die Züge richtig angebracht hatte und weil, wie ich dem Herzog sagte, die Wirkung aufwärts ging; dann fuhr ich fort, das übrige aufzudecken, und fand den zweiten Kopf, nämlich den des Perseus, der gleichfalls sehr gut gekommen war. Hierbei hatte ich Gelegenheit, mich noch mehr zu verwundern: denn wie man sieht, ist dieser Kopf viel niedriger als das Medusenhaupt, und die Öffnungen des Werks waren auf dem Kopfe des Perseus und auf den Schultern angebracht. Nun fand ich, daß grade auf dem Kopfe des Perseus das Erz, das in meinem Ofen war, ein Ende hatte, so daß nicht das mindeste drüber stand, noch auch etwas fehlte, worüber ich mich sehr verwunderte und diese seltsame Begebenheit für eine Einwirkung und Führung Gottes halten mußte. So ging das Aufdecken glücklich fort, und ich fand alles auf das beste gekommen, und als ich an den Fuß des rechten Schenkels gelangte, fand ich die Ferse ausgegossen sowie den Fuß selbst, so daß ich mich von einer Seite ergötzte, die Begebenheit aber mir von der andern Seite unangenehm war, weil ich gegen den Herzog behauptet hatte, der Fuß könne nicht kommen. Da ich aber weiter vorwärts kam, ward ich wieder zufriedengestellt, denn die Zehen waren ausgeblieben und ein wenig von der vordern Höhe des Fußes, und ob ich gleich dadurch wieder neue Arbeit fand, so war ich doch zufrieden, nur damit der Herzog sehen sollte, daß ich verstehe, was ich vornehme. Und wenn viel mehr von diesem Fuß gekommen war, als ich geglaubt hatte, so war die Ursache, daß viele Dinge zusammenkamen, die eigentlich nicht in der Ordnung der Kunst sind, und weil ich auf die Weise, wie ich erzählt habe, dem Guß mit den zinnernen Tellern zu Hülfe kommen mußte, eine Art und Weise, die von andern nicht gebraucht wird...

Einen andern Abend, als ich jene vier Figuren von Erz fertig hatte, die an der Base des Perseus angebracht sind, nämlich Jupiter, Merkur, Minerva und Danae, Mutter des Perseus, mit ihrem kleinen Knaben zu Füßen, hatte ich sie zusammen in gedachtes Zimmer bringen lassen, wo ich abends arbeitete, und sie in eine Reihe, ein wenig höher als das Auge, gestellt, wo sie sich wirklich sehr gut ausnahmen. Der Herzog, der es gehört hatte, kam etwas früher als gewöhnlich, und weil die

Person, die ihm die Nachricht brachte, diese Arbeiten über Verdienst gerühmt und gesagt hatte, sie seien besser als die Alten, und mehr solche Dinge, so kam nun der Herzog mit der Herzogin und sprach mit Zufriedenheit von meinen Werken; ich aber stand geschwind auf und ging ihm entgegen. Er hob darauf nach seiner fürstlichen und edlen Art die rechte Hand auf, worin er eine Birn hielt, so groß und schön, als man sie nur sehen kann, und sagte dabei: Nimm hier, mein Benvenuto, und bringe diese Birn in den Garten deines Hauses! Darauf antwortete ich gefällig: O gnädiger Herr! ist es Ihr Ernst, daß ich die Birn in den Garten *meines* Hauses legen soll? Der Herzog sagte von neuem: In den Garten des Hauses, das dein ist! Verstehst du mich recht? Darauf dankte ich Seiner Exzellenz und der Herzogin mit den besten Zeremonien, die ich nur in der Welt zu machen wußte. Dann setzten sie sich gegen die Figuren über und sprachen über zwei Stunden von nichts als von denselben, so daß die Herzogin ein unmäßiges Verlangen darnach empfand und zu mir sagte: Ich will nicht, daß du diese schönen Figuren da unten auf dem Platz verschwendest, wo sie in Gefahr kämen, verdorben zu werden; vielmehr sollst du sie mir in einem meiner Zimmer anbringen, wo ich sie aufs beste will halten lassen, wie ihre seltne Tugend verdient. Gegen diese Worte setzte ich mich mit unendlichen Gründen, weil ich aber sah, wie fest sie entschlossen war, daß ich die Figuren nicht an die Base, wo sie sich jetzo befinden, aufstellen sollte, so wartete ich den andern Tag ab und ging um zweiundzwanzig in den Palast, und als ich fand, daß der Herzog und die Herzogin ausgeritten waren, ließ ich die Figuren hinuntertragen, und weil ich an der Base schon alles zurechte gemacht hatte, so lötete ich sie sogleich ein, wie sie bleiben sollten. Als die Herzogin es hörte, wurde sie so zornig, daß sie mir, wenn ihr Gemahl nicht gewesen wäre, gewiß vieles Übel zugefügt hätte. Nun kam dieser Verdruß noch zu jenem wegen der Perlen, und sie wirkte so viel, daß der Herzog sein weniges Vergnügen aufgab. Ich kam also abends nicht mehr hin, denn ich fand alle die vorigen Schwierigkeiten, wenn ich in den Palast wollte.

Ich wohnte nun, wo ich meinen Perseus schon hingebracht hatte, und arbeitete an seiner Vollendung unter allen den Hindernissen, deren ich schon erwähnt habe, das heißt: ohne Geld und unter so vielen andern Vorfällen, deren Hälfte schon einen Mann von Diamant zur Verzweiflung gebracht hätte. Als der Herzog vernahm, daß ich den Perseus schon als geendigt zeigen konnte, kam er einen Tag, das Werk zu sehen, und gab auf eine deutliche Art zu erkennen, daß es ihm außerordentlich gefalle. Darauf wendete er sich zu gewissen Herren, die mit ihm waren, und sagte: Ob uns gleich dieses Werk sehr schön vorkömmt, so muß es doch auch dem Volke gefallen. Deswegen, mein Benvenuto, ehe du die letzte Hand anlegst, wünschte ich, daß du mir zuliebe diese vordere Tür nach meinem Platze zu öffnetest, um zu sehen, was das Volk dazu sagt; denn es ist keine Frage, daß es ein Unterschied sein muß, es frei oder in einer solchen Enge zu sehen, und es wird sich gewiß anders als gegenwärtig zeigen. Auf diese Worte sagte ich demütig zu Seiner Exzellenz: Es wird gewiß um die Hälfte besser aussehen. Erinnern sich Eure Exzellenz nicht, es in dem Garten meines Hauses gesehen zu haben, wo es sich so gut zeigte? Ja sogar Bandinello, der es daselbst sah, war genötigt, ungeachtet seiner bösen Natur Gutes davon zu reden, er, der sein ganzes Leben lang von niemand Gutes gesprochen hat! und ich fürchte, Eure Exzellenz trauen ihm zu viel.

Darauf sagte der Herzog ein wenig verdrießlich, aber mit gefälligen Worten: Tue es, mein Benvenuto, zu meiner geringen Genugtuung!

Als er weg war, machte ich mich daran, die Statue aufzudecken; weil aber noch ein wenig Gold fehlte und ein gewisser Firnis und andere Kleinigkeiten, die zu Vollendung eines Werks gehören, murmelte ich verdrießlich, schalt und betrübte mich und verwünschte den verfluchten Tag, der mich veranlaßt hatte, nach Florenz zu gehen. Denn ich sah freilich den großen Verlust, den ich mir zugezogen hatte, indem ich Frankreich verließ, und sah und wußte noch nicht, was ich Gutes von meinem Herrn in Florenz erwarten sollte; denn alles, was ich vom Anfang bis zur Mitte und bis zum Ende getan hatte, war alles zu meinem größten Schaden geschehen. Und so mit größtem Verdrusse deckte ich die Bildsäule des folgenden Tags auf.

Nun gefiel es Gott, daß, sobald als sie gesehen wurde, sich ein unmäßiges Geschrei zum Lobe des Werks erhub, wobei ich mich ein wenig getröstet fühlte. Die Leute hörten nicht auf, immerfort Sonette an die Türgewände anzuheften, wodurch gleichsam ein festliches Ansehen entstand. Indessen suchte ich, das Werk zu vollenden, und arbeitete an demselben Tage daran, an welchem es mehrere Stunden aufgedeckt blieb und

mehr als zwanzig Sonette zum unmäßigen Lobe meiner Arbeit angeheftet wurden. Das hörte nicht auf, nachdem ich sie wieder zugedeckt hatte, alle Tage fanden sich neue Gedichte, lateinische Sonette und griechische Verse; denn eben waren Ferien auf der Universität Pisa, und alle die vortrefflichsten Lehrer und Schüler bemühten sich um die Wette. Was mir aber das größte Vergnügen machte und mir die größte Hoffnung wegen der Gesinnung des Herzogs gab, war, daß die von der Kunst, nämlich Maler und Bildhauer, gleichfalls wetteiferten, wer das meiste Gute davon sagen könnte, und unter andern der geschickte Maler Jakob von Pontormo. Am höchsten aber schätzte ich das Lob des trefflichen Bronzino, des Malers, dem es nicht genug war, verschiedene Gedichte öffentlich anheften zu lassen, sondern der mir derselben auch noch ins Haus schickte, worin er so viel Gutes auf seine seltene und angenehme Weise sagte, daß ich mich wieder einigermaßen beruhigte. Und so hatte ich das Werk wieder bedeckt und suchte es mit allem Fleiß zu vollenden.
Als mein Herzog die Gunst erfuhr, welche mir die treffliche Schule bei diesem kurzen Anblick erzeigt hatte, sagte er: Ich freue mich, daß Benvenuto diese kleine Zufriedenheit gehabt hat, so wird er desto geschwinder die Arbeit vollenden; aber er denke nur nicht, wenn sie ganz aufgedeckt ist, daß die Leute noch immer auf gleiche Weise sprechen werden. Es werden dann auch alle Fehler, die daran sind, aufgedeckt sein, und man wird andere, die nicht daran sind, hinzutun: so mag er sich mit Geduld waffnen ...
Nun gefiel es aber meinem glorreichen Herrn und unsterblichen Gott, daß ich meine Statue vollendete und sie an einem Donnerstag ganz aufdecken konnte. Alsobald (es war noch nicht ganz Tag) vereinigte sich eine solche Menge Volks, daß es nicht zu zählen war, und alle wetteiferten, das Beste davon zu sprechen. Der Herzog stand an einem niedern Fenster des Palastes, das über der Türe war, und so vernahm er, halb verborgen, alles, was man sagte. Als er nun einige Stunden zugehört hatte, stand er mit so viel Zufriedenheit und Lebhaftigkeit auf, wendete sich zu Herrn Sforza und sagte: Sforza! geh zu Benvenuto und sag ihm von meinetwegen, daß er mich mehr, als ich hoffte, befriedigt hat, ich will ihn auch zufriedenstellen, er soll sich verwundern, und sag ihm, er soll gutes Muts sein. Herr Sforza brachte mir diesen ruhmvollen Auftrag, wodurch ich äußerst gestärkt ward und denselben Tag

sehr vergnügt zubrachte, weil das Volk auf mich mit Fingern wies und mich dem und jenem als eine neue und wundersame Sache zeigte. Unter anderm waren zwei Edelleute, die der Vizekönig von Sizilien an unsern Herzog in Geschäften gesendet hatte. Als man mich diesen beiden gefälligen Männern auf dem Platze zeigte, kamen sie heftig auf mich los, und mit ihren Mützen in der Hand hielten sie mir eine so umständliche Rede, die für einen Papst zu viel gewesen wäre. Ich demütigte mich, soviel ich konnte, aber sie deckten mich dergestalt zu, daß ich sie inständig bat, mit mir vom Platze wegzugehn, weil die Leute bei uns stillstanden und mich schärfer ansahen als unsern Perseus selbst. Unter diesen Zeremonien waren sie so kühn und verlangten, ich möchte nach Sizilien kommen, da sie mir denn einen solchen Kontrakt versprachen, mit dem ich zufrieden sein sollte. Sie sagten mir: Bruder Johann Angiolo von den Serviten habe ihnen einen Brunnen gemacht, mit vielen Figuren verziert, aber sie seien lange nicht von der Vortrefflichkeit wie der Perseus, und er sei dabei reich geworden. Ich ließ sie nicht alles, was sie sagen wollten, vollenden, sondern versetzte: Ich verwundere mich sehr, daß ihr von mir verlangt, daß ich einen Herrn verlassen soll, der die Talente mehr schätzt als irgendein andrer Fürst, der je geboren wurde, um so mehr, da ich ihn in meinem Vaterlande finde, der Schule aller der großen Künste. Hätte ich Lust zu großem Gewinn, so wäre ich in Frankreich geblieben, im Dienste des großen Königs Franziskus, der mir tausend Goldgülden für meinen Unterhalt gab und dazu die Arbeit meiner sämtlichen Werke bezahlte, so daß ich mich alle Jahre über viertausend Goldgülden stand; nun bin ich aber doch weggegangen und habe den Lohn meiner Werke von vier Jahren in Paris zurückgelassen. Mit diesen und andern Worten schnitt ich die Zeremonien durch, dankte den Herren für das große Lob, das sie mir gegeben hatten, und versicherte sie, das sei die größte Belohnung für jeden, der sich ernsthaft bemühe. Ich setzte hinzu: sie hätten meine Lust, gut zu arbeiten, so vermehrt, daß ich in wenigen Jahren ein anderes Werk aufzustellen hoffte, mit dem ich der vortrefflichen florentinischen Schule noch mehr als mit diesem zu gefallen gedächte. Die beiden Edelleute hätten gerne den Faden der Zeremonien wieder angeknüpft, aber ich, mit einer Mützenbewegung und einem tiefen Bückling, nahm sogleich von ihnen Abschied.

Auf diese Weise ließ ich zwei Tage vorübergehen, und als ich sah, daß das große Lob immer zunahm, entschloß ich mich, meinem Herzog aufzuwarten, der mit großer Freundlichkeit zu mir sagte: Mein Benvenuto! du hast mich und das ganze Volk zufriedengestellt; aber ich verspreche dir, daß ich dich auch auf eine Weise befriedigen will, über welche du dich verwundern sollst, und ich sage dir: der morgende Tag soll nicht vorübergehen! Auf diese herrlichen Versprechungen wendete ich alle Kräfte der Seele und des Leibes in *einem* Augenblick zu Gott und dankte ihm aufrichtig; zugleich hörte ich meinen Herzog an, und halb weinend vor Freude küßte ich ihm das Kleid und sagte: Mein glorreicher Herr, freigebig gegen alle Talente und gegen die Menschen, die sie ausüben! ich bitte Eure Exzellenz um gnädigen Urlaub auf acht Tage, damit ich Gott danken möge. Denn ich weiß wohl, wie übermäßig ich mich angestrengt habe, und bin überzeugt, daß mein fester Glaube Gott zu meiner Hülfe bewogen hat. Wegen diesem und so manchem andern wunderbaren Beistand will ich acht Tage als Pilgrim auswandern und meinem unsterblichen Gott und Herrn danken, der immer demjenigen hilft, der ihn mit Wahrheit anruft.

Darauf fragte mich der Herzog: wohin ich gehen wollte? und ich versetzte: Morgen frühe will ich weggehen, auf Vallombrosa zu, von da nach Camaldoli und zu den Eremiten, dann zu den Bädern der heiligen Maria und vielleicht bis Sestile, weil ich höre, daß daselbst schöne Altertümer sind. Dann will ich über San Francesco della Vernia zurückkehren, unter beständigem Danke gegen Gott und mit dem lebhaften Wunsch, Eurer Exzellenz weiter zu dienen. Darauf sagte mir der Herzog mit heiterem Gesichte: Geh und kehre zurück! Wirklich, so gefällst du mir. Lasse mir zwei Verse zum Andenken und sei unbesorgt!

Sogleich machte ich vier Verse, in welchen ich Seiner Exzellenz dankte, und gab sie Herrn Sforza, der sie dem Herzog in meinem Namen überreichte. Dieser empfing sie, gab sie sodann zurück und sagte: Lege sie mir täglich vor die Augen! Denn wenn Benvenuto zurückkäme und seine Sache nicht ausgefertigt fände, ich glaube, er brächte mich um. Auf diese scherzhafte Weise verlangte der Herzog, erinnert zu werden. Diese bestimmten Worte sagte mir Herr Sforza noch selbigen Abend, verwunderte sich über die große Gunst und sagte mir auf eine sehr gefällige Weise: Geh, Benvenuto, und komme bald wieder! ich beneide dich.«

Rom

In den folgenden Kapiteln schlage ich einige Spaziergänge vor, von denen aus Rom sich meiner Ansicht nach besonders glücklich erschließen läßt. Der **Aventin**, der **Monte Testaccio**, die **Kuppel der Peterskirche** und der **Pincio** bieten nicht nur Aussichten, sondern sind auch historische Standpunkte. Der Romkenner Elger Esser vermißt den Blick von der Engelsburg. Es ist gut, daß jeder Leser etwas vermißt, was er selbst entdeckt hat. Als weiteren nützlichen Standort möchte ich die Bibliothek des Goethe-Instituts am Corso erwähnen, wo man zwischen zwei Spaziergängen alte und neue Romliteratur durchschauen kann (den Gregorovius, den Mommsen, den Ranke usw., auch den Eckart Peterich, während über das moderne Rom auf deutsch nur das Buch von Toni Kienlechner »7 Mal Rom«, Piper 1970, vorliegt). Hermann Peter Piwitt ist es gelungen, aus der Vogelschau zu sehen, wie sich Rom in die Landschaft des alten Latium eingefressen hat, und wer die abgelegenen Orte dieser Landschaft besuchen will, sollte seinen Aufsatz unbedingt lesen (in »Boccherini« bei Rowohlt). Schließlich habe ich am Ende meiner Arbeit zwei Freunde interviewt, die nicht nur mehr über Rom wissen als ich, was nichts Besonderes wäre, sondern die aktiv in der römischen Politik mitgemacht haben: Italo Insolera als Kritiker der städtebaulichen Entwicklung, Aldo Natoli als ehemaliger Fraktionsführer der PCI im Stadtrat.

1. Auf dem Aventin. Ein Spaziergang zu den Klöstern, zur Cestius-Pyramide, auf den protestantischen Friedhof

Im Dezember gibt es in Rom überraschende Frühlingstage mit kurzen, warmen Regen, Sonne, späten Rosen und Erdgeruch in den Gärten. Heute ist man in Rom, wie in fast allen Großstädten, relativ klimaunabhängig, relativ, denn im November regnet es in Strömen, Januar bis März ist es naßkalt. September—Oktober ist die beste Reisezeit, und diese Monate sind berühmt für ihr schönes, warmes Licht. In den alten Baedekern gibt es Hinweise, welche Hotelzimmer mit welchen Fenstern in welche Himmelsrichtung man zu nehmen habe, um dem Malariawind oder dem Scirocco zu entgehen und um Kühle aufzufangen. Das ist heute natürlich Unsinn, aber die Information mit dem Licht im September/Oktober ist noch brauchbar und selbst für unsensible Naturen nachvollziehbar. Heute Morgen saß ich im Rosengarten auf dem **Aventin,** zu Füßen des Mazzinidenkmals (Piazzale Romolo e Remo), über dem **Circo Massimo,** gegenüber den Kaiserpalästen des Palatin. Der Circus zu meinen Füßen soll, als er noch ganz war, 300 000 Zuschauerplätze gehabt haben. Caesar veranstaltete 46 vor Christus eine Schlacht mit angeblich 1000 Soldaten, 600 Reitern und 40 Elefanten. Sandkastenspiele fürs Militär und fürs Volk.

Von meinem Platz aus ein weiter Blick: die Albanerberge, im Vordergrund der häßliche Komplex der FAO (die Food and Agriculture Organisation der UNO), daneben der Obelisk von Axum, die Pinien der Passeggiata Archeologica, der Hügel des Celio und zwischen den Bäumen die Villa Celimontana; am Hang das romanische Kloster der SS. Apostoli Giovanni e Paolo; das Tal zwischen Celio und Palatin, durch das die Triumphzüge, am Kolosseum vorbei, auf das Forum und Kapitol zogen; der Palatin mit den riesigen Trümmern; das Kapitol, und Santa Maria in Cosmedin mit einem der schönsten romanischen Kirchtürme; die Synagoge neben der Tiberinsel und schließlich die Kuppel von Sankt Peter. Es gibt mehrere solcher strategischer Punkte, die eine Übersicht erlauben: der Pincio, am Morgen mit dem Licht im Rücken; der Gianicolo schräg gegenüber am Abend; die Peterskuppel und die Engelsburg, das Kapitol und andere, die man selbst entdeckt. Der Torre delle Milizie, einer der wenigen erhaltenen Geschlechtertürme im Zentrum Roms, über dem Traiansforum, ist derzeit, und wahrscheinlich noch für lange unzugänglich. Die Aussicht ist einzig. Der Turm steht schief und wurde in den letzten Jahren nur noch kleinen Gruppen ausnahmsweise geöffnet.

Der Blick, hier vom Aventin über drei der sieben Hügel (Celio, Palatin, Kapitol), schweift über eine Landschaft, die über ein Jahrtausend lang reine Ruinenlandschaft war, in der Klöster und Gärten, aber keine Wohnviertel standen. Nach der Jahrhundertwende wurde der Aventin zu einem, noch im Grün liegenden Villenviertel und erst der Faschismus und die Spekulation nach dem Zweiten Weltkrieg haben den Hügel ruiniert. Der Kasten, in dem sich die FAO und eine mehrstellige Zahl von überflüssigen, aber privilegierten, internationalen Bürokraten um den Hunger in der Welt sorgen, wurde vom Faschismus als Afrikaministerium geplant und 1951 fertig gestellt (ein nicht unbedeutender Teil der faschistischen Baupläne wurde erst nach dem Fall des Faschismus realisiert!). Neben dem begonnenen Bau ließ Mussolini den 1937 als Siegestrophäe aus Äthiopien verschleppten **Obelisk von Axum** aufstellen. Axum, einst die Hauptstadt des äthiopischen Reiches, soll von Abraham selbst gegründet sein und war auch nach der Zerstörung im Mittelalter eine heilige Stadt, »wo auch heute noch alle Fehden ruhen müssen« (Brockhaus 1895. Englische und italienische Kolonialisten haben in wenigen Jahren das Brockhaus-Idyll gründlich zerstört). Der Obelisk stammt aus dem vierten Jahrhundert nach Christus und steht heute als sonderbarer Stein, im Gegensatz zu anderen Obelisken, völlig unbeachtet da. Die gewollte Symbolik hatte diesen ungünstigen Standort erfordert, den Ort, wo früher die Via Appia begann, auf der die römischen Legionen ihre Siegeszüge (oder Raubzüge) in die südliche Mittelmeerregion antraten. Von hier aus wollte Mussolini eine neue Prachtstraße zum »mare nostrum« nach Ostia führen (die heutige Via Cristoforo Colombo). Die Passeggiata Archeologica, das Gelände um diesen ersten Teil der Via Appia, der noch innerhalb der aurelianischen Mauern verläuft, wurde kurz vor dem ersten Weltkrieg als Park angelegt und führt, im Tal zwischen Celio und kleinem Aventin, nach ein paar hundert Metern zu den **Caracallathermen,** die zu den großartigsten Badeanlagen der Antike gehörten. Die Thermen waren große, volkstümliche Bildungsanstalten und umfaßten neben den Bädern und Sporthallen auch Aufenthaltsräume und Bibliotheken. Die Caracallathermen waren noch im 7. Jahrhundert in Betrieb, bis die Goten die komplexe Anlage der Wasserzufuhr zerstörten und der Riesenbau verfiel und schließlich ausgeschlachtet wurde. Die Ruine dient im Sommer als Freilichtoper.

Rom war nicht nur Stadt, sondern zu weiten Teilen bis zum Ersten Weltkrieg eine Hügel-, Ruinen- und Gartenlandschaft. Vor allem dieser südliche Teil um die Caracallathermen bot zahlreiche Möglichkeiten zu »klassischen« Spaziergängen, die nachzuvollziehen heute Energie, Glück und Umsicht erfordern (um den Autos, der Hitze, der »Durststrecke« zwischen Zementblöcken etc. zu entgehen).

Spaziergänge:
1. Von der Porta Metronia entlang der **aurelianischen Mauer** zur Porta S. Paolo. Zur Zeit der beginnenden Krise des römischen Reiches befestigte Kaiser Aurelian in den Jahren 271—279 die Stadt mit diesem 19 km langen, 4 m dicken, alle 30 Meter mit einem Wehrturm versehenen Mauerkranz, der vom Tiber in der Höhe der Porta S. Paolo bis zum Tiber in der Höhe der Piazza del Popolo reicht und heute mit wenigen Unterbrechungen noch erhalten ist.
2. Zur Via **Appia Antica,** ein Gelände, das bis zu den 50er Jahren eine fast unberührte Landschaft war, aber nur als schmaler Korridor teilweise vor der Spekulation gerettet werden konnte. Das kleine Heiligtum Sant' Urbano an der Appia Pignatelli läßt noch erahnen, was die Appia einmal gewesen war. Auf einer Abzweigung der Appia Antica geht es zur Gedenkstätte der **Fosse Ardeatine,** in deren Steinbrüchen die SS unter dem Kommando von Kappler am 23. März 1944 335 Geiseln erschoß, als Vergeltung auf ein Attentat in der Via Rasella (im Zentrum, in der Nähe der Piazza Barberini), bei dem 32 Südtiroler SS-Leute ums Leben gekommen waren.
3. Zum Park der Villa Celimontana, zu den Kirchen auf dem **Celio** und weiter, zu den einzigartigen Kirchen SS. Quattro Coronati und S. Clemente und zum Kolosseum. (In dieser Gegend gibt es gute und billige Restaurants.)

Heute habe ich mich entschlossen, einen anderen Weg einzuschlagen. Ich ließ den Mazzini auf seinem Denkmal von der römischen Republik träumen und nahm die Via S. Sabina zum Park des ehemaligen Castello Savelli hoch über dem Tiber, zu den Basiliken S. Sabina, S. Alessio und S. Anselmo, zur vor allem in der Dämmerung phantastischen, von Piranesi entworfenen **Piazza dei Cavalieri di Malta** (mit dem perspektivischen Witz des Blicks zur Peterskuppel durch das Schlüsselloch des Gartentors); von hier zur nahen Porta S. Paolo, zur Cestiuspyramide, zum protestantischen Friedhof und zum Scherbenhügel des Testaccio.
Dieser Spaziergang führt uns, wie alle römischen Spaziergänge, quer durch die Jahrhunderte. Im Gebiet der Klöster hatte Otto III., der im Jahre 1002 zweiundzwanzigjährig starb, eine Kaiserpfalz gebaut. Er ließ sich von einem deutschen Papst, dessen Wahl er entscheidend beeinflußt hatte, Himmelfahrt 996 in der Peterskirche zum Kaiser krönen. Sein Anspruch

auf die Kontrolle Roms und des Papsttums brachte ihn jedoch in Konflikt mit den mächtigen römischen Geschlechtern. So ließ er 12 Angehörige der Familie Crescenzi nach einem Aufstand 998 auf dem Monte Mario hinrichten (vom Haus der Crescenzi finden sich Reste zwischen Kapitol und S. Maria in Cosmedin, gegenüber dem Fortunatempel). Er holte seinen Freund, den Bischof Adalbert von Prag in das Kloster auf den Aventin. Adalbert schlug jedoch alle Würden aus, wählte als Tätigkeitsfeld nicht Italien, sondern die Kolonisierung des Ostens und wurde bei der »Missionierung« der Polen bei Gnesen erschlagen. Ihm zu Ehren gründete Otto die Kirche S. Bartolomeo auf der **Tiberinsel,** wo auf den Stufen zum Hochaltar der Rest eines Brunnens steht, mit den Bildnissen von Christus, dem heilig gesprochenen Adalbert, dem hl. Bartolomäus und Otto III. Das ist so ziemlich das einzige, was an Otto III. in Rom noch erinnert. Er starb auf einer Burg im Norden von Rom, bedrängt von einem erneuten Aufstand des römischen Adels. Seine Begleiter schlugen sich nach Deutschland durch und brachten den Leichnam in den Dom von Aachen. Otto II. liegt im Petersdom, Otto I., der Große, in Magdeburg. Die Geographie der Kaisergräber versinnbildlicht die Kontinuität zu Karl dem Großen und die Expansionspolitik nach Süden und Osten. Im Magdeburger Dom stehen, wenn ich mich recht erinnere, antike Porphyrsäulen, die von Rom an die Ostgrenze des Reiches transportiert worden waren. Bernward von Hildesheim, der Otto III. im Jahre 1001 in Rom besucht hatte, ließ nach seiner Rückkehr in Hildesheim die Christussäule als Erinnerung an die Trajanssäule errichten. Gräber, Steine und Bilder waren Kommunikationsmittel zur Propagierung bestimmter Ideen.

Welches waren die materiellen Grundlagen dieser Begeisterung für Rom? Zu einem Besuch in Rom gehört zumindest eine Ahnung dessen, was die Romidee einmal bedeutete und aus welchem materiellen Stoff sie gemacht war, gerade weil sie in den Jahrhunderten nach den Bauernkriegen von christlich-reaktionären Abendländern gründlich mißbraucht wurde.

Die frühe Bildung eines relativ starken Königtums an der Spitze des deutschen Staates hat seine Ursache nicht zuletzt in dessen Verbindung mit der Reichskirche, die so eine stützende Funktion ausübte. Die Kirche legitimierte mit der Kaiserkrönung die Machtstellung des Herrschers gegen die Herzöge. Der Versuch, diese Quelle der Legitimation zu kontrollieren, ist eine der Wurzeln der deutschen Italienpolitik und Ursache der Auseinandersetzungen zwischen Kaiser und Papst. Finanziert wurde diese Italienpolitik mit der Ausplünderung der reichen, oberitalienischen Handelsstädte, die an Wohlstand und Ausmaß der Handelsverbindungen die deutschen Städte weit übertrafen.

Vom Aventin erreicht man in wenigen Minuten die **Porta San Paolo,** in deren Bau sich das Museum der Via Ostiense befindet. Die Via Ostiense war als Verbindung zum Hafen nach Ostia eine der wichtigsten Ausfallstraßen gewesen, und das Museum dokumentiert die Geschichte dieser Straße. Die Idee ist gut, das Museum aber, wie viele andere auch, wegen Personalmangels geschlossen. An der Porta San Paolo kam es, nach dem Frontwechsel Italiens vom 8. September 1943, zum ersten bewaffneten Widerstand gegen die Besetzung Roms durch deutsche Truppen. Mehrere Tafeln erinnern daran, und es war keine zufällige Ortswahl, als im Juni 1960 die große Demonstration gegen die von den Faschisten unterstützte Regierung Tambroni auf den Platz an der Porta San Paolo einberufen wurde. (Nicht in Rom, aber in anderen Städten wurden bei diesen Demonstrationen mehrere Menschen getötet, und Tambroni mußte zurücktreten.)
Tor, erhaltene Mauer, **Cestiuspyramide** und protestantischer Friedhof bilden eine ästhetische Einheit, die durch die heutige Bebauung der Gegend nicht mehr zum Ausdruck kommt, aber vom Hügel des Testaccio aus noch Eindruck macht.
Auf dem **protestantischen Friedhof** sind viele Berühmtheiten versammelt, auch Tote, die man hier nicht suchen würde. Antonio Gramsci, der als Verfemter hier bestattet wurde, und Wilhelm Waiblinger, ein fast Vergessener.
Wie Hegel, Hölderlin und Schelling hatte auch Waiblinger in Tübingen, im Stift, studiert, blieb mit dem umnachteten Hölderlin und mit Mörike befreundet, auch als er wegen seines rebellischen Verhaltens das Stift und Deutschland verlassen mußte. Er zog im Herbst 1826 nach Rom, verkrachte sich mit den modischen Deutschrömern, fristete sein Leben mit dem Erlös kleiner Schriften, lebte mit einer römischen Freundin und einem Kind und starb im Januar 1830, noch nicht 26 Jahre alt, im Haus an der Ecke Via Giulia – Via del Mascherone. Unter seinem Fenster der Brunnen, der im Film »Geschichts-

unterricht« von Straub-Huillet (nach Brechts »Die Geschäfte des Herrn Julius Caesar«) eine Rolle spielt. – Am anderen Ende des Friedhofs liegt der nach langen Jahren der Haft 1937 gestorbene Kommunist Antonio Gramsci. Ihm und seinem Grab hat Pasolini eines seiner schönsten Gedichte gewidmet: le ceneri di Gramsci, die Asche Gramscis (1954), in dem Pasolini lange Zwiesprache mit dem Toten hält und die großen Probleme anrührt, die den Dichter das ganze Leben lang beschäftigt haben. Gramsci ist der Führer eines Proletariats, das in die Geschichte tritt und, indem es Geschichte macht, schuldig wird, im Gegensatz zum elenden, aber unschuldigen Dasein des Volkes, das Pasolini liebt und »dessen Freude, und nicht dessen tausendjähriger Kampf / für mich Religion ist, seine Natur, und nicht sein Bewußtsein«. Welches Engagement verlangt der »schmucklose Tote« von dem suchenden Dichter? Im ersten Teil des Gedichts beschreibt Pasolini den Ort des Zwiegesprächs:

»... mit Deiner mageren Hand / beschriebst Du das Ideal, das das Schweigen / erhellt (aber uns nicht: Du bist tot und wir / ebenfalls tot, mit dir, im feuchten / Garten). Du kannst nur / siehst du? ruhen an diesem fremden / Ort, verbannt noch. Patrizische / Langeweile um dich herum. Und, verblaßt, / erreicht dich nur manchmal der Klang eines Amboß / aus den Fabriken des Testaccio gedämpft / im Abend: zwischen armseligen Dächern, nackten / Haufen von Blech, Eisenresten, wo / ein Junge müßig noch singt und seinen Tag / beschließt, während der Regen ringsum nun aufhört. /«

2. Auf dem Hügel des Testaccio

Vom Kolosseum sind es mit der U-Bahn, der Metropolitana (von Mussolini als Verbindung zur modernen Südstadt EUR begonnen und 1955 in Betrieb genommen), nur zwei Stationen zur Porta S. Paolo (Piazzale Ostiense). Von hier erreicht man, am protestantischen Friedhof oder der aurelianischen Mauer entlang Richtung Tiber, einen bereits im Altertum entstandenen Scherbenhügel, während die Mauer sich auf einem verwahrlosten Industriegelände verläuft. In der Nähe, am Fuße des Aventin, lagen die Großmarkthallen des antiken Rom (Reste in der Via Franklin) und am nahen Tiber wurden die großen Amphoren mit Öl, Wein und Korn gelandet. Aus dem beschädigten und zerbrochenen Material entstand nach und nach dieser Hügel.

An seinem Fuß stehen noch einige alte Behausungen der »Plebs«, die, wie Pasolini schrieb, »ringsum das Rom der Macht belagert« und auch in den zentralen Vierteln die Stadt »in unreine Umarmungen verstrickt«. Es weht ein kalter Wind, und kaum jemand ist auf den Straßen zu sehen. An der Ecke Via Zabaglia / Via Galvani führt ein Pfad auf den Hügel. Ein leicht zu umgehendes Tor ist verschlossen, und bereits verblichene Schilder verbieten den Zutritt und untersagen strengstens etwaigen Amateurarchäologen das Herumgraben. Denn daß die Anhöhe tatsächlich aus alten Scherben besteht, wird beim Aufstieg klar. Die Grasnarbe ist nur dünn, und an einigen Stellen sieht man in die aus geschichtetem Schutt bestehenden Eingeweide des Berges. Im Mittelalter war diese heidnisch anmutende Stätte Ziel alljährlicher Prozessionen, an die ein Kreuz auf dem Gipfel erinnert.

Von hier, glaube ich, hat man den freiesten Rundblick, den man über Rom haben kann. Man sieht bis zur Hügellandschaft im Norden, die Sabiner- und Albanerberge, Trastevere, den Monteverde und den Gianicolo und im Süden, wo man das Meer sehen müßte, riesige Neubauviertel, die es verdecken und aus deren Chaos die Hochhäuser des EUR herausragen. Direkt unterhalb des Hügels der verlassene Schlachthof, die Gasometer des um die Jahrhundertwende gegründeten Industriegebietes, der Aventin mit dem restaurierten Benediktinerkloster S. Anselmo und schließlich die Häuserblöcke des in Verbindung mit dem Industriegebiet gebauten Arbeiterviertels Testaccio mit einer scheußlichen Pfarrkirche, der man einen für ein Proletarierviertel passenden Namen gegeben hat: »S. Maria Liberatrice«, Muttergottes der Befreiung.

Das Rom, das man von hier aus sieht, ist das Rom der 3 Millionen Einwohner, und dieser Blick hat nichts mit dem zu tun, den man hier vor 50 Jahren noch hatte, als man in die freie Campagna blickte, mit den Augen dem Lauf des Tibers folgen konnte, das Meer, die Villen und Parkanlagen auf den Hügeln sah. Vor 50 Jahren bildeten die aurelianischen Mauern noch die Stadtgrenze. Vor 100 Jahren waren sie ein viel zu großer Gürtel für die 200 000 Einwohner (1870). Auch andere Weltstädte sind rasch gewachsen, aber wenige so rasch wie Rom, und noch weniger wuchsen ohne Großindustrie und

Rom 1870

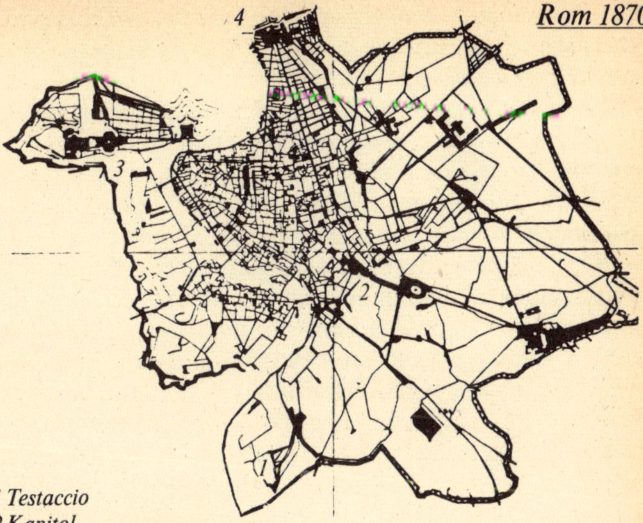

1 Testaccio
2 Kapitol
3 Petersdom
4 Piazza del Populo

großes Handelskapital (die Börse in Rom ist notdürftig an der Piazza di Pietra in einem alten Tempel untergebracht), und wahrscheinlich keine Stadt hat in ihrer Ausdehnung so variiert wie Rom, ist in den Jahrhunderten so gewachsen, geschrumpft und wieder gewachsen, was das einzigartige Durcheinander und Übereinander der verschiedenen Stadtschichten erklärt, deren letzte, die heutige Zementschicht, die Vergangenheit unwiderruflich zuzudecken droht. Maxima und Minima der Bevölkerungsentwicklung waren: zur Zeit des Kaisers Aurelian (270—275) etwa 1 Million Einwohner, zur Zeit der avignonesischen Gefangenschaft der Päpste (1309–1377) nur noch 20000–30000 Einwohner, die sich, einzig in der Stadtgeschichte, nicht von den Steuern und Tributen verwalteter Völker, sondern als redliche Wollproduzenten nähren mußten.

Die Feststellung, daß sich das Bild der Stadt in den letzten Jahrzehnten entscheidend gewandelt hat, ist nicht harmlos, sondern zielt auf folgende, provozierende These: die »klassische« Reise in die »ewige Stadt« ist unmöglich geworden, zumindest als unmittelbares Erlebnis. Die Einzigartigkeit dieser

Stadt hatte darin bestanden, daß sie als offenes Geschichtsbuch dalag, daß sie »ewig« war in dem Sinne, als sie Zeugnisse der frühen Kulturgeschichte genauso enthielt wie der Gegenwart. Diese »Ewigkeit« war also strukturiert, war geschichtet und gegenüber einer Zukunft offen, die diese Zeugnisse nicht nur konservativ, als physische Objekte bewahrte, sondern immer wieder in die eigene Tätigkeit integrierte. Rom war eine lebendige Ruinenstadt und in diesem Sinne einzigartig auf der Welt. Lebendige Ruinenstadt heißt, daß die Trümmer der Vergangenheit als kontinuierliche, wenn auch vielfach unterbrochene Struktur das Stadtbild bestimmten; daß sie benutzt wurden, nicht nur als Behausung oder als Steinbrüche, sondern auch als vollwertige Bauelemente und als Modell für neue Bauten: man vergegenwärtige sich z. B., mit welcher Kultur die Päpste die 11 Obelisken an strategischen Punkten aufstellten und zueinander in Beziehung setzten (während der Axum-Obelisk tatsächlich auf verlorenem Posten steht), und man erinnere sich, wie die Architekten der Renaissance diese Ruinen studierten und wie der Petersdom mit seiner Kuppel als Synthese aus Maxentiusbasilika und Pantheon entstand. Die Ruinen waren Warnung (vor der heidnischen Megalomanie), Zeugnisse einer großen geschichtlichen Kontinuität (zu Stein geronnene Information über Technik und Kultur der Vergangenheit) und waren Verheißung einer Zukunft, die diese glänzende Vergangenheit in den Schatten stellen würde. Jede Epoche errichtete in der Ruinenlandschaft ihre Bauplätze und hinterließ ihre Schicht und ihre Zeichen (z. B. das frühe Mittelalter eine Vielzahl von romanischen Kirchtürmen, die zu einem großen Teil noch erhalten sind, aber nicht mehr ins Auge fallen, während das Dutzend Kuppeln des Barock alle Blicke auf sich zieht), ohne die vorigen Schichten total zerstören oder total konservieren zu wollen, was im heutigen Städtebau die einzige Alternative zu sein scheint. Bis zu dem, was der Faschismus und seine christdemokratischen Nachfolger aus Rom gemacht haben, gab es nur einen Versuch totaler Veränderung, der als Wahnsinnstat in die Geschichte einging: die von Nero veranstaltete Stadtsanierung mittels Abbrennens der Altstadt.

Die heutige Konzeption der Ruine als Verkehrshindernis bzw. als einzuhegendes Denkmal hat sich nicht nur bei denen durchgesetzt, die in den letzten hundert Jahren Rom verändert haben, sondern auch bei den Besuchern. Diese eilen von

Einzelobjekt zu Einzelobjekt (den sogenannten Sehenswürdigkeiten) und haben tatsächlich nicht mehr die Möglichkeit, die Gesamtanlage der Stadt und die in ihrer Struktur enthaltene abendländische Geschichte herauszulesen, wie das noch ein gebildeter Reisender des 18. und 19. Jahrhunderts unmittelbar tun konnte. Wir lesen, mit Hilfe des Führers oder der eigenen, meist ratlosen Sensibilität Dinge in die Monumente hinein, anstatt Informationen herauszuholen. Doch gerade die Funktion Roms als lebendiges historisches Archiv abendländischer Geschichte, hatte den Rombesuch einzigartig gemacht. Nur so ist zu verstehen, was Goethe am 29. Dezember 1786 in der Italienischen Reise schreibt:

»Ich will Rom sehen, das bestehende, nicht das mit jedem Jahrzehnt vorübergehende. Hätte ich Zeit, ich wollte sie besser anwenden. Besonders lies't sich Geschichte von hier aus ganz anders als an jedem Ort der Welt. Anderwärts lies't man von außen hinein, hier glaubt man von innen hinaus zu lesen: es lagert sich alles um uns her, und geht wieder aus von uns. Und das gilt nicht allein von der Römischen Geschichte, sondern von der ganzen Weltgeschichte. Kann ich doch von hier aus die Eroberer bis an die Weser und bis an den Euphrat begleiten, oder wenn ich ein Maulaffe seyn will, die zurückkehrenden Triumphatoren in der heiligen Straße erwarten: indessen habe ich mich von Korn- und Geldspenden genährt, und nehme behaglich Theil an aller dieser Herrlichkeit.«

In einer unmittelbar folgenden Eintragung vom 2. Januar 1787 setzt er sich mit Rom und dem Wert der Stadt für die Kenntnis der Weltgeschichte noch einmal auseinander und weist auf die besondere materielle Dimension dieses römischen Geschichtsunterrichts hin:

»Man mag zu Gunsten einer schriftlichen und mündlichen Ueberlieferung sagen, was man will, in den wenigsten Fällen ist sie hinreichend: denn den eigentlichen Charakter irgend eines Wesens kann sie doch nicht mittheilen, selbst nicht in geistigen Dingen. Hat man aber erst einen sicheren Blick gethan, dann mag man gerne lesen und hören: denn das schließt sich an den lebendigen Eindruck; nun kann man denken und beurtheilen.«

Die Möglichkeit, einen sicheren Blick auf die in Rom versammelte Historie zu werfen, besteht und besteht nicht mehr. Sie besteht, weil die Monumente meistens noch vorhanden sind, und sie besteht nicht mehr, weil ihr Kontext, ihr Verhältnis

zueinander und auch die Art, sie zu sehen, sich völlig gewandelt haben. Nicht nur Rom, sondern viele Teile Italiens sind so zu einer Art optischer Täuschung geworden, und die »Italienische Reise« wird ungenießbare Lektüre, wenn man die Dinge nicht wieder erkennt, von denen die Rede ist. Der Romreisende muß sich daher in einem doppelten Sinne als Archäologe oder Historiker betätigen. Er muß, bevor er überhaupt seinen Blick werfen kann, mühsam einen geeigneten Standpunkt suchen, mühsam die Sehenswürdigkeiten aus dem Verkehr, dem Zement und aus dem Museum herausschälen und in den richtigen Zusammenhang setzen. Die letzten hundert Jahre haben Rom als Archiv für Weltgeschichte aus dem Zustand einer leicht entzifferbaren, naturwüchsigen Unordnung in ein verschmiertes Chaos versetzt. Die Folge ist, daß wir die Stadt nicht mehr als Summe unserer Geschichte lesen können. Natürlich haben die Erkenntnis von der Beschränktheit der römischen »Weltgeschichte« und die Tatsache, daß das versammelte Anschauungsmaterial auf dem Stand des 18. Jahrhunderts geblieben ist, während sich die Neuentwicklungen anderswo vollzogen, das Interesse an Rom vermindert. Aber das wäre noch lange kein Grund gewesen, dieses einzigartige Archiv so zu zerstören.
Der Verlust der historischen und der städtebaulichen Qualität begann mit der Einigung Italiens und der Erklärung von Rom zur Hauptstadt (1871). Die zu rasche Bevölkerungsentwicklung als Ursache des Qualitätsverlustes anzuzeigen, ist zu einfach und sagt nichts über die Art der Bevölkerungszunahme und die ihr entsprechenden Wachstumsschäden aus. Es ist ein Unterschied, ob eine Stadt durch Bodenspekulation oder durch industrielle Entwicklung zerstört wird. Massimo Birindelli beschreibt in seinem Buch »Roma italiana« (Verlag Savelli, 5000 Lire, viele Fotos und daher empfehlenswert auch für Leser die nicht oder schlecht italienisch lesen) die Folgen der »Italianisierung«. In das feine Netz der Straßen, Plätze, Gebäude und Gärten wurden riesige Löcher gerissen zum Bau von Ministerien, neuen Durchgangswegen und gutbürgerlichen Mietskasernen für das Heer von Beamten, das die Hauptstadt zu bevölkern begann. Krönung dieser Eingriffe war die Zerstörung des Kapitols und der Bau des Denkmals für Vittorio Emanuele, das von nun an Rom beherrscht. Mit dieser Brutalität verfahren gewöhnlich nur Eroberer, und die neue Architektur dokumentiert tatsächlich den Charakter

des Anschlusses Süd- und Mittelitaliens an das neue Königreich. Kaisertum und Papsttum, die beiden großen Interessenten am Erhalt der Stadt Rom als einem Dokument, das seinen Inhaber als universalen Herrscher legitimiert, waren längst entmachtet (der letzte Träumer dieser Art war Napoleon gewesen). Das »Dokument« änderte seine Funktion und wurde zum Symbol nationaler Geschichte, eine Symbolik, die erst aufgepfropft werden mußte. Der schlechte Geschmack dieser Bauten und Eingriffe war nicht einfach Ausdruck des Zeitgeistes, denn bedeutende Zeitgenossen haben diese Zerstörung Roms wohl gesehen und angeprangert, sondern er war logischer Ausdruck einer provinziellen, nationalistischen Ideologie. Auch die Mussolinische Romkonzeption ist nur scheinbar »imperial«, denn sie bleibt ganz in der engen nationalistischen und daher größenwahnsinnigen Tradition (die Straße für Aufmärsche Mussolinis vom Kolosseum zur Piazza Venezia und die Via della Conciliazione, die zum Petersplatz führt, reihen sich würdig an das Vittorio Emanuele auf dem Kapitol und an den Justizpalast). Ein bisher feingliedriges System von Verkehrsadern wird durch diese und andere Schneisen, die auch später zu den »großen« Ereignissen des heiligen Jahres (1950) und der Olympiade (1960) gehauen wurden, auf wenige Arterien reduziert, die alle auf die Piazza Venezia zulaufen. Diese brutalen Kahlschläge haben den Zusammenbruch des Autoverkehrs in der Stadt um ein Jahrzehnt hinausschieben können, sind also von einem längerfristigen Gesichtspunkt her ein Fehlschlag, genau wie der Abriß ganzer Häuserblocks weder die sanitären Verhältnisse der Altstadt noch das Angebot an Wohnraum verbesserten. (Italo Insolera, »Roma moderna«, Einaudi, 5500 Lire, ist ein leicht zu lesendes, aber Italienischkenntnisse voraussetzendes Standardwerk über die moderne Stadtentwicklung Roms.) Insolera und Birindelli zeigen in ihren Analysen, welche groben, städtebaulichen Fehlplanungen bei einer anderen Konzeption, bei einem anderen Verständnis der Stadt hätten vermieden werden können. Aber die Frage, was sollte das moderne, fortschrittshungrige Italien mit diesem historischen Archiv anfangen – eine Frage, die uns ähnlich schon in Venedig beschäftigte (und die sich in Deutschland auch stellt, obgleich viele unserer Städte im Zeitraum von zwei Jahren in Schutt und Asche gelegt wurden; was das für das historische Bewußtsein der Massen und ihre Weltanschauung bedeutet, wird einem erst in Italien klar) –, diese Frage liegt außerhalb ihres Arbeitsplanes. Darüber Gedanken nachzuhängen, begann ich erst, als ich mehrere Male den Monte Testaccio aufgesucht hatte.

Rom als Krönung einer nationalen Geschichte ist eine Fälschung. So sehr der Verwaltungsapparat sich auch aufblähen mag, sichtbar wird nur, daß das moderne Rom zu einem Parasit ohne Legitimation geworden ist. Produziert werden in Rom Verwaltung und Ideologie, mit ihrer Symbolik und ihren Apparaten. Der eine Teil der Bevölkerung arbeitet in den Büros und Ministerien, der andere Teil ist damit beschäftigt, für den ersten Kleidung und Nahrung herbeizuschaffen, Paläste und Häuser zu bauen etc. etc. So weit hier, vom Monte Testaccio, das Auge reicht, reihen sich Wohnblock an Wohnblock. Die Industriezone zu unseren Füßen ist eine moderne, archäologische Enklave. Im wesentlichen umfaßt sie Versorgungsbetriebe: Gas, Wasser, öffentliche Transportunternehmen, daneben Schlachthof, Großmarkthalle und einen kleinen Güterbahnhof. Alle drei traditionellen Arbeiterviertel (S. Lorenzo, Porta Maggiore — Santa Croce und der Testaccio) entwickeln sich in der Nähe von Güterbahnhöfen, »Arbeiter« sind in Rom die Bauarbeiter, die Eisenbahner und die Beschäftigten der Versorgungsbetriebe. Regierung, Kirche und die sich in der Hand der Großgrundbesitzer befindende Stadtverwaltung haben nach der Einigung Italiens alles getan, um die Entwicklung von Industrien in und um Rom zu verhindern. Nicht um den Charakter und die ästhetischen Werte dieser einzigartigen Stadt zu retten, sondern aus Sorge um die Erhaltung der »öffentlichen Ordnung«. Die Hauptstadt sollte verschont bleiben von den Tumulten eines organisierten Proletariats. Das war der Tenor der politischen Sonntagsreden über die Zukunft der »ewigen« Stadt. Im Jahre 1888, nach dem Ausbruch der Krise, die dem Baufieber notwendig folgen mußte, wurden 29 000 arbeitslose Bauarbeiter mit Polizeimaßnahmen in ihre Herkunftsorte zurückgeschickt. Man befürchtete Unruhen. 1871–1888 hatte sich die Bevölkerung der Stadt verdoppelt. Mit dem Zuzug einer umfangreichen »Ministerialbourgeoisie« kamen auch Zehntausende von Bauern und bevölkerten als Bauarbeiter und Dienstleister die Peripherie. Das ist die Wachstumslogik Roms bis heute geblieben mit dem Zusatz, daß seit ein paar Jahren in den Untergeschossen der Wohnblocks an der Peripherie sich auch

Kleinunternehmen der Textil- und Elektroindustrie eingenistet haben, die ein unüberschaubares, ständig sich veränderndes Netz von Heimarbeit und Schwarzarbeit bilden. Das Wachstum dieser Peripherie erfolgte in verschiedenen Schichten, von denen wir einige vom Hügel des Testaccio aus erkennen können.

Der Plan, für etwa 10000 Arbeiter und ihre Familien das Viertel des Testaccio zu bauen, das durch die Trümmerlandschaft des Aventin von der Stadt getrennt ist, wurde stückweise und mit großen zeitlichen Unterbrechungen in der Periode 1883–1907 realisiert. Zunächst wurden die Wohnkasernen gebaut, dann erst die Straßen, die Kanalisation, die Stromzufuhr und zuletzt (1907!) eine Schule, ein Kindergarten, ein Ambulatorium. Die Kindersterblichkeit in diesen zwei Jahrzehnten betrug 51,8%.

Eine moderne Parallele zu dieser Art von Baugeschichte bildet die **Magliana,** deren Wohnblocks wir sehen, wenn wir mit dem Auge dem Lauf des Tibers Richtung Meer folgen. Das Gelände der Magliana liegt in einer Schleife des Flusses, teilweise unter dem Niveau des Wasserspiegels, ein Umstand, der das Gebiet als Bauland entwertet und damit zum Gelände einer Proletariersiedlung prädestiniert. In den 50er Jahren bot der Besitzer einen Teil der Fläche dem sozialen Wohnungsbau an, damit unter dem Deckmantel dieser nützlichen und öffentlichen Funktion die erforderlichen Bauerlaubnisse und Infrastrukturen besorgt werden würden, was dann den Wert der restlichen Grundstücke enorm erhöhen würde. Doch diese Vorsicht erwies sich als überflüssig, in den 60er Jahren erhielten die Grundbesitzer und Baulöwen von der Stadtverwaltung alle nötigen Genehmigungen und bauten in den Jahren 1965–75 auf 43 Hektar eine Stadt mit 7800 Wohnungen für 30000 Einwohner. Das realisierte Bauvolumen von über 3 Millionen Kubikmeter übertrifft um fast ein Drittel die Angaben des eingereichten und genehmigten Planes. Entgegen den Vorschriften wurde auch das Niveau des Bodens nicht angehoben, so daß der Tiber bei Hochwasser über die Kanalisation in die Häuser dringt und die Abflüsse nur selten funktionieren. Im Mai 1971 kam es zum ersten, von den Hausfrauen organisierten Protest gegen Stadtverwaltung und Spekulanten, und nun beginnt der Kampf der Magliana, der bis heute dauert, der Signalwirkung hatte und zum Modell wurde für zahlreiche Häuserkämpfe und Versuche, die Einwohner der

römischen Peripherie (Peripherie, das bedeutet etwa 1 Million Einwohner) zu organisieren. (Beschreibung und Analyse dieser Erfahrung im Feltrinelli-Taschenbuch »La Magliana. Vite e lotte di un quartiere proletario«, 1977.)
Links von der Magliana sehen wir die Hochhäuser des sogenannten **EUR** aufragen, unter ihnen das »viereckige Kolosseum«, ein Würfel, dessen Arkaden bei guter Sicht von hier leicht zu sehen sind. Er wurde noch unter Mussolini fertiggestellt und bezeugt, wie eine Inschrift besagt, daß das italienische Volk ein »Volk von Helden, Heiligen und Seefahrern« sei. Mitte der 30er Jahre begann die Planung eines neuen, modernen Rom auf der Strecke der Via Imperiale von der Stadt zum Meer. Eröffnet werden sollte dieses Wunderwerk faschistischer Architektur zur Weltausstellung 1942 (daher der Name EUR, d. h. Esposizione Universale Roma). Am 28. April 1937 pflanzte Mussolini auf dem vorgesehenen Gelände die erste Pinie, die Bauarbeiten begannen, wurden aber während des Krieges unterbrochen, so daß das Gelände 1945 den Anblick eines riesigen, modernen Trümmerfeldes bot, auf dem einsam einige wenige, bereits fertiggestellten Gebäude standen. Zum größten Teil die gleichen Bürokraten, Planer, Architekten und Spekulanten führten dann in leicht geändertem Stil den Bau des Viertels in der Nachkriegszeit zu Ende. Das EUR ist heute das einzig wirkliche luxuriöse Wohn- und Verwaltungsviertel Roms, mit Villen, einem künstlichen See, Hochhäusern neben dem Kern der faschistischen, an die Plätze De Chiricos erinnernden Architektur. Rasche U-Bahn-Verbindung zum Zentrum.
Mit der faschistischen Romkonzeption eng verbunden ist der Begriff der »**Borgate**«, in sich abgeschlossene, in die Campagna eingestreute Siedlungen, die, bis sie von der Zementflut der 60er Jahre (vom Typ Magliana, Tiburtina usw.) eingeholt wurden, völlig isoliert lagen und einen besonderen Ring der römischen Peripherie bildeten. In diese Siedlungen wollte Mussolini vor allem die Bevölkerung einquartieren, deren Wohnungen der Sanierung des alten Rom zum Opfer fielen. Halb Stadt, halb Land, hat sich hier ein besonderer Proletariertyp entwickelt, der der eigentliche Held der frühen Pasolinischen Romane und Filme geworden ist. Es handelt sich um buchstäblich an den Rand der bürgerlichen Existenzweise gedrängte und in besonderen Vierteln isolierte Menschenmassen, die, um überleben zu können, ihre eigene »Un-

terwelt« aufbauen, sich autonom von der übrigen Gesellschaft organisieren, kriminalisiert und nur von der Polizei in Schach gehalten und dementsprechend drangsaliert werden. Der Fortschritt der 60er Jahre erstickte diese eigene Welt und ihre Kultur des Überlebens, des Menschseins unter der Decke einer einförmigen, unmenschlichen Welle von Konsum und Zement, unter der die Einsamkeit und Existenzunsicherheit dieses Proletariats weiter leben, aber nicht sein Widerstand und seine Phantasie. Im Namen dieses »Volkes« spricht Pasolini, wenn er im Dialog mit dem toten Gramsci jene vom Kapitalismus gezeichnete Konzeption des Fortschritts, die das Industrieproletariat sich anscheinend zu eigen gemacht hat, in Frage stellt.
Der Blick vom Testaccio unterscheidet die Borgate heute nicht mehr. Deutlich sichtbar hingegen sind die Zeichen der 60er und 70er Jahre: die Masse der gutbürgerlichen Wohnblocks auf dem Monteverde (der Verlängerung des Gianicolo) und die riesigen Appartementhäuser, die vor wenigen Jahren auf die letzten freien Flächen in Trastevere hingestellt wurden.

3. Blick von der Peterskuppel

Erst bei dem Spaziergang auf dem Dach der Kirche und beim Aufstieg zur Kuppel erlebt man die grandiose Masse dieses Bauwerks, überblickt man die Weite des vatikanischen Palastbezirks und begreift, daß diese Kuppel adäquater Ausdruck der Romideologie ist, d. h. der Idee einer universalen Religion und eines universalen Reiches. Im Gegensatz zu Goethe, der sich gerne als Maulaffe in diesem weltgeschichtlichen Theater von den Kornspenden aushalten ließ, stellte Luther zwar nicht die Frage des lesenden Arbeiters, aber doch die des aufstrebenden nationalen Bürgertums nach der Finanzierung der Romidee. Um den Bau der Peterskirche zu bestreiten, waren sogar besondere Steuern und Ablässe eingeführt worden. Die Kosten der »Hofhaltung« des Papstes trugen dazu bei, den Druck zu verstärken, unter dem vor allem die deutschen Bauern litten, bis sie zum großen Aufstand getrieben wurden.
»Wie über den Fürsten und dem Adel der Kaiser, so stand über den hohen und niederen Pfaffen der *Papst.* Wie dem

Kaiser der ›gemeine Pfennig‹, die Reichssteuern, bezahlt wurden, so dem Papst die allgemeinen Kirchensteuern, aus denen er den Luxus am römischen Hofe bestritt. In keinem Lande wurden diese Kirchensteuern – dank der Macht und Zahl der Pfaffen – mit größerer Gewissenhaftigkeit und Strenge eingetrieben als in Deutschland. So besonders die Annaten bei Erledigung der Bistümer. Mit den steigenden Bedürfnissen wurden dann neue Mittel zur Beschaffung des Geldes erfunden: Handel mit Reliquien, Ablaß- und Jubelgelder usw. Große Summen wanderten so alljährlich aus Deutschland nach Rom. (F. Engels, »Der deutsche Bauernkrieg«.)
Dem Blick von der Plattform der Kuppel in die vier Himmelsrichtungen bieten sich vier völlig verschiedene Bilder von Rom: vor uns, in der großen Schleife des Tiber, das Rom der Renaissance; so wird mit einigem Recht das Viertel zwischen Tiber und Via del Corso genannt; zur Linken, im Norden, das Rom der Piemontesen (das Viertel Prati mit den Kasernen); zur Rechten, gegen Süden, der Gianicolo, mit dem Tal der Via delle Fornaci und den Villen im Hintergrund; und rückwärts gewandt, gegen Westen, das neue Rom der christdemokratischen Verwaltung und Korruption, das sich in großem Halbkreis vom Gianicolo bis zum Monte Mario erstreckt. Diese vier Bilder entsprechen verschiedenen Phasen der nationalen Geschichte.
Im Rom der Renaissance, dem universalen, »ewigen« Rom, leben, wie in allen alten Städten, die Proletarier, eingenistet zwischen den großen Palästen, ja z. T. in den Palästen selbst, in den Poren der Keller und Erdgeschosse. Die Symbiose von reich und arm war funktional, denn die Reichen brauchten eine Vielfalt von Dienstleistungen, und die Armen lebten direkt von den Reichen. Im Rom von 1870 lebten von den 200000 Einwohnern ca. 60000 von der »Mildtätigkeit« der Klöster und Paläste. Mit deren Verarmung im Zuge der Entwicklung einer neuen, der bürgerlichen Gesellschaft, wurde dieses Band zwischen reich und arm zerrissen, und die Paläste, aber vor allem natürlich die Behausungen der Armen, verkamen zusehends. Um den sozialen und architektonischen »Knoten« von Palästen und Häusern aufzulösen, d. h. um physisch und sozial im Stadtzentrum Fuß fassen zu können, machte sich das Bürgertum, unter dem Slogan der »Sanierung«, an den Abbruch ganzer Häuserblocks. Diesem Zweck diente auch der Bau zweier Verkehrsadern, des Corso Vittorio und

des Corso Rinascimento (für unsere unsensiblen Augen sind das heute kleine Straßen), die zunächst das Zentrum dem Verkehr erschlossen und es mit dem neuen Stadtteil Prati verbanden. Zum Glück hat das zugereiste Bürgertum bis vor wenigen Jahren die Neubauten dem alten Gemäuer, in dem nichts funktioniert, vorgezogen, so daß der Großteil der Abbruchspläne auf dem Papier blieb. Erst vor etwas mehr als einem Jahrzehnt begann die systematische und kostspielige Restaurierung alter Palazzi im Stadtzentrum auf privater Grundlage. Die Mieten stiegen, und der Auszug der Proletarier aus dem Zentrum wurde nicht mehr, wie unter Mussolini, durch die Polizei, sondern sehr viel umfangreicher und stiller durch die Marktgesetze erzwungen.
Von der Kuppel sind ganz deutlich zwei, vom Faschismus geplante, aber erst in der Nachkriegszeit wirklich vollzogene Abbrüche zu sehen: rechts von der Engelsbrücke liegt die Brücke Vittorio Emanuele und rechts von ihr, für uns unsichtbar hinter den Ausläufern des Gianicolo, die Brücke Amedeo, die auf die Kirche S. Giovanni dei Fiorentini hinführt, deren Fassade und Kuppel wir sehen. Die Verbindung zwischen Brücke und Corso Vittorio ist ein Durchstich durch ein Gewirr alter Häuser. Aus der Nähe wirken die Abbruchstellen wie Zerstörungen durch einen Bombenangriff. Säuberlich abgerissen wurde hingegen der Mittelteil des Borgo, um den Bau der **Via della Conciliazione** (Straße der Versöhnung) zu ermöglichen, ein Produkt der Versöhnung von Kirche und Staat. Am 11. Februar 1929 war der Lateranvertrag, das neue Konkordat zwischen dem italienischen Staat und der Kirche unterzeichnet worden. Damit wurde der fast 60jährige Streit um die Einnahme des Kirchenstaates, um die »Gefangenschaft« des Papstes und die Konfiszierung bestimmter kirchlicher Güter beendigt. Das faschistische Regime wurde gestärkt, der Vatikan erhielt erheblichen Einfluß auf das öffentliche und politische Leben eingeräumt und eine Zahlung von 3 Milliarden Lire (für die damalige Zeit eine riesige Summe, die z. T. zur Finanzierung großer, kirchlicher Bauten diente, die mit dem gleichen Geist wie die Bauten des Regimes in das Grün des Gianicolo und anderer Hügel geklotzt wurden). Die Abbrucharbeiten an der Via della Conciliazione wurden 1937 begonnen (am gleichen Tag, an dem Mussolini im EUR eine Pinie pflanzte), während des Krieges, etwa nach einem Drittel der Arbeiten, unterbrochen und zum heiligen

Jahr 1950 vollendet. (Man beachte an den obeliskartigen Säulen die römische Zahl VII: bekanntlich führte das faschistische Regime eine neue, zweite Zeitrechnung ein – 1923 = I – auf die man bei genauerem Hinsehen immer wieder stoßen wird, übrigens auch bei Kirchenneubauten aus jener Zeit.)
Links von der Via della Conciliazione erkennen wir das Dächergewirr des erhalten gebliebenen **Borgo Pio**, wiederum ein »quartiere popolare«, d. h. ein Viertel des »niederen Volks« (und daher wie die meisten derartigen Viertel trotz der Nähe des Vatikans »rot«), und weiter links **Prati**, ein großer, rational angelegter Stadtteil, dessen Bau nach der Einigung Italiens begonnen und in der Zeit nach dem ersten Weltkrieg fertiggestellt wurde. Im Hintergrund der weiße Würfel des Außenministeriums, von hier relativ harmlos, aus der Nähe aber ein idealer Bau für eine Kafka'sche Bürokratie. Prati ist offensichtlich ein völlig unrömisches Viertel: regelmäßige Straßenzüge und Platanenalleen, homogene soziale Zusammensetzung der Bevölkerung, die überwiegend aus kleinen Beamten und Angestellten besteht, in der Mitte weitläufige Kasernen. So stellten sich eben die Piemontesen eine Stadt vor.
Doch obgleich dieser geschlossene Fremdkörper nichts mit dem ästhetischen und sozialen Charakter Roms zu tun hat, bleibt dieses Viertel zusammen mit dem EUR doch der beste Beitrag, den das neue Italien Rom gegeben hat. Wir brauchen uns nur weiter nach links zu drehen, um den Unterschied zwischen dem Viertel des alten, kleinkarierten Bürgertums und dem Viertel der Spekulation nach dem zweiten Weltkrieg zu sehen. Es entbehrt nicht der Ironie, daß der rückwärts gewandte Blick von der Peterskuppel so scheußlich ist. Es handelt sich um Scheußlichkeiten, für die der Vatikan indirekt durch seine massive Unterstützung der römischen Christdemokraten und direkt durch seine Beteiligung an großen Baufirmen und Immobiliengesellschaften verantwortlich ist.
Bis nach dem zweiten Weltkrieg war die Hügellandschaft hinter dem Vatikan eine seltsame Peripherie, in der Ziegeleien arbeiteten (ein verlassener Betrieb ist unterhalb der Villa Doria Pamphili noch zu sehen), in der Bauarbeiter und Taglöhner ihre Barackenwohnungen hatten und in der im Winter die Hirten aus den Abruzzen ihre Herden bis dicht an die Stadt weiden ließen. Die Viertel, die hier aus dem Boden gestampft wurden, waren für das »bessere« Bürgertum des qualifizierten Dienstleistungsbereichs bestimmt und werden auch vor-

wiegend von diesem bewohnt, vor allem auf dem Monte Mario und an den Hängen des Gianicolo. Trotzdem ist die städtebauliche Qualität hier wesentlich geringer als in dem für das »Kleinbürgertum« gebauten Prati. Der »signorile« (herrschaftliche) Charakter des Viertels wird nicht durch Verfügbarkeit von Raum, Luft und Licht dokumentiert, sondern durch Verwendung teuren Materials bei der Ausstattung der Eingangshallen, der Pförtnerlogen, der Aufzüge, Treppenhäuser usw. Das Bürgertum, dessen Ausdruck diese Neubauviertel sind (auch andere Viertel, vor allem Parioli, das wir hinter dem Pincio im Nordosten sehen, Monteverde, hinter dem Gianicolo im Südwesten, usw.) ist nicht einmal mehr entfernt Abglanz einer universalen oder Träger einer vitalen nationalen Idee, sondern ist Ausdruck eines reinen, selbst den Schein einer Legitimation entbehrenden Parasitentums. In der materiellen Situation dieser Funktionslosigkeit liegt die Erklärung für das asoziale Verhalten dieses Bürgertums, für seine tiefe Frustration und schließlich für die völlige Ineffizienz des Verwaltungsapparats, dessen Träger es ja ist. Wie soll sich auch in einer Stadt ohne Industrie, ohne moderne Hochfinanz, ohne moderne Forschung, also ohne Impulse aus der Entwicklung dieser Zweige, ein moderner Staatsapparat bilden können? Kein Zufall, daß diese Viertel Hochburgen der konservativen Christdemokraten oder der Faschisten sind und daß die Nahtstelle des Neubauviertels mit dem alten, kleinbürgerlichen Prati (nämlich die **Via Ottaviano** und die Piazza Risorgimento, direkt neben dem roten Borgo) strategische Sammelplätze der faschistischen Veranstaltungen und »Expeditionen« sind. Die deutlich voneinander unterschiedenen politischen Färbungen der römischen »quartieri« sind auch für den aufmerksamen Touristen wahrnehmbar – nämlich durch die Spraydosen-Slogans an den Häuserwänden.
Schließlich der Blick nach Süden, auf den Gianicolo und das Gelände der Villa Abamelek und der Villa Doria Pamphili. Hier, zwischen Pinien und Lusthäusern, verteidigte vor 130 Jahren der beste Teil des aufstrebenden, jungen Bürgertums unter dem Befehl von Garibaldi die römische Republik. Im November 1848, während in ganz Europa und, was Italien betrifft, vor allem in Sizilien und im damals österreichischen Venetien und der Lombardei Kämpfe für die verfassunggebende Versammlung und gegen die Fremdherrschaft stattfanden, wurde in Rom ein Minister der päpstlichen Regierung

ermordet. Wenige Tage darauf floh der Papst nach Gaeta. Im Februar wurde unter der Führung Mazzinis die römische Republik ausgerufen. Im April landete Frankreich ein Expeditionskorps in Civitavecchia, das dem Papst zu Hilfe eilen sollte. Unter der Führung Garibaldis, der nach der Niederlage in Oberitalien hierher geflohen war, bereitete die Republik ihre Verteidigung vor. Der Gianicolo und der Park der Villa Doria Pamphili wurden im Juni zum Schlachtfeld gegen die Franzosen, die nach diesem Sieg bis zum deutsch-französischen Krieg und zur Schlacht von Sedan Ende August 1870 Rom besetzt und die weltliche Herrschaft des Papstes aufrechthielten. Die Schlacht bei Sedan veränderte das internationale Kräfteverhältnis so, daß die italienischen Patrioten nur noch der Form halber eine Bresche in die aurelianische Mauer bei der **Porta Pia** schlagen mußten, um Rom zu erobern (20. September 1870).

Italien und Deutschland sind diejenigen unter den größeren Ländern, die als letzte die kleinen Fürstentümer beseitigten und einen Nationalstaat schufen. Beide in den Jahren 1870/71, beide nicht durch eine vom Volk getragene Revolution, sondern durch eine »Revolution von oben« unter Führung einer inneren Hegemonialmacht, hier Piemont, dort Preußen.

Mir ist der Blick von der Kuppel auf den Gianicolo besonders lieb, nicht nur weil er ahnen läßt, wie die Hügel- und Parklandschaft der römischen Peripherie noch vor ein paar Jahrzehnten ausgesehen haben mag, sondern auch aus folgendem Grunde: wie man den Bau der Peterskirche im Gegenlicht der Bauernkriege sehen kann und sollte, läßt sich die römische Republik und ihre Verteidigung auf dem Gianicolo (im historischen Roman »Garibaldi« beschrieben von Ricarda Huch) erst im Kontext der europäischen Ereignisse richtig erkennen. Die grünen Hügel da drüben sind ein Schauplatz von Kämpfen, die vor 130 Jahren das ganze demokratische Europa verbanden. In den gleichen Wochen, in denen Garibaldi hier Rom verteidigte, erfolgte die Erhebung in Baden und der Pfalz. Während die heutige parasitäre Bourgeoisie, die wir an Hand ihrer Wohnviertel zu beschreiben versuchten, nichts mehr, rein gar nichts mehr mit Europa zu tun hat – außer daß sie darauf wartet, daß sich vielleicht in Brüssel Geldquellen auftun –, waren die Handwerker, Intellektuellen und aufstrebenden Bürger der Jahre 1848/49 trotz ihres Zieles einer nationalen Republik echte Internationalisten (ähnlich internationalistisch waren in der neueren europäischen Geschichte nur noch die Rätebewegung 1917–21 und die »Studentenbewegung« 1968/69). Wie rasch und konkret sich die Fäden zwischen der italienischen und der badischen Erhebung knüpfen, zeigt folgende Geschichte.

Offenburg, die Stadt, in der ich geboren und aufgewachsen bin, war eines der Zentren der demokratischen Bewegung in Baden. Obgleich die Stadt diese Erinnerung in ein interessantes, aber gerade in dieser Abteilung muffiges Heimatmuseum verdrängt hat, beschäftigte ich mich ausgiebig mit der Erhebung von 1849 und wunderte mich über die Tatsache, daß ein Ausländer, ein Pole mit Namen Mieroslawski, im Juni den Oberbefehl über die badischen Freischaren hatte (er logierte im Gasthof Fortuna, bevor er in die Schweiz und weiter nach Frankreich fliehen mußte). Diesem Mann begegne ich nun wieder beim Studium des Risorgimento, und zwar im Frühjahr 1849 als Oberbefehlshaber der aufständischen Truppen in Sizilien. Jener Aufstand wurde im April, nach der Bombardierung von Messina und nach Straßenkämpfen in Palermo, blutig von den Bourbonen niedergeschlagen. Mieroslawski muß – ohne bei Garibaldi am Gianicolo vorbeizuschauen – direkt von Sizilien nach Baden geeilt sein. (Er war nach dem Aufstand in Posen 1846 in Berlin zum Tode verurteilt und dann zu lebenslänglich begnadigt worden, wurde während der Märzereignisse '48 aus dem Gefängnis befreit, wurde nach den Kampagnen in Sizilien und Baden noch einmal 1863 während des polnischen Aufstandes zum »Diktator« ernannt, konnte sich ein paar Tage halten und starb 1878 im Exil in Paris.) Friedrich Engels, der den Feldzug in der Pfalz und in Baden mitgemacht hatte, schildert sehr frei die seltsame und oft widersprüchliche Versammlung revolutionärer Figuren, die anläßlich solcher Erhebungen aus allen Teilen Europas zusammenkamen. Kurz bevor er als Freiwilliger in die Pfalz abreiste, brachte er am 24. Februar auf einer von zwei- bis dreitausend Leuten besuchten politischen Veranstaltung in Köln den Trinkspruch aus: »den kämpfenden Italienern, vor allem der römischen Republik«.

4. Die Promenade vom Pincio zur Spanischen Treppe. Die Anlage des barocken Rom. Die Villen. Piazza di Spagna.

Die Promenade, die vom Pincio zur Kirche Trinità dei Monti und zur Spanischen Treppe führt, liegt unmittelbar über dem »barocken Rom«, d. h. dem Teil der Stadt, der im 16. Jahrhundert völlig neu angelegt wurde. Rom war nach der Rückkehr der Päpste aus Avignon (1376) ein Ort, wo 20000–30000 Menschen ein paar Dörfer (Stadtviertel) bewohnten, die verstreut in einem riesigen Ruinenfeld lagen. Die Residenz des Papstes war der Lateran, während in den zu Burgen verwandelten Ruinen (Marcellus-Theater, Porta Maggiore, Traians-Forum usw.) oder in befestigten Palästen die großen adeligen Familien herrschten bzw. sich befehdeten. Papst Nicolas V. (1447–1455) wurde offensichtlich der Lateran zu unsicher, und er verlegte seine Residenz ans andere Ende der Stadt, auf den Hügel des Vatikan, unter den Schutz der **Engelsburg**, die bis zum Ende der päpstlichen Herrschaft die bedeutendste Festung und der sicherste Platz Roms blieb (deshalb auch Staatsgefängnis). Wie weise dieser Entschluß war, zeigt sich, als Karl V. 1527 Rom eroberte, die Stadt den spanischen und deutschen Landsknechten unter Frundsberg zur Plünderung überließ (Sacco di Roma) und den Papst in der Engelsburg belagerte. Gefangener der Engelsburg war damals Benvenuto Cellini, und der Papst bot ihm die Freiheit, wenn er seine technischen Kenntnisse in den Dienst der Verteidigung der Burg stellte; nachzulesen ist das – dramatisch, anschaulich – in dessen von Goethe übersetzter Autobiographie.

Nach der Katastrophe nahmen die Päpste ihre mit der Renaissance vor allem in der Tiber-Altstadt begonnene Bautätigkeit wieder auf und erschlossen neue Ruinenfelder. Zwei Drittel der von der Aurelianischen Stadtmauer (deren Beginn wir am Fuße des Pincio neben der Porta del Popolo erkennen und deren Ende wir am Testaccio sahen) umgrenzten Fläche waren noch unbewohnt. Die wichtigsten Bezugspunkte, auf die die Päpste seit dem 16. Jahrhundert hinbauten, waren: der Lateran, der Vatikan, die 1574 begonnene Sommerresidenz des Papstes auf dem Quirinal (heute Sitz des Staatspräsidenten) und die Porta del Popolo. Neben diesem Neubauviertel gab es natürlich auch große barocke Eingriffe in der Renaissance-Altstadt: die Chiesa Nuova, die Piazza Navona und, manch-

<u>*Das barocke Straßennetz*</u>

aus: Italo Insolera/Italo Zannier: „Il quartiere barocco di Roma“, Rom 1967

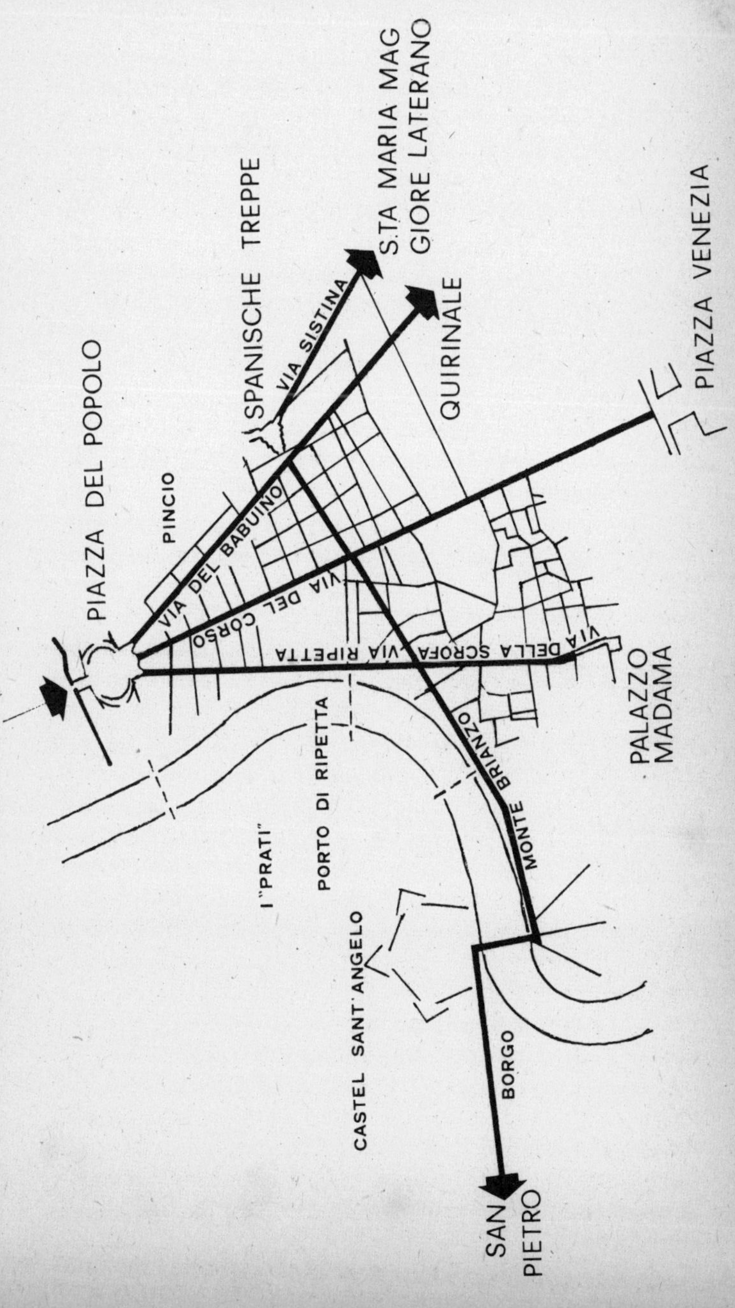

mal übersehen, der Platz vor der Kirche S. Ignazio, dessen Kulisse das militante Schauspiel der Gegenreformation ankündigt. (Die Kirche wurde zu Ehren des Hl. Ignatius von Loyola errichtet, der in der Hauptkirche der Jesuiten, in der nahen Chiesa del Gesù begraben liegt.)

Zur Erschließung des barocken Viertels legten die Päpste zunächst einmal eine Verkehrsader von der Porta del Popolo nach Sankt Peter. Die Porta del Popolo war das einzige große Tor, durch das die Verbindung zum Norden ging: auf der Cassia über Siena–Florenz (die Aurelia war in den Maremmen versumpft, die Flaminia umständlich und unsicher). Die neue Straße folgte dem Tiber in einem stumpfen Winkel: Via Ripetta–Via Monte Brianzo–Tor di Nona–Engelsbrücke. Sie berührte den Flußhafen (Porto di Ripetta) und das Viertel der Gasthöfe (Monte Brianzo). Heute noch erhalten ist (als Nightclub) die Osteria dell'Orso, in der Dante, Montaigne, Rabelais, Goethe und andere Reisende abgestiegen waren. In der Folgezeit wurde die Via Monte Brianzo als Querverbindung zur Trinità dei Monti verlängert (die heutige Via Condotti und Via Fontanella Borghese) und dem Hügel entlang, in Richtung Quirinal, die Via Babuino gebaut. Schließlich verband Sixtus V. gegen Ende des Jahrhunderts, als Rom bereits 100000 Einwohner hatte, das barocke Viertel mit dem Quirinal und dem Lateran mittels der Via Sistina, Via delle Quattro Fontane, Via Depretis und Via Merulana. Diese, mit Obelisken und Brunnen geschmückte, heute völlig zerstückelte Achse (die Vielzahl der Straßennamen zeigt diese Zerstückelung, während diese Achse ursprünglich einfach Strada Felice hieß) bildete, zusammen mit dem zur Hauptstraße ausgebauten Corso und den bereits genannten Arterien, das wichtigste Straßennetz, das die gesamte Stadtentwicklung bis 1871 bestimmte (nach 1870 wurden Hauptachse der Stadt die neue Via Nazionale und deren Verlängerung in das Renaissance-Viertel, der Corso Vittorio Emmanuele; diese Umorientierung sollte das Stadtbild und den Verkehrsstrom grundlegend verändern).

Um das durch dieses Straßennetz erschlossene, aus Weingärten und Ruinen bestehende Gelände auszufüllen, hatten die Päpste ein paar Jahrhunderte zu bauen, und so entstand ein elegantes, barockes Neubauviertel, in dem sich die entstehende römische Bourgeoisie, die Fremden (besonders Engländer), sowie Intellektuelle und Künstler niederließen (in der engeren und weiteren Umgebung der Piazza di Spagna wohnten Rubens, Poussin, Winkelmann, Goethe, Lamartine, Keats, Byron, Thackeray, Liszt und, bis zu seinem Tode 1978, der Maler Giorgio De Chirico). Natürlich wohnten hier auch kleine Handwerker, Dienstleister und Gewerbetreibende. Bis heute ist dieses Viertel ein elegantes Einkaufsviertel geblieben. Allerdings wurden die »kleinen Leute«, die in den Straßen um die Via Condotti und Via Frattina wohnten, in den letzten Jahrzehnten systematisch vertrieben, und die Läden der Handwerker wurden in exklusive Boutiquen umgewandelt.

Am Rande dieses Viertels, also an der damaligen Peripherie, wurden prächtige Villen und Parks angelegt. Die Villa Medici ist die älteste unter ihnen, ihr folgte die Villa Borghese, die Villa Ludovisi, die Villa Malta, die Villa Barberini u. a. Die **Villa Ludovisi** soll nach Reiseberichten aus dem 19. Jahrhundert eine der schönsten Villen der Welt gewesen sein (sowohl nach Henry James als auch nach Hermann Grimm, der über die Zerstörung Roms einen Aufsatz schrieb). Ihr jahrhundertealter Park wurde abgeholzt, um Raum für das Neubauviertel der **Via Veneto** zu schaffen, die heute ohne Dolce Vita als traurige Hotel-Promenade von der Porta Pinciana zur **Piazza Barberini** führt, auf der, als Relikt der ehemaligen Garten- und Straßenpracht, völlig der neuen Umgebung entfremdet, der Tritone, ein Brunnen von Bernini, steht. Den ebenfalls von Bernini stammenden Bienenbrunnen an der Ecke zur Via Veneto bemerkt man schon gar nicht mehr. Von der Via Sistina bis zur Via Nomentana und rings um Rom herum erstreckte sich dieser prächtige Villengürtel, von dem hie und da kümmerliche Reste erhalten sind, manchmal versteckt zwischen hohen Mauern, manchmal als mehr oder weniger heruntergekommener öffentlicher Park, manchmal als völlig verelendetes Relikt. Wer nicht nur genießen will, sondern die Frage stellt, was hätte man aus diesem Villengürtel machen können, was ist aus ihm geworden, wie kann sich die Bevölkerung die heutigen Reste aneignen (nicht nur als Grünfläche, sondern auch als Kunstwerk), sollte, um sich ein Bild zu machen, einen Blick von der Via Savoia auf den Park der Villa Albani werfen; in der Via Nomentana, die eben erst von der linken Gemeindeverwaltung erworbene und dem Publikum geöffnete neo-klassische **Villa Torlonia** besuchen (zeitweise Privatwohnung von Mussolini; 1806 von Valadier begonnen; prächtiger

Villa Altieri, ca. 1852

Palmenhain) und schließlich am Beginn der Via Manzoni, auf dem Weg von Santa Maria Maggiore zum Lateran, die Reste der Villa Altieri und unweit von ihr in der Via Boiardo, die Villa Massimo (mit Fresken der Nazarener) anschauen. Ein »Villenspaziergang« führt also vom Pincio quer durch die ganze Villa Borghese, zur Villa Albani und von da zur Villa Torlonia (diesen, zu Fuß anstrengenden, zum Teil durch moderne Stadtviertel führenden Weg macht man am besten mit dem Fahrrad, das man sich auf dem Pincio in der Ecke Aurelianische Mauer/Via Medici stundenweise mieten kann). Wer mehr am Kunstgenuß als an der Villenproblematik interessiert ist, mache den Rundgang Pincio Galleria Borghese – Museo di Villa Giulia (und evtl. Galleria dell'Arte Moderna).
Die **Piazza del Popolo,** unmittelbar am Fuße des Pincio, ist mit den zwei Cafés Rosati und Canova einer der wichtigsten Treffpunkte in Rom. Die Anlage des Platzes scheint aus einem Guß zu sein, ist es aber nicht. Wie die Stadtgürtel und Paläste, so hat auch dieser Platz seine lange Baugeschichte, seine Ablagerungen, die von den päpstlichen Architekten zu immer neuen Harmonien zusammengefaßt wurden. Zuletzt wurde er von Valadier in den Jahren 1809–1820 im Auftrag Napoleons neu gestaltet. Napoleon war der letzte Eroberer, für den Rom noch einen »Firmenwert« hatte und der deshalb seine Architekten zahlreiche Pläne zur Erneuerung des Stadtbildes entwerfen ließ. Die Porta del Popolo gehört zur Aurelianischen Mauer, mehrere Päpste verschönerten sie und hinterlie-

ßen über dem Eingang ihre Visitenkarte: die sechs Kugeln der Medici, ganz oben der Stern der Chigi. Das frühe Mittelalter baute neben dem Tor Kirche und Kloster Santa Maria del Popolo, wo viele Pilger Aufnahme fanden, unter ihnen auch Martin Luther. Das Kloster erstreckte sich dem Hang entlang und wurde bei der Verschönerung des Hügels zum Teil abgerissen. Ende des 16. Jahrhunderts wurde der Obelisk, der vorher im Circus Maximus lag, hier aufgestellt. Im 17. Jahrhundert wurden die Kirchen zu beiden Seiten des Corso gebaut. Anfang des 19. Jahrhunderts wurde als symmetrisches Gegenstück zur Kirche Santa Maria die heutige Carabinieri-Kaserne errichtet, so symmetrisch, daß auch die kleine Kuppelkapelle nicht vergessen wurde. Der Platz wurde zu zwei Halbrunden ausgeweitet, die Auffahrt und die Terrasse des **Pincio** wurden angelegt. In den Gärten steht ein hübsches, neo-klassisches Café, die Casina Valadier (teuer), hübsch vor allem, um draußen zu sitzen. Andere Cafés liegen im Grünen längs der Promenade zur Villa Medici und zur Spanischen Treppe. Der Park der **Villa Medici** ist an bestimmten Tagen zu besichtigen und ist sehenswert. Goethe war in Rom, als 1787 oberhalb der Spanischen Treppe der kleine Obelisk aufgestellt wurde, wobei im aufgeschütteten Erdreich Scherben und andere antike Reste zum Vorschein kamen, denn hier lagen einst die prächtigen Gärten des Lukullus.
Wir haben die Anlage Roms bisher von bestimmten Punkten der Peripherie zu überschauen versucht, und auch die Spanische Treppe war Peripherie, Stadtgrenze, eine Treppe, die ins Freie, in eine großzügige Villenlandschaft führte (z. B. brach die Aristokratie noch bis zum ersten Weltkrieg von hier zu ihren Fuchsjagden in die Campagna auf). Aber die **Spanische Treppe** und der Spanische Platz waren immer auch zentrale Stellen für Rom-Besucher und verdienen daher einige Bemerkungen, zumal es zur Spanischen Treppe einen leider etwas enttäuschenden, alternativen Reiseführer gibt (Roland Günter, Wessel Reinink, Janne Günter, »Rom – Spanische Treppe. Architektur – Erfahrungen – Lebensformen«, VSA 1978), der sich mit der besonderen Kommunikationsqualität der Treppe befaßt. (Der städtebauliche Kontext der Spanischen Treppe ist im 1967 vom Touring-Club herausgegebenen und leider vergriffenen »Il quartiere barocco di Roma« von Italo Insolera dargestellt.) Nachdem im 16. Jahrhundert das Straßennetz der modernen barocken Neustadt festlag,

machten sich die Päpste daran, dieses Muster würdig auszufüllen. Sie errichteten Brunnen (vor allem zur Wasserversorgung und dann erst zur Zierde), sie verschoben Obelisken und Statuen (das war ein sehr beliebtes Architektenspiel), und es entstanden vor allem drei größere Bauten: die Anlage des Porto di Ripetta (1703), die Spanische Treppe (1723–1726) und die Fontana di Trevi (1733–1747).

Der **Porto di Ripetta,** der in der Stadt gelegene Flußhafen, befand sich auf der Höhe der Spanischen Treppe und wurde nach der Tiber-Regulierung, als der Hafen durch moderne Transportmittel überflüssig wurde, beim Bau der Cavour-Brücke einfach demoliert. Heute steht dort die Ara Pacis, und der reizende Balkon des Palazzo Borghese schaut auf eine Straßenkreuzung anstatt auf das malerische Hafenleben. Die Treppen, die vom Fluß hoch zum Ufer führten, mußten so gebaut werden, daß Träger und Tiere bequem aufsteigen und an manchen Absätzen verweilen konnten. Diese Anlage und nicht die absolutistische hierarchische Konzeption der Empfangstreppe wurde zum Vorbild der Spanischen Treppe. Mit der Berücksichtigung der Bedürfnisse derer, die die Treppe täglich benutzen, erweist sich die Spanische Treppe als »ein Stück Vorrevolution, ähnlich den späteren Mozart-Opern. Oberflächlich gesehen, ist (wie auch bei Mozart) alles noch ganz feudal – unter der Hand schlüpfen aber die neuen Möglichkeiten durch das mürbe gewordene Netz der alten Ordnung«. (Günter/Reinink/Günter).

Die **Fontana di Trevi,** heute durch den Kahlschlag der Via del Tritone von der Spanischen Treppe getrennt, ist ein mehrmals unterbrochenes, von verschiedenen Architekten bestrittenes und doch wie aus einem Guß dastehendes Teamwork. Wie sein Vorgänger sollte der neue Brunnen das sogenannte Acqua Vergine auffangen, Wasser, das aus einer von Agrippa für seine Thermen gebauten Leitung nach Rom fließt und der Versorgung des barocken Viertels dient. Von hier geht ein Teil des Wassers weiter zur Spanischen Treppe und wird in der **Barcaccia,** dem Brunnen von Bernini, aufgefangen und der Bevölkerung zugänglich gemacht. Bernini hatte diesen Brunnen 1628 gebaut, ein Jahr nach dem katholischen Sieg gegen die französischen Protestanten (letzter Akt: die Einnahme der Inselfestung La Rochelle), und daher ist es möglich, diesen Brunnen nicht nur als das Schiff des Petrus, sondern auch als Siegesdenkmal zu interpretieren, zumal er sich in der Nähe des Palastes befindet, der Sitz des gegenreformistischen Instituts für Glaubenspropaganda (Istituto Propaganda Fide) ist.

Andere weisen auf die Nähe des Tiber-Hafens hin und meinen, Bernini habe sich daran inspiriert. Unabdinglich zum Verständnis des Brunnens ist jedoch die Kenntnis einer einfachen Tatsache: der Wasserdruck des vom Trevi-Brunnen hierherfließenden Wassers ist sehr niedrig, Bernini mußte daher seinen Brunnen sehr tief legen, eine entsprechende Form finden und auf hohe Fontänen oder auf von oben spritzendes Wasser verzichten. Er hat in der Barcaccia eine Lösung gefunden, deutet mit dem Wasserstrahl den Mast an und läßt aus den Öffnungen für die Ankerketten (Kanonen?) an Bug und Heck das Wasser fließen. Auf dem Platz direkt vor dem Palazzo der Propaganda Fide steht die Mariensäule, die Pius IX. am 8. Dezember 1854 errichten ließ. Der Marienkult und insbesondere das an jenem Tag verkündete Dogma der unbefleckten Empfängnis waren die Antwort der Kirche auf ihre schwindende weltliche Macht. Dic Errichtung der Säule, so sagt der größte Rom-Kenner des 19. Jahrhunderts, Ferdinand Gregorovius, war die Antwort auf die Römische Republik von 1849.

5. Das Kapitol: Blick über die Kaiserforen, zum Palatin, zur Tiber-Insel und zur Synagoge.

Den **Corso** hat es seit der Antike als großen Straßenzug immer gegeben. Die barocke Stadterweiterung wertete ihn als zentrale Achse enorm auf und förderte seine Besetzung mit großartigen Palästen. Der Corso schloß allerdings nicht so pompös ab wie heute, sondern mündete in einem Häusergewirr, das abgerissen wurde, um dem »**Altar des Vaterlandes**« Platz zu machen. Die Stadtentwicklung im Mittelalter und im Barock hatten das Kapitol im Abseits liegengelassen, und der Hügel war Ausgangspunkt für Spaziergänge in die Trümmerlandschaft der Kaiserforen und des Kolosseums. Die Foren hießen bis ins 20. Jahrhundert Campo vaccino, Kuhweide, und sie waren es auch. Also selbst das Kapitol war Peripherie, und unmittelbar hinter dem Hügel begann wieder der Villengürtel, die Villa der Farnese auf dem Palatin, die Villen auf dem Celio usw. Von der anderen Seite des Kapitol blickt man auf das Marcellus-Theater und auf das Ghetto (mit der viereckigen Kuppel der Synagoge), auf die Tiber-Insel und das auf dem anderen Flußufer liegende Trastevere. Forum – Palatin – Kolosseum und Marcellus-Theater – Portico d'Ottavia im Ghetto – Tiber-Insel – Trastevere, das sind die zwei Spaziergänge, die man von hier aus unternehmen sollte. Und natürlich sollte man auch einen Spaziergang auf dem Kapitol selbst machen.

Das neue Königreich Italien machte das Kapitol und die Piazza Venezia zum Zentrum der Stadt, nahm umfangreiche Abrißarbeiten vor und baute den klotzigen »Altar des Vaterlandes« mit dem Grabmal des Unbekannten Soldaten. Die kitschige Monumentalität ist auch zu sehen als der Versuch des neuen National-Machtstaates, Größeres und Schöneres zu bauen, als die Päpste es in dem nun nicht mehr ihnen gehörigen Rom getan hatten. Mussolini machte dieses Monument und die Piazza Venezia zum Zentrum seiner Machtdemonstrationen, ließ dazu auch eine Prachtstraße quer durch die Kaiserforen legen, und die faschistischen Drahtzieher der Strategie der Bomben ließen am Altar des Vaterlandes, synchron mit dem Bombenattentat in Mailand, im Herbst 1969, ein paar Bomben hochgehen (um den Verdacht auf Anarchisten und andere Revolutionäre zu lenken, denn nur diesen war ein Attentat auf das Symbol des Staates und der Nation zuzutrauen).

Ludwig Curtius, 1928–1938 Direktor des deutschen archäologischen Instituts, das sich bis zum zweiten Weltkrieg auf dem Kapitol befand, schildert in seinem Buch »Deutsche und antike Welt« die Umwälzung des Stadtbildes während der ersten Jahrzehnte dieses Jahrhunderts:

»Das Rom, das ich bei meinem Amtsantritt wiederfand, war ein ganz anderes als jenes, das ich in meinen Studentenjahren und nachher vor dem ersten Weltkriege kennen und lieben gelernt hatte. Äußerlich war es als Millionenstadt weit über seinen früheren Umfang gewachsen und wuchs weiter. Aber die häßlichen neuen Volksquartiere der Vorstädte mit ihren um enge sonnenarme Höfe aufwachsenden zehnstöckigen Mietskasernen bewiesen allein durch ihre Existenz dem, der es noch nicht wußte, daß der Diktator von dem Geiste eines wirklichen modernen Sozialismus der Volkswohlfahrt weit entfernt war, und die allzeit überfüllten, unzulänglichen Verkehrsmittel erwiesen, daß ihm die Fähigkeit abging, das Ungeheuer der modernen Großstadt, das er selbst hervorgerufen, zu bändigen. Die großen Straßendurchbrüche mit ihren perspektivischen Effekten, die Platzregulierungen mit ihrer rationalen Geometrie vernichteten erbarmungslos in allen Teilen der Ewigen Stadt die Intimität des geschichtlich Zusammengewachsenen von antiker Ruine, mittelalterlicher Kirche und Palast oder Hütte, die den nur ihr eigenen Zauber ausmachte. Daß sich dabei ein so großartiges Panorama ergab wie der Blick auf die Kaiserfora und den Palatin von der neuen Via del Impero aus, die vom Palazzo Venezia zum Kolosseum führt, war mehr Zufall als Plan. Denn die Straße wurde nicht in ästhetischer Absicht, sondern in politischer für die Massenentfaltung faschistischer Aufzüge angelegt. Das Interesse des Duce an unserer archäologischen Erforschung war nur politisch und äußerlich. Es wäre leicht gewesen, bei dem Bau jener Straße die heute noch unter Erde liegenden Teile des Forums des Julius Cäsar und jenes des Trajan auszugraben und die Straße als Brücke über sie hinwegzuführen. Aber der Diktator, dem es nur auf die nächste Demonstration seiner Macht ankam, drängte zur Eile, und die Ausgrabung blieb stecken. Als er die Via dei Trionfi eröffnete, die vom Kolosseum unterhalb des Palatin zum Zirkus Maximus führt, fiel ihm ein vor dem Konstantinsbogen stehender unscheinbarer spitzer Kegel aus Backsteinen auf, der die Straßenachse störte. Er befahl kurzerhand, ihn wegzuräumen, was sofort geschah. Niemand in seiner Umgebung hatte den Mut, ihm zu sagen, daß das Mauerwerk der Rest der berühmten Meta sudans des Domitian war, den die Jahrhunderte hatten bestehen lassen. Diese bescheidene Ruine war freilich glanzlos, war kein Kunstdenkmal mehr, sondern nur ein Objekt archäologischer Pietät. Schlimmer ist die Zerstörung der Wirkung großer, auf der Situation und der Proportion beruhender Architektur. Die Kapitolinische Treppe des Michelangelo führte früher zur souveränen Größe des Kapitolsplatzes aus einem engen Quartier mit schmalen Zugangsstraßen empor. Die kleine wohlabgegrenzte Piazza d'Aracoeli diente ihr als Sprungbrett. Jetzt ist diese vernichtet. Ein leerer Platz, der beim Palazzo Venezia beginnt, macht sich breit wie fades Schwemmland, eine sogenannte »Verkehrsader« führt zur Treppe und erniedrigt sie. Der Sinn des alten Petersplatzes war festliche Befreiung durch die Weite nach der Enge des davorliegenden Borgo. Mit der Niederlegung seiner unscheinbaren Häuser ist die alte Kontrastwirkung aufgehoben. Die Straße, welcher der Verkehr fehlt, der ihre Breite rechtfertigen würde, klafft wie ein leerer Schlund, und die an ihr neu errichteten Paläste sind klägliche Zeugen der Unfähigkeit ihrer Architekten zum monumentalen Stil. Kolosseum und Marcellustheater haben, in eine lange perspektivische Sicht einbezogen, das Überraschungsmoment ihrer wuchtigen Größe verloren. Die alte Piazza Montanara mit ihrem Campagnolen- und Osterientreiben ist jetzt so langweilig geworden wie die Bürokraten, die in den neuen faden Verwaltungspalästen an ihren Akten schreiben. An der Piazza Bocca della Verità hat ein Ordnungsmeier kleine Grasstückchen abgesteckt und eingezäunt, den Platz aufgeteilt und zerschnitten, als wäre er ein geometrisches Zusammensetzspiel, und alle organische Poesie des herrlichen Zusammenspiels von Kirche, Brunnen und antiken Tempelchen ist zerstört. Überall wurde das fein säuberlich herausziselierte Monument isoliert und abgestecktes Museumsstück.«

Vom Kapitol zum Portico d'Ottavia sind es nur ein paar Schritte. Hier befindet man sich mitten im **Ghetto** und ißt vorzüglich, vor allem bei »Giggetto« oder auf dem Hügel der Cenci »Da Piperno« (teuer) gefrittetes Gemüse und carciofi alla giudea (Artischocken).

Hier befand sich seit dem Edikt Papst Pauls IV. von 1535 das Ghetto – an einer Stelle, wo die Juden schon im alten Rom seit vorchristlicher Zeit gewohnt hatten. Und sie blieben hier auch relativ ungehindert wohnen nach der Einnahme Jerusalems und der Zerstörung des Tempels unter Titus im Jahre 70, der diesen Triumph auf dem Titus-Bogen – noch heute für jedermann sichtbar – feierte (der siebenarmige Leuchter, die Menorah, ist das prominenteste Stück der in der Prozession gezeigten Tempelschätze).

Wie überall in Westeuropa waren auch die italienischen bzw. in besonderer Weise die römischen Juden im 19. Jahrhundert aktiv auf seiten der liberal-bürgerlichen Bewegung, von der sie sich den Ausbruch aus dem Ghetto versprachen. Sie kämpften 1848/49 auf seiten der Republikaner Mazzinis und Garibaldis für die kurzlebige Römische Republik (wofür sie nach dem Sieg der päpstlich-französischen Truppen hart bestraft wurden) und dann wieder 1870 an der Seite der nationalen Monarchie. Aber im Unterschied etwa zu Deutschland gab es nach ihrer Emanzipation keinen virulenten Antisemi-

tismus – eher das Gegenteil: sie waren fest integriert in die bürgerliche Gesellschaft, stellten hohe Beamte, Offiziere und gehörten zur Hofgesellschaft. Ein Jude, Luigi Luzzatti, wurde 1910 Premierminister. Das Ghetto selbst wurde weitgehend abgerissen (heute würden wir sagen »saniert«), anstatt vier kleiner Synagogen wurde die noch heute bestehende große Synagoge 1904 eingeweiht, deren Ausmaße nicht zuletzt als indirekte Kritik an der päpstlichen Diskriminierungspolitik verstanden wurden; ihre Kuppel ist weithin sichtbar.
Auch der italienische Faschismus war ursprünglich alles andere als antisemitisch: fünf der Gründer der »Fasci di Combattimento« (1919) und 230 Teilnehmer des »Marsches auf Rom« (1922) waren Juden. Erst gegen Ende der dreißiger Jahre wurde der Antisemitismus auf deutschen Druck hin langsam und gegen große interne Widerstände sowohl seitens der Faschisten als auch der allgemeinen bürgerlichen Öffentlichkeit in mehr oder weniger persönlicher Regie Mussolinis nach Italien importiert. Nicht zufällig jedoch gab es keine Konzentrationslager, sondern es wurden »lediglich« die alten kirchlichen Regelungen zur Ausschaltung der Juden aus dem gesellschaftlichen Leben studiert und wiederbelebt. Als die deutschen Truppen im September 1943 Rom besetzten, befahl der später Verantwortliche für die Massaker in den Ardeatinischen Höhlen, Kappler, zwei Vertreter der jüdischen Gemeinde zu sich und bot ihnen an, bei Ablieferung von 50 kg Gold innerhalb von 36 Stunden von einer Deportation abzusehen. In kürzester Zeit sprach sich diese Ungeheuerlichkeit in Rom herum, und es gelang in der Tat, in der Synagoge dieses Gold zusammenzutragen, woran sich auch zahlreiche nichtjüdische römische Bürger und nicht wenige Priester aktiv beteiligten. Die Verhandlungen und die pünktliche Ablieferung des Schatzes fanden in dem noch heute als Gedenkstätte zu besichtigenden Hauptquartier der SS in der Via Tasso statt. Trotzdem umstellten am 16. Oktober 1943, einem Sonnabend, 5 Uhr früh, deutsche Truppen die Synagoge und den Portico d'Ottavia (wo sich heute eine Gedenktafel befindet) und verhafteten rücksichtslos innerhalb weniger Stunden alle jüdischen Bürger, derer sie habhaft werden konnten: um 13 Uhr war die Aktion abgeschlossen, und 1127 Menschen, darunter 800 Frauen und Kinder, wurden auf Lastwagen und später Züge verladen zum Transport in die Vernichtungslager. Nur 73 Männer und 28 Frauen sollten nach dem Kriege

zurückkehren. Innerhalb eines Tages versteckten die Römer in größter Hast etwa 4000 Juden, die nicht im Ghetto gewohnt hatten, in ihren Wohnungen, in Klöstern und in Kirchen – und zur Ehre des niederen Klerus muß gesagt werden, daß dieser sich besonders hilfsbereit zeigte im Kontrast zur Politik des Vatikans. Wie schwierig bzw. mit wieviel Gefahr das verbunden war, mag aus der Tatsache hervorgehen, daß von den 4000 etwa 1500 nichtitalienischer Herkunft (vor allem aus den deutschbesetzten Gebieten Südfrankreichs stammend), also in ihrer Sprache leicht erkennbar waren.
Heute leben im Gebiet des ehemaligen Ghettos etwa 500 Juden.

6. Rom, Januar 1979

Zu meinen Ausblicken über Rom gehörte auch, im Dezember 1978/Januar 1979, ein Blick in die Lokalteile der Zeitungen, der Unità, des Messaggero, des Paese Sera, des Corriere. Viel von dem was passierte, stand in einem direkten Zusammenhang mit meinen Erlebnissen. Um sich als Bischof von Rom ordentlich einzuführen, besuchte der neue Papst ausgerechnet das Arbeiterviertel des Testaccio und die Kirche der »Hl. Maria der Befreiung«. Der Bürgermeister Argan richtete einen Appell an die UNESCO zur Rettung der römischen Monumente, deren Steine auf Grund der Luftverschmutzung auseinanderbröckeln. Es gab eine Diskussion über die Tatsache, daß in den letzten Jahren immer mehr Museen und Bauwerke dem Publikum entzogen wurden. Die linke Stadtverwaltung bemüht sich, die Wiederaneignung der Stadt durch die Bevölkerung zu fördern. Worum es dabei geht, zeigen ein paar Beispiele aus diesen Tagen.
Im Januar hat endlich der Prozeß gegen die Verantwortlichen der Bauspekulation der **Magliana** begonnen. Mitangeklagt sind Politiker, die nach wie vor in der Stadtverwaltung verantwortliche Posten bekleiden. Die Basisgruppen der Magliana sind mobilisiert und versuchen im Namen der geschädigten Bevölkerung im Prozeß als Nebenkläger gehört zu werden. Die Stadtverwaltung sucht einen Vergleich, die Basisgruppen wollen eine Verurteilung der Verantwortlichen (die Mitte April 1979 freigesprochen wurden).
Eine andere Geschichte, die zeigt, vor welch schwierige Pro-

bleme die Stadtverwaltung immer wieder gestellt wird, betrifft den Skandal um die Privatsammlung der Fürsten Torlonia. Die Fürsten **Torlonia** sind glückliche Besitzer der größten privaten Antikensammlung der Welt (620 z. T. unersetzliche Skulpturen). Die Sammlung befindet sich im **Palazzo Corsini** in der Via della Lungara in Trastevere und war seit Jahrzehnten kaum mehr zugänglich.
Im Jahre 1948 wurde sie unter Denkmalschutz gestellt. Vor ein paar Jahren stellte sich heraus, daß die Torlonias alle Stücke aus den 77 Sälen des Palazzo entfernt und in drei Räumen verstaut hatten, um den Palazzo ohne Bauerlaubnis etc. zu sanieren, d. h. um mit Hilfe einer von den Torlonias kontrollierten Immobiliengesellschaft und Baufirma die 77 Säle in 90 Miniappartements zu verwandeln. Damit verstießen sie sowohl gegen die Bauvorschriften als auch gegen die Vorschriften zum Schutz von Kunstwerken in Privatbesitz, und am 26. Januar 1977 wurden die Appartements und die Skulpturen beschlagnahmt. Aber weder die Gemeinde noch das zuständige Ministerium (»zum Schutz der Kulturgüter«) unternahmen die nötigen Schritte zur Anklageerhebung gegen die Torlonias und – was wichtiger wäre – zur Überführung der Sammlung in ein öffentliches Museum. Der zuständige Richter hob daher Anfang 1979 die Beschlagnahmung wieder auf. Andere, ohne Erlaubnis vorgenommene Renovierungsarbeiten im Zentrum bleiben durch Beschluß der Baupolizei blockiert, und die Stadtverwaltung befindet sich in einem sehr heiklen Tauziehen mit den privaten Eigentümern, die nun andeuten, daß sie allgemein die private Renovierungstätigkeit an historischen Bauten verlangsamen müßten. Wozu ein derartiger passiver Widerstand führen kann, bekam man in den letzten Dezembertagen zu sehen, als ein alter Bau im Viertel Tor di Nona einstürzte.
Tor di Nona gehört zum Altstadtviertel an der ehemaligen Achse Spanische Treppe–Engelsburg und befindet sich genau gegenüber dem Justizpalast. Der Faschismus enteignete einige der alten Häuserblöcke, um sie abzureißen, was dann der Ausbruch des Krieges verhinderte. Seit Jahrzehnten sind die Häuser unbewohnt, und die Stadtverwaltung wollte anläßlich des Baus der den Tiber entlang führenden Schnellstraße den Abriß Anfang der 60er Jahre vornehmen. Dies geschah zu einer Zeit, in der sich die öffentliche Meinung bereits gegen diese Art der Altstadtsanierung auszusprechen begann, und

die Stadtverwaltung konnte ihren Vorsatz nicht mehr durchführen. Sie und die wenigen verbliebenen privaten Eigentümer ließen daraufhin die Gebäude weiter verfallen, in der berechtigten Hoffnung, daß die Zeit den Abbruch besorgen würde. Vor wenigen Monaten hat nun die neue linke Stadtverwaltung einen Plan zur Sanierung von Tor di Nona vorgelegt und mit den Vorarbeiten begonnen. Der Einsturz eines Palazzo, der einer Immobiliengesellschaft gehört, die ihrerseits dem Verleger Rizzoli gehört, ändert an diesem Plan aber hoffentlich nichts mehr. Das Viertel soll im Interesse der Altstadtbevölkerung neu hergerichtet werden.
Erst in ein paar Jahren wird man sehen, ob sich die linke Stadtverwaltung durchgesetzt und ihre Pläne realisiert hat. Auf dem Papier hat sie gerade in diesen Tagen auch gegen die Eigentümer des Palazzo Poli eine Runde gewonnen. Der Palast, dessen eine Fassade von der **Fontana di Trevi** gebildet wird, sollte vom Banco San Paolo di Torino als Bürogebäude hergerichtet werden, während die Gemeinde ihn als Kulturzentrum für das Stadtviertel verwenden will.
Die interessanteste Diskussion über die Wiederaneignung der Stadt und ihrer verschiedenen künstlichen und natürlichen Räume befaßt sich seit Sommer auf Anregung von Gruppen um lotta continua, von Umweltschützern und Denkmalspflegern mit dem **Tiber** und dem Projekt, ihn wieder schiffbar zu machen. In den Jahren nachdem Rom zur Hauptstadt erklärt worden war, wurde der Tiber reguliert und nach dem Vorbild der Seine in Paris in einem tiefliegenden, von Platanen bestandenen Bett durch die Stadt geleitet. Der Porto di Ripetta wurde abgerissen, und die Stadt, deren lebendiger Bestandteil der Tiber immer gewesen war, verlor ihren Kontakt zum Fluß, der heute unbeachtet wie ein Abwasserkanal voll Schmutz trübe Ostia zufließt. Der Tiber hatte jahrhundertelang die Stadt vor große Probleme gestellt. Durch die Abholzung seines Einzugsgebietes schwillt er nach Regenfällen rasch an. Zahlreiche Hochwasser waren die Folgen, und an vielen Häusern und Kirchen (z. B. Santa Maria sopra Minerva) kann man oft in 2–3 Meter Höhe die Hochwassertäfelchen angebracht sehen. Alte Fotos zeigen den Fluß voller Boote und sogar von Dampfschiffen befahren, und noch 1925 gab es einen Versuch, eine Schiffahrtslinie nach Ostia und Anzio zu unterhalten. Heute zeigt sich die öffentliche Meinung stark vom Tiberprojekt fasziniert, das die Ufer wie-

der als Erholungsgebiet benutzbar und den Fluß für kleinere Schiffe befahrbar machen soll. Die Gemeinde hat sich in diesen Tagen an einem Verkehrsprojekt interessiert erklärt, das den Südteil der Stadt, z. B. die Magliana, mit dem Norden, z. B. dem Viertel um die milvische Brücke, verbinden soll. Ein öffentlicher Autobus braucht für diese Strecke heute bei normalem Verkehr über eine Stunde, ein Schiff würde sie in ca. 20 bis 30 Minuten zurücklegen. Aber mehr als an dieser partiellen Lösung des Verkehrsproblems sind die am Tiberprojekt aktiv arbeitenden Gruppen am Erholungswert des Tibers interessiert, am Fluß zwischen Orte und Ostia, am Fluß als einem Natur- und Kulturereignis.

P. K.

7. Interview mit Italo Insolera (Professor für Städtebau)

Insolera: Seit einigen Jahren haben wir erkannt, daß Rom, der Struktur nach, eine Stadt der Dritten Welt ist. Um die historische oder moderne Stadt des europäischen Typus, mit etwa 2 Millionen Einwohnern, hat sich ein Gürtel von Baracken, Hütten und Wohnkasernen gebildet, illegal errichtet, ohne jede Baugenehmigung, ohne Kanalisation, Straßen, oft ohne Wasser und Strom, und in diesem Gürtel, der an südamerikanische oder afrikanische Bidonvilles erinnert oder an die Peripherie asiatischer Städte, leben etwa 800000 Personen, ca. 30 Prozent der Gesamtbevölkerung. Das ist ein Strukturmerkmal und kein Provisorium. Die Entstehung dieser Art von planloser Peripherie hat in der Dritten Welt und in Rom die gleichen Gründe: die rasche Auflösung einer dichtbevölkerten, jahrtausendealten Landwirtschaft und die Konzentration der Industrie im Norden des Landes und nicht in dem sich auflösenden Mittel- und Süditalien. Die zuströmende, entwurzelte Landbevölkerung hofft im Labyrinth der Verwaltung einen Platz zu finden oder im riesigen Chaos der Dienstleistungen, das sich um die Bürokratie herum gebildet hat.
Kammerer: Geht das immer so weiter?
Insolera: Die linke Stadtverwaltung hat das Problem angegriffen, und vielleicht bezeichnet das Jahr 1979 eine Wende. Aber das wird man erst in einigen Jahren beurteilen können. Der unternommene Versuch geht dahin, die bidonvilles und

Slums der Peripherie in Stadtviertel zu verwandeln, d. h. nachträglich Infrastrukturen einzuplanen und die Grund- und Hausbesitzer zu veranlassen, als »Gegenleistung« Boden für soziale Zwecke abzutreten oder Beiträge zu entrichten. Dabei sollen natürlich die Spekulanten besonders getroffen werden und nicht die kleinen Leute, die hier gestrandet sind.
Kammerer: Diese Peripherie ist, weder architektonisch noch sozial, ein homogen strukturierter Gürtel. Wir finden Reste alter Barackenviertel, Siedlungen des sozialen Wohnungsbaus, die Borgate Mussolinis, Zementkasernen der Baulöwen und chaotische, primitive Einfamilienhäuser.
Insolera: Diese Verschiedenheiten entsprechen auch verschiedenen historischen Phasen. Die letzte große Phase, die mit ihrer Bauwelle z. T. auch die vorhergehenden noch einmal überlagert, begann mit den 60er Jahren und folgte diesem Bewegungsgesetz: große Grundeigentümer nutzten den schreienden Mangel an billigem Wohnraum aus, um bestimmten Baufirmen oder Leuten, die etwas gespart hatten, den Boden an der äußersten Peripherie zu verkaufen, wo unter dem Druck der Nachfrage ohne Plan und Kontrolle dann losgebaut wurde.
Kammerer: Hätte eine Industrialisierung Roms diese Entwicklung verhindert?
Insolera: Der Slogan, daß Industrie Reichtum bringt, gilt nicht für die Arbeiterviertel. Um das zu sehen, braucht man sich nur die Mailänder oder Turiner Peripherie anzuschauen. Trotzdem besteht aber ein Unterschied zur römischen Peripherie. Hier lebt eine Art Lumpenproletariat, dort ein Industrieproletariat, und das hat für jede Politik der Stadterneuerung enorme Konsequenzen: dort gibt es einen möglichen Träger dieser Politik, hier nicht, bzw. hier ist das sehr viel schwieriger. Allerdings gibt es auf Grund des sozialen Wandels der römischen Peripherie, wie eine Untersuchung des kommunistischen Jugendverbandes von 1978 zeigte, Anzeichen für eine neue Fähigkeit, sich sozial zu artikulieren, handlungsfähig zu werden, während die gesellschaftliche Desintegration immer mehr die Wohngebiete erfaßt, die wir die »europäische Stadt« genannt haben.
Kammerer: Welche Literatur sollte man lesen, um Rom kennenzulernen?
Insolera: Ich habe an Hand einer Karte die Beschreibungen von Stendhal verfolgt, und ich nehme an, man kann das auch

mit Goethe machen und mit allen Schriftstellern, die nicht nur Eindrücke, sondern ein Bild von Rom hatten.

Kammerer: Die »Promenades en Rome« sind vielleicht etwas langweilig, während die »Chroniques Italiennes« ungeheuer spannend sind, z. B. die Geschichte der Beatrice Cenci, deren Bild im Palazzo Barberini hängt und die am Platz vor der Engelsbrücke enthauptet wurde. Diese Geschichten geben ein Bild von Rom im Mittelalter.

Insolera: Für die jüngste Vergangenheit schlage ich vor, die Schauplätze zu suchen und aufzusuchen, die in drei Büchern eine Rolle spielen. Keiner der drei Autoren ist Römer, die Geschehnisse spielen aber in Rom, und zwar in drei völlig verschiedenen Gegenden bzw. Schichten der Stadt. Der erste ist Cesare Pavese und sein Roman »Il compagno«, der im faschistischen Rom vor dem Krieg spielt. Das zweite Buch ist von Carlo Levi, »L'orologio«, und spielt in Rom unmittelbar nach dem Krieg, von der Befreiung und der Gründung der Republik bis zum Beginn des christdemokratischen Regimes. Der dritte Roman ist von Pasolini, »Una vita violenta«, Rom der 50er Jahre, das christdemokratische Regime ist konsolidiert, die Kommunisten organisieren die Opposition. Die Geschichte Levis handelt vor allem im Zentrum, die Paveses im ersten Ring der damals plebejischen Peripherie, die heute voll integriert ist, die Pasolinis in den Borgate. Die Schauplätze überschneiden sich nirgends, die sozialen Figuren sind völlig verschieden. Aber man könnte anstatt literarischer auch politische Schauplätze durch Spaziergänge erschließen. Das Rom Garibaldis und der Freischaren, das Rom des antifaschistischen Widerstandes, obgleich ein solcher Ansatz in anderen Städten, Florenz, Mailand usw. viel fruchtbarer ist als in Rom. Bezugspunkte für das Rom des antifaschistischen Widerstandes sind außer die in den Büchern von Pavese und Levi angegebenen Orte: das Gefängnis der SS in der Via Tasso (heute Museum), das Gefängnis Regina Coeli, die Via Rasella, wo das Attentat auf die SS-Kompanie stattfand, die Fosse Ardeatine, wo die Geiseln erschossen wurden, das Ghetto, in dem die Judenrazzia stattfand, das Denkmal für den sozialistischen Abgeordneten Matteotti, der von Faschisten 1924 am Tiber in der Höhe der Via Luisa di Savoia ermordet wurde, die Porta San Paolo, wo am 8. September 1943 sich der erste militärische Widerstand gegen die Besetzung durch die Deutschen zeigte, und es wäre nicht uninteressant, anhand

der an zahlreichen Häusern angebrachten Gedenktafeln zu verfolgen, aus welchem sozialen Milieu die erschossenen Widerständler stammten. Material liefern auch Rosselinis Film »Rom offene Stadt« und der Film von Lizzani »Der Bucklige vom Quarticciolo« über den Widerstand in den Borgate.
Kammerer: Es gibt auch Plätze, die eine ausgeprägte politische Tradition haben. San Giovanni im Lateran ist z. B. seit dem letzten Jahrhundert Aufmarschplatz für die Feiern am 1. Mai. Die wichtigsten Massenkundgebungen der PCI finden dort statt, und ich erinnere mich, wie Longo die Totenrede auf Togliatti mit den Worten begann: »hier auf dem Platz, der Togliatti teuer war...«
Insolera: Das ist eine Ausnahme. Nur wenige Viertel und wenige Plätze haben in Rom eine eindeutige politische Tradition.
Kammerer: Und die Borgate?
Insolera: Der Faschismus hat um Rom herum, im freien Land, eine Reihe von Siedlungen gebaut, die die durch die »Altstadtsanierung« obdachlos gewordene Bevölkerung aufnehmen sollten. Das Wort »Borgata« hatte einen eindeutig abwertenden Klang. Die ersten Borgate, z. B. die Garbatella (zwischen EUR und Stadt; U-Bahnstation), waren sehr ordentlich gebaut. Keine lag jedoch an einer Ausfallstraße, und alle lagen in der Nähe eines militärischen Forts des ehemaligen Festungsgürtels oder in der Nähe einer Kaserne der faschistischen Miliz. Es waren also ganz klar Ghettos für die subalternen Klassen. Der Bevölkerungszustrom bereits während des Krieges sprengte die ursprünglich gewollte Isolierung, und nach dem Krieg wird aus den Borgate ein »roter Gürtel«. Rot sind auch einige Volksviertel im Zentrum, Trastevere und Campo di Fiori z. B. Andere Viertel im Zentrum haben z. B. eine republikanische Tradition. Der Sumpf der Christdemokraten und Faschisten deckt sich mit dem Sumpf der ersten, von der Bauspekulation geschaffenen Peripherie. Die christdemokratische Verwaltung auf dem Kapitol war der willfährige Agent der Spekulationen des Vatikans und der alten Aristokratie. Das ist aktenkundig. Um wieder zur politischen Farbe der Borgate zurückzukommen, sie ist keineswegs eindeutig. Sicher ist nur, daß es zwei Kräfte gibt, die als Kristallisationspunkte wirken: die Kommunistische Partei und die Pfarreien.
Kammerer: Was heißt heute Sanierung der Innenstadt?
Insolera: Die linke Stadtverwaltung hat sich dem Problem ge-

stellt. Aber man darf nicht vergessen, daß Sanierungen, die gestern wenig kosteten, heute enorme Summen verschlingen, weil viele Gebäude bewußt vernachlässigt wurden, weil die Eigentümer die Notwendigkeit, sie abzureißen, beweisen wollten. Um Tor di Nona oder Trinità dei Pellegrini wieder beleben zu können, muß die Stadtverwaltung den Preis auch für die Versäumnisse der Vergangenheit bezahlen.

8. Interview mit Aldo Natoli

Kammerer: Du warst nach dem Kriege 20 Jahre lang Fraktionsführer der PCI im römischen Stadtrat. Wie habt ihr nach der Befreiung das Problem: Rom, eine parasitäre Stadt, angegriffen?

Natoli: Für uns war Rom in erster Linie Hauptstadt der Nation, Bindeglied zwischen dem Süden und dem Norden. Rom war das Symbol der italienischen Einheit. Du darfst nicht vergessen, daß nach der Befreiung im Süden starke separatistische Kräfte wirkten. Wir wollten ein demokratisches Rom und ein produzierendes Rom. Als Rom Hauptstadt Italiens wurde, wurde explizit – man kann das in den Akten des Parlaments nachlesen – beschlossen, aus Rom die Großindustrie fernzuhalten, aus Angst vor dem Proletariat. Rom wurde Hauptstadt Italiens im Jahr der Pariser Kommune. Alle waren sich daher einig gegen Industrieansiedlung in Rom: die Regierung, der Papst, die Aristokratie mit ihrem Grundbesitz, die bürgerlichen Grundbesitzer. Die Hauptstadt war eine außerordentliche Gelegenheit, die Grundrente in schwindelnde Höhen zu treiben. Das ging so bis 1907, bis zum Wahlsieg eines »Volksblocks« (blocco popolare), der mit Unterstützung durch Vertreter des fortschrittlichen Bürgertums in der Regierung eine aktive Sozial- und Industriepolitik zu treiben begann. Diese Verwaltung konnte sich nur wenige Jahre halten. Die Spuren ihrer Neuerungen sind jedoch bis heute sichtbar: das Industriegebiet, das Viertel des Testaccio, der soziale Wohnungsbau bei San Saba. Zum ersten Mal gab es einen sozialen Wohnungsbau in Rom! Die Verkehrs- und Versorgungsbetriebe wurden als städtische Betriebe sozialisiert. Gegen die Bodenspekulation wurden Steuern zur Abschöpfung des Wertzuwachses erlassen, und die Enteignungsprozeduren wurden erleichtert, um der Gemeinde zu ermöglichen, selbst über einen Bestand an Grund und Boden zu verfügen. Das war möglich, weil die Regierung Giolitti diese Bestrebungen unterstützte. Der »Volksblock« wollte also eine konsequente Kommunalpolitik betreiben. Das war in hundert Jahren das einzige Mal, daß in Rom eine Verwaltung ernsthaft versucht hätte, die Entwicklung zu einer parasitären Stadt zu stoppen. Diese Verwaltung wurde nach wenigen Jahren gestürzt. Sie hatte sich zu viele Feinde gemacht.

Kammerer: Hat die Politik des Faschismus, die ja auch Rom »modernisieren« wollte, an diese Erfahrung angeknüpft?

Natoli: Nein. Der Faschismus, vor allem seine Rom-Politik der 30er Jahre, hat nichts mit den Erfahrungen von 1907 zu tun. Motor seiner Rom-Politik ist Mussolinis Konzeption des Römertums (romanità). Daher die Bedeutung, die er dem Verhältnis zum Meer und der Stadterweiterung in Richtung Meer und Ostia zumißt. Bau der Eisenbahn, der via del mare und später der Beginn der Arbeiten des EUR. Die Eingriffe in der Innenstadt sollten dem Faschismus Platz schaffen. Das hat nichts mit der Konzeption der Stadtentwicklung der linksliberalen Kräfte vor dem ersten Weltkrieg zu tun. Den Eingriffen in der Innenstadt entsprach der Bau der Borgate, in die die Bevölkerung zwangsausgesiedelt wurde, nach Primavalle, Tiburtino, Pietralata, Quarticciolo,

Kammerer: die Garbatella.

Natoli: Die Garbatella ist eines der besten Viertel dieser Art und wurde gleich zu Beginn des Faschismus gebaut.

Kammerer: Ihr Kommunisten habt den Slogan: Rom – Hauptstadt der Nation, aufgegriffen, trotz der fast lückenlos negativen Erfahrung 1871–1943?

Natoli: 1943 war Rom befreit, und im Norden kämpfte man noch. Nach dem Krieg gab es den Separatismus. In diesen Phasen war der Begriff »Hauptstadt der Nation« Ausdruck unseres Bedürfnisses nach nationaler Einheit und Demokratie, und unsere Aufgabe bestand darin, gegen die alte Rhetorik in dieser Hauptstadt die neuen Werte zu entwickeln. Wir waren also gegen das Rom der Bürokratie, der Parasiten, der faschistischen Ideologie, der Mystifizierung unserer Kultur und unserer Geschichte. Unser Ziel bestand in der Entwicklung einer demokratischen Bewegung in dieser Stadt. Das war eine ungeheuere Aufgabe. Die Eroberung und Verwandlung der Borgate aus Ghettos in Stadtviertel, in denen Proletarier wohnen und sich organisieren, in denen sie Bewußtsein und

Kultur produzieren, in denen sie sich bilden und kämpfen, war für uns von entscheidender Bedeutung. Bereits Ende 1947 war uns das weitgehend gelungen, und im Dezember 1947, als wir bereits aus der Regierung ausgeschlossen waren, konnten wir gegen die Arbeitslosigkeit in Rom einen Generalstreik ausrufen, bei dem die Borgate die Stadt beherrschten. Das hat es in der ganzen modernen Geschichte Roms noch nie gegeben, daß die Proletarier der Peripherie das Zentrum besetzten. Das war der sichtbare Ausdruck unserer Politik. Nicht die abstrakte Verbreitung kultureller Werte, sondern das konkrete Erscheinen von Massen, die die politischen Träger neuer kultureller und demokratischer Werte waren. Die Kommunisten, die von der Verwaltung der Stadt ausgeschlossen waren, begannen die Peripherie zu verwandeln. Die Borgate wurden ein roter Gürtel, wurden rote Festungen. Davon ist aber heute nichts mehr geblieben. Heute sind die Borgate etwas anderes. Sie sind ein kaum mehr zu unterscheidender Teil einer formlos gewachsenen, von der Spekulation beherrschten Häusermasse. Damals waren die Borgate abgeschlossene Ghettos für Proletarier und vor allem für ein Lumpenproletariat, das wir Kommunisten zu organisieren und zu emanzipieren begannen. Wir brachten in das Rom der Verwaltung und der Parasiten die Stimme, und nicht nur die Stimme dieser Klasse. Das war der Sinn unserer Politik. Das Wort vom »demokratischen Rom« hatte also einen sehr konkreten Inhalt, und der Gegenangriff gegen die Demokratie war brutal. Auf unsere Demonstrationen wurde geschossen, die Leute starben für die Demokratie, ich erinnere mich genau, wie die jungen Proletarier getroffen wurden. Wir organisierten den »sciopero alla rovescia«, den Streik mit umgekehrtem Vorzeichen, d. h., die Arbeitslosen nahmen sich Arbeit. Wir stellten Kolonnen zusammen und bauten Straßen, Kanalisierung, Wasserleitungen. Die Polizei verbot uns das, griff uns an und schoß. So bekam diese Stadt der absoluten Herrschaft des Parasitentums zum ersten Mal einen Gegner, der die Kraft besaß, sie in Frage zu stellen.

Kammerer: Es wird mir klar, daß es unmöglich ist, in einem kurzen Gespräch darzulegen, warum diese eure Politik letztlich doch gescheitert ist. Aber könntest du wenigstens einige Anhaltspunkte liefern?

Natoli: Anfang der 50er Jahre begannen wir die materielle Grundlage, auf der die Macht der Spekulation beruhte, anzugreifen. Wir knüpften an die Erfahrung von 1907 an, gingen aber auch weiter. Wir begannen mit einer sehr interessanten Untersuchung, die später nicht wieder aufgenommen wurde. Zum ersten Mal machten wir uns ein genaues Bild über die Verteilung des Grundbesitzes. Das Ausmaß der Konzentration überraschte sogar uns. Die Grundbesitzer bilden praktisch ein Oligopol. Es sind etwa 15 große Familien oder Gesellschaften, die Millionen und Abermillionen Quadratmeter kontrollieren.

Kammerer: Insolera zitiert eure Untersuchung (in »Roma moderna«) und faßt das Ergebnis folgendermaßen zusammen: »50 Millionen (!) Quadratmeter waren im Besitz von 7 Eigentümern.« Und noch eine weitere, wenn auch nur ungefähre Zahlenangabe, die uns interessiert: in der Nachkriegsperiode (1945–1960) betrug die Werterhöhung von Bauland in Mailand 300%, in Genua 500%, in Rom aber 1000%.

Natoli: Diese Familien und Gesellschaften kontrollierten alle Flächen, auf denen die Stadt sich ausdehnen konnte, und die Stadtverwaltung war praktisch eine Agentur dieser Eigentümer. Ich erinnere mich genau an die Gesichter der Christdemokraten, als ich, Sprecher der Opposition im Gemeinderat, nachwies, daß der Bürgermeister im Aufsichtsrat einer Immobilienfirma saß, deren Projekt er soeben zur Annahme empfohlen hatte. Du kannst das alles in der damaligen Presse (1953/1954) nachlesen. Wir haben diesen Kampf um die Klarlegung und Modifizierung der Eigentumsverhältnisse 10 Jahre lang geführt, bis ich die Erfahrung machen mußte, daß die Partei in dieser Frage immer mehr zurücksteckte und diesen Kampf nur noch propagandistisch führte. Für uns damals war das aber die zentrale Frage. Wir fragten in erster Linie nach den Eigentumsverhältnissen und nicht – wie man es heute tut – nach ästhetischen Kriterien »harmonischer Stadtplanung«. Wir untersuchten die materielle Basis der Stadtentwicklung. Die Partei hat diese Linie aufgegeben, und vielleicht ist es richtig, daß wir mit der alten Linie keine Erfolgsaussichten hatten. Man muß ja auch die allgemeinen politischen Verhältnisse berücksichtigen. Das Schlimme ist aber, daß die Partei diesen Kampf, außer in den ersten Jahren, in denen wir auch im Gemeinderat unglaubliche Aktionen unternahmen, nie mehr mit Überzeugung geführt hat. Sie hat diese Linie kampflos aufgegeben. Das ist eine Geschichte, die noch nicht geschrieben ist.

Neapel

1. Von Rom nach Neapel. Blick über Neapel.

Wer nicht mit dem Zug (schöne Landschaften) oder auf der Autobahn fährt, sondern statt dessen unterwegs z. B. baden will, nimmt entweder die Via Appia oder fährt durch das EUR auf die Pontina. Die beiden Straßen treffen sich in Terracina, der ehemaligen Grenze des Kirchenstaates zum Königreich Neapel. Ich fahre auf der Pontina durch das Industriegebiet bei Pomezia (mittlere, moderne Betriebe, z. T. Niederlassungen von Multis) in das Gebiet der **pontinischen Sümpfe,** an deren Rand auch die Appia am Fuß der Berge entlangführte. Bis 1809 waren die Sümpfe im Besitz des Vatikans und der großen Adelsfamilien; Napoleon verkaufte die kirchlichen Güter und unterstützte den privaten Besitz des Groß- und Kleinadels. Die Päpste hatten mehrere Anläufe unternommen, um die im Altertum fruchtbare, aber jetzt malariaverseuchte und nur als Jagd und Weide genutzte Ebene zu entsumpfen. In den Jahren 1927–1935, unter dem Faschismus, erfolgten die Trockenlegung und der Bau neuer Städte: Latina 1932 (1936 bereits 18000 Einwohner, 1975 ca. 80000 Einwohner), Sabaudia (1934), Aprilia (1936) und andere. Links von Latina, am Fuß des Gebirges, unweit von Sermoneta, liegt die im frühen Mittelalter verlassene Stadt **Ninfa** inmitten einer herrlichen Parkanlage. Die Besuchserlaubnis muß man sich vorher im Palazzo Caetani in Rom 8440108 Führungen an Samstagen und Sonntagen). Rechts von Latina führt eine Straße ans Meer zum **Circeo,** dem Berg der homerischen Circe: Dünen, Lagunen, Büffel, Richtung Circeo Bodenspekulation, der wunderbare Hang der ehemaligen Insel wurde mehrmals Opfer von Brandstiftungen, ähnlich wie auch seit 1934 unter Naturschutz gestellte Baumbestände der Ebene. Verbrannte Erde als Vorbedingung rücksichtslosen Bauens.
seit 1934 unter Naturschutz gestellte Baumbestände der Ebene. Verbrannte Erde als Vorbedingung rücksichtslosen Bauens.
Über Terracina, Sperlonga, Gaeta, immer dem Meer entlang, zuerst auf der Via Flacca, dann auf der Domitiana, überall Reste von Landschaften und Altertümern. Vorbei am Averner See, über Pozzuoli und die flegräischen Felder nach Neapel.

Um rascher ins Zentrum zu kommen, kann man bereits bei Pozzuoli die gebührenpflichtige Autobahntangente befahren. Auch wer von der Autostrada del Sole kommt, wird auf diese »**Tangenziale**« geleitet, die im Rücken Neapels die ehemaligen Weinberge, Hügel und Schluchten durchschneidet, also jene Landschaft, die wegen ihrer Aussichten auf den Golf, die Inseln, den Vesuv und wegen ihrer üppigen Vegetation zu den schönsten der Welt gehörte. Die Tangente sollte man unbedingt in Ruhe und mit Verstand befahren, sie bietet einen Schlüssel zum Verständnis Neapels. Ihre Baugeschichte ist eine Enzyklopädie an Korruption und Verschwendung (Kosten ca. 500 Mio. DM), und doch wurde das Werk fertig, faszinierend in seiner unverschämten Häßlichkeit. Vor allem führt es wie eine Sonde durch die verschiedenen Schichten der neapolitanischen Landschaft, deren ehemalige Gestalt wir mit Hilfe kümmerlicher Fragmente rekonstruieren können. Diese Rekonstruktion hat nur Sinn, wenn sie ohne billige Nostalgie erfolgt, als Vorbedingung zum Verständnis Neapels und seiner Bevölkerung, als Anhaltspunkt für Überlegungen über das Verhältnis dieser Stadt und ihrer Bevölkerung zur Natur. Dieses Verhältnis befindet sich in einer dramatischen Krise, die längst keine Privatsache des neapolitanischen Volkes mehr ist. Die Tangente konfrontiert uns unmittelbar und massiv mit diesem Problem, aber klar wurde mir das erst, als ich – noch vor dem Eintritt in die Stadt – direkt von der Tangenziale nach **Camaldoli** hochfuhr. Vom Belvedere des Klosters oder von einem unterhalb liegenden Belvedere (458 m) soll man, direkt über dem Vulkangebiet der flegräischen Felder, den schönsten Blick über Baiä, die Bucht von Pozzuoli, die Inseln und die Stadt haben. Alle Reiseberichte sind übereinstimmend hymnisch, selbst in der neuesten Ausgabe des Touring Club Führers wird mit Lob und einem Stern nicht gespart. Bis ich die richtige Straße fand, irrte ich mehrmals durch unbeschreibliche Häuser- und Landschaftstrümmer, zwischen Weinbergen und Abfallhaufen. Oben im Kloster meldete sich niemand, über einen kleinen, verwachsenen Pfad ging ich zu dem unterhalb liegenden, baufälligen Belvedere. Ich stöberte ein Liebespärchen auf und sah als Panorama ein Horrorbild des modernen Neapel mit Stadion, Mietskasernen und Industrie, während trotz des natürlich erscheinenden Meeres Zweifel in mir keimten, ob diese Landschaft wirklich einmal eine der schönsten Europas gewesen sei. An den Büschen, die den schmalen Pfad zum Belvedere bestanden, hingen Papierfetzen und Präservative, wie um das Vorurteil auszustreuen, daß die ganze Naturvernichtung einfach dem Schmutz und der Barbarei der Neapolitaner zuzuschreiben sei. Diese Achtlosigkeit, ja Feindseligkeit gegen die Natur steht in einem schreienden Gegensatz zur geradezu chinesischen Sorgfalt, mit der die Bauern in der Campagna felix, im Land um Neapel, jeden Fetzen Boden terrassieren, bewässern, mit Strohmatten und Bambus vor Wind und Hagel schützen und mit der auch die Neapolitaner selbst ihre Stadt mit einer ausgedehnten Gartenlandschaft umgeben hatten. Gerade Neapel war berühmt als Beispiel eines glücklichen, natürlichen Verhältnisses von Stadt und Land, und es ist bemerkenswert, wie sehr dieses Verhältnis in sein Gegenteil umgeschlagen ist.

2. Spaziergang in Neapel: Albergo dei Poveri – Via Antonio Abate – Porta Capuana – Via Forcella – Spaccanapoli

Die alte prachtvolle Einfahrt in die Stadt führt direkt auf ein riesiges Armenhaus, das **Albergo dei Poveri,** zu. Das war natürlich keine Ironie, sondern ein sozialpolitisches Programm, und Stendhal notiert beeindruckt: »Das ist etwas anderes als diese so gerühmte Bonbonniere der Porta del Popolo in Rom.« Der »gute König Karl« hat 1751 während der neapolitanischen Reformzeit und Aufklärung den riesigen Bau begonnen, um in ihm die Alten, die Waisen, die Krüppel und die Vagabunden zu sammeln und aufzunehmen. Das Werk ist nur zu einem Fünftel vollendet. Die 350 Meter lange Fassade hätte 600 Meter lang werden sollen. Die Zahl der völlig Mittellosen wurde damals auf 8000 geschätzt. Im Jahre 1820 wohnten 2000 Menschen in diesem Hospiz. Der »gute König Karl« dachte aber auch an sich und begann 1752 die ebenso riesig geplante Sommerresidenz **Caserta,** die im Gegensatz zum Armenhaus fertiggestellt wurde (Caserta und das in den Bergen gelegene Caserta Vecchia lohnen einen Ausflug).
Neapel war bis zum Beginn des 20. Jahrhunderts die größte Stadt Italiens und eine der volkreichsten Europas. 1880 hatte Neapel etwa eine halbe Million Einwohner (Köln 250000, Frankfurt 150000, Mailand 220000). Heute hat die Stadt 1,2 Millionen Einwohner (ca. 125000 Arbeitslose und 60000 Heimarbeiter). In der Provinz Neapel leben 2000 Einwohner auf einem Quadratkilometer (Provinz Mailand 1100, Provinz Rom 520), in der Stadt Neapel schwankt die Bevölkerungs-

dichte um 10000, erreicht aber auch in bestimmten Vierteln 80000 Einwohner pro Quadratkilometer, nimmt also indische Ausmaße an. Für Malthusianer ist Neapel eine Fundgrube (Malthus machte das Wachstum der Bevölkerung für Hunger und Elend verantwortlich), und ich erinnere mich an einen von mir verehrten deutschen Professor, der durch Neapel lief und verzückt immer wieder ausrief: »Troppi bambini, troppi bambini!« Unser Spaziergang führt uns direkt in das Volksgewühl, in den »Bauch von Neapel« («Il ventre di Napoli« ist die 1884 von Matilde Serao geschriebene, erste moderne Reportage über das dem »zivilisierten Italien« völlig unbekannte, geheimnisvolle Innenleben dieser Stadt).
Von der Piazza Carlo III vor dem Albergo dei Poveri führt die Via Foria zum Nationalmuseum und zur Via Roma (ehemals Via Toledo, die Hauptstraße Neapels); der Corso Garibaldi geht zum Bahnhof. Beide Straßen gehören zu den Schneisen, die zur Erschließung und Sanierung der Altstadt gebahnt wurden, als die Cholera 1884 zahlreiche Todesopfer forderte und dem Fortschritt eine Bresche schlug. Im spitzen Winkel, den die beiden Straßen an der **Piazza Carlo III** bilden, befindet sich die **Via Antonio Abate,** in der sich morgens, wie in vielen anderen Straßen auch, ein großartiger Markt entfaltet mit einem so reichhaltigen Angebot an Nahrungsmitteln aller Art (neben allen Variationen von Obst und Gemüse finden sich auch die Stände mit Kutteln, Zitronen, Miesmuscheln, Kokosnüssen, Schweinsdärmen, alles unter tropfendem und fließendem Wasser oder unter grünen Zweigen), daß die Malthusianer eigentlich entsetzt sein sollten. Ursprünglich hatte jede Ware ihren eigenen Lockruf, und die Bevölkerung orientierte sich an diesen Rufen, um von den zahlreichen ambulanten Händlern Kaffee, Kräuter, Fisch, Obst oder Blumen zu kaufen. Die Via S. Antonio Abate hat eine der letzten, noch relativ gut erhaltenen Geräuschkulissen Neapels, und Neapel ist die letzte europäische Großstadt, in der die menschliche Stimme als Kommunikationsmittel über Hinterhöfe und Gassen hinweg noch eine Rolle spielt. Diese Geräuschkulisse ist im Abbruch. Der Verkehr löscht die Stimmen, moderne Geschäfte verschlucken die Schreier, und die Industrie schluckt das Handwerk und die Pizzabäcker. Dokumentarisch mindestens teilweise festgehalten ist diese Geräuschkulisse in den Totò-Filmen, die in den 50er Jahren als billige Klamaukfilme in Neapel für den süditalienischen

Markt hergestellt wurden. **Totò** gilt heute als der größte Komiker Italiens, eine Mischung von Chaplin und Valentin. Als er starb, trauerte das Italien zwischen Rom und Palermo. Es gibt immer wieder Gelegenheiten, seine Filme zu sehen (»San Giovanni decollato«, »Totò a colori«, »L'oro di Napoli« mit S. Loren, De Sica etc.).

Vom Ende (von der Stadt her gesehen vom Beginn) der Via A. Abate ist es nicht weit zur **Porta Capuana**, einem der wenigen großen Monumente im an auffallender Architektur armen Neapel. Gregorovius sieht die »architektonische Unterschiedlichkeit, ja völlige Unbedeutendheit Neapels« im Zusammenhang mit dem »Unbestand und Wechsel flüchtiger Herrschaften« und mit der »Bestimmungslosigkeit des Volksgeistes für irgendeine kulturgeschichtliche Aufgabe«. Die »Lebendigkeit der Sinne« und die »heitere Lebensentfaltung« fänden in Neapel ihren adäquaten Ausdruck in der Musik (Scarlatti, Porpora, Pergolesi, Cimarosa). Solche Theorien machen mich skeptisch. Wenige Straßen weiter zwingt mich jedoch der Markt der **Via Forcella** mit seinem massiven Musikangebot, die Sache zu überdenken. Auf der Via Forcella kann man angeblich alles kaufen bzw. bestellen (flinke Diebe führen die Bestellung aus). Es gibt geschmuggelte Zigaretten und Feuerzeuge (der Gewinn besteht in der Ersparnis der erheblichen Steuerbelastung, die auf diesen Artikeln ruht. Der Schmuggel wird von Kapitalgesellschaften mit modernen Mitteln betrieben, lediglich der Endverkauf auf der Straße ist in der Hand der kleinen Leute); Uhren, Pistolen und angeblich auch Handgranaten. Aber es gibt vor allem Platten und Musikkassetten. In welcher anderen Stadt wäre diese natürliche Verbindung von Musik und Kriminalität möglich? Im Kino an der Via Forcella, im teatro 2000 an der Via Garibaldi und in anderen Kinos und Theatern werden während der Saison, von Dezember bis April, die »**Sceneggiate**« gespielt, Musicals aus dem Volksleben, die immer nach dem gleichen Schema ablaufen: der Sohn, der, um seine Ehre, die seiner Braut oder sonst etwas zu retten, mit dem Gesetz in Konflikt kommt, die eigentlichen Schufte werden nicht von der Polizei, sondern vom Sohn zur Strecke gebracht, der Sohn wird unter den Augen der Mutter verhaftet und stirbt im Gefängnis, die Mutter erscheint ihm im Traum vor seinem Tod. Die Hauptfiguren sind also Mutter, Sohn und das Gesetz. Zur Sceneggiata gehört das zentrale Lied, ein großer Star und das

Publikum, das ständig die Handlung kommentiert. Die großen Stars der Sceneggiata (Mario Merola, Pino Mauro etc.) werden von den kleinen Leuten der neapolitanischen Elends- und Unterwelt angehimmelt. Ihre Platten gibt es mit wenigen Ausnahmen nur in Neapel und in reicher Auswahl in der Via Forcella. Auf der Welle der Folklore hat Merola erstmals im Winter 1977/78 eine Sceneggiata auch in Mailand aufgeführt. Riesiger Erfolg. Bezeichnenderweise war in dieser Exportaufführung die »Verherrlichung von Gewalt« abgeschwächt, und auch der Polizist weinte. Trotz der hohen Eintrittspreise sollte man, wenn sich die Gelegenheit bietet, unbedingt eine Sceneggiata besuchen.
Im Frühjahr und Sommer singen die großen und kleinen Stars auf den Volksfesten der einzelnen Stadtviertel. Zu den berühmtesten gehört das Fest des Viertels **Sanità** und das des Viertels **Mercato** (S. Maria del Carmine). Hintergrund und Dynamik dieser Feste sind nicht leicht zu verstehen. Die Gefahr, daß man vor lauter Exotik den tollsten Theorien über »die« Neapolitaner aufsitzt, sollte man einkalkulieren.
Von den neapolitanischen Liedern, die wir als »typisch« im Ohr haben, gibt es zwei Arten: das volksliedhafte Kunstlied und das eigentliche Volkslied. Beide Arten sind beliebt und überall auf Platten zu haben. Als Orientierungshilfe ein paar Namen: **Roberto Murolo, la Nuova Compagnia di Canto Popolare, Concetta Barre** und hervorragend die politische Songgruppe **Nacchere Rosse.** Das volksliedhafte Kunstlied war die romantische Antwort auf den Niedergang der Stadt in der zweiten Hälfte des letzten Jahrhunderts. Aus der ehemaligen Hauptstadt eines bedeutenden Königreichs war eine provinzielle, im wirtschaftlichen Abstieg begriffene Stadt geworden, mit einem Bürgertum, dessen parasitäre Rolle immer deutlicher hervortritt und dessen Funktionslosigkeit bitteren Witz (Totò), sentimentale Melancholie (die Canzone, das Lied) und resigniertes Psychologisieren erzeugt (das Theater von Eduardo De Filippo hat frappante Ähnlichkeit mit Wiener Kleinbürgergeschichten). 1898 entsteht »o sole mio«, und je rascher der soziale Auflösungsprozeß und die mit ihm verbundenen Phänomene Auswanderung und Raubbau an der Natur vor sich gehen, desto eindringlicher besingen die großen Sänger Gigli, Schipa und Caruso die Sonne und das Meer. Die Stabilisierung des Bürgertums durch den Faschismus steht zumindest indirekt im Zusammenhang mit dem Weiter-

leben und der Blüte der Canzone in den 20er Jahren. Es entstehen in dieser Zeit »Lacreme napulitane« (1925), »Penzammo 'a salute« (1928) und andere, die zu den heute unbekanntesten, aber auch schönsten neapolitanischen Liedern gehören. Später bemächtigt sich dann der Schlager der Canzone und treibt an diesem Liedgut seinen industriellen Raubbau, aber immer noch, zumindest bis in die 50er Jahre, mit einem Minimum an handwerklicher Qualität. »Guaglione«, »Che lalà che lalà« gehören zu diesen erfolgreichen neapolitanischen Schlagern.
Neben dem Werk populärer professioneller Dichter und Musiker, die auf das Volkslied als Rohmaterial zurückgreifen und es in einer raffinierteren Form »aufheben« (im Doppelsinn von bewahren und ersetzen), lebte, noch bis in die 60er Jahre, immer fragmentarischer und funktionsloser, das eigentliche Volkslied. Ende der 50er Jahre begannen linke Zirkel in Norditalien (Gianni Bosio, Istituto De Martino u. a.) eine bewußte und systematische Auseinandersetzung mit volkstümlichen und mit den sie überlagernden, bürgerlichen Ausdrucksformen. Gips wurde abgeklopft, Ausdruckspotential freigelegt, Inhalte kamen zum Vorschein. Wo keine klare politische Linie hinter diesen Arbeiten stand, gerieten sie zur archäologischen Restauration, z. T. mit erheblichen ästhetischen Reizen und daher auch kommerziell verwendbar. Vom Volk, aber ohne Volk. Concetta Barre hat noch die Volkslieder als Volkslieder gesungen, die Nuova Compagnia di Canto Popolare hat in ihren Anfängen solche Lieder im Hinterland von Neapel gesammelt und verwendet sie heute kommerziell (auf bestem Niveau), die Nacchere Rosse sind eine Gruppe von Arbeitern und Arbeitslosen aus Pomigliano D'Arco, die mit diesen Liedern Kommunikation herstellen und bestimmte, volkstümliche Probleme artikulieren. In **S. Giuseppe Vesuviano** findet seit ein paar Jahren jeweils im Juni ein Festival statt, wo Gruppen dieser Art auftreten und wo politische und ästhetische Fragen der »cultura popolare« diskutiert werden (organisiert vom lokalen ARCI, dem kommunistisch-sozialistischen Bund für Erholung und Freizeit).
Die Via Forcella mündet auf die Via Viccaria Vecchia. Hier befinden wir uns auf einer Achse, die das alte Neapel kerzengerade bis zum »spanischen Viertel« am Fuße von S. Elmo durchläuft und deshalb **Spaccanapoli** (spaccare heißt spalten) genannt wird. Ihre Anlage geht noch auf die griechische Zeit

zurück. Um diese Achse hat sich schon immer das neapolitanische Volksleben gedreht, an ihr befinden sich aber auch, in jener Symbiose von reich und arm, die die vorkapitalistischen Städte kennzeichnet, bedeutende Paläste und Kirchen. In der Nähe von S. Chiara, an jenem Teil der Achse, die hier Via Benedetto Croce heißt, wohnte im Palazzo Filomarino (Haus n 12) der Historiker und Philosoph **Benedetto Croce** (1866–1952). Ein Mann wie Croce, der selbst inmitten dieses Volkes lebte, sah in der Volkskultur nur einen, wenn auch oft bizzarren und phantastischen Reflex der Kultur der herrschenden Oberschicht. Er sah in ihr weder Eigenständigkeit noch einen antagonistischen Charakter zur Kultur der Herrschenden, die mit der Ausbreitung von Zivilisation und Fortschritt sich auch voll als herrschende und überlegene Kultur durchsetzen wird. In seinen Betrachtungen »Der Straßendeklamator in Neapel« (1828) reflektiert ein aufmerksamer Reisender wie Waiblinger darüber, daß die Zeit solcher Ausdrucksmittel zu Ende geht. In Neapel wird das »niedere Volk« noch eine Zeitlang »viel nationellen Charakter erhalten, während die konventionelle Bildung nach und nach alle höheren Stände, die Einwohner von Rio Janeiro, Timbuktu, Tübingen und Taprobrane gleichmacht«, und es ist abzusehen, »daß in fünfzig Jahren der trasteverinische Minente Brustbinden und Manchesterwams, der Lazzarone die Matrosenmütze und Kapotte ablegt und sich kleidet wie seinesgleichen in Berlin und Wien«.
Pasolini – und natürlich nicht nur er – hat nicht die fortschrittliche, sondern die andere Seite dieser Kulturvernichtung hervorgehoben. Sein »Volk der Borgate«, die Plebs, der popolo romano der Innenstadt, sein Universum konkreter Völker (»der friulische Bauer, der neapolitanische Dieb, der lombardische Arbeiter, der griechische und arabische Bauer, der katalanische oder jugoslawische Arbeiter« in »Freibeuterschriften«, S. 45, Wagenbach 1978), ist zusammen mit der es tragenden Kultur vernichtet bzw. in »entwickelte Länder« deportiert worden. In Neapel erleben wir in diesen Jahren wie in keiner anderen europäischen Stadt sonst die Endphase eines solchen Kampfes, der überall da weitergeht, wo die Volkskultur noch Widerstandspotential bewahrt gegen die Ausquartierung der Bevölkerung aus dem alten Wohn- und Lebenszusammenhang. Daß aber die alte Lebensweise ebenso wie die alte Volkskultur, so wie sie sind, unhaltbar geworden sind, auch dafür bietet Neapel das beste Beispiel. Wo liegt

also die Alternative zur ersatzlosen Vernichtung von Ausdrucksfähigkeit, die den von seiner Kultur expropriierten Arbeiter und die kaputte »Szene« gleichermaßen kennzeichnet? Ein Spaziergang durch die Viertel der Spaccanapoli bietet komplexes Anschauungsmaterial zur Diskussion dieser Fragen und keineswegs nur einen Blick in eine Kiste voller »nationaler Eigentümlichkeiten«.

3. Goethe zur Wirtschaftsstruktur der Stadt

Goethe hat über die Stadt Neapel und die in ihr herrschende wirtschaftliche Tätigkeit und Arbeitsteilung eine sehr ausführliche empirische Untersuchung unternommen. Ausgehend von einem, vor allem Deutschen lieben Vorurteil, die Neapolitaner seien faul (das auch in seinem damaligen Reiseführer, dem Volkmann, nicht fehlt), untersucht er die Industrie (wirtschaftliche Tätigkeit) der niederen Volksklassen und hebt hervor: wie differenziert sich die Klassenstruktur auch im Erscheinungsbild der Menschen zeigt; den hohen Spezialisierungsgrad im Dienstleistungsbereich; Kinderarbeit; die produktive Verwendung von Abfällen im Stoffwechsel von Stadt und Land; die wirtschaftliche Rolle der Natur, die mit ihrem Reichtum die Lebenshaltungskosten und damit den Wert der Arbeitskraft sehr niedrig hält. Ich möchte diese Untersuchung ausführlich wiedergeben nicht wegen einer Marotte für Goethe. Durch genaues Beobachten entdeckt Goethe mehr als ein Heer von Sozialwissenschaftlern mit ihren »wissenschaftlichen« Methoden.

»Den 28. Mai 1787

Der gute und so brauchbare Volkmann nötigt mich, von Zeit zu Zeit von seiner Meinung abzugehen. Er spricht zum Beispiel, daß dreißig- bis vierzigtausend Müßiggänger in Neapel zu finden wären, und wer spricht's ihm nicht nach! Ich vermutete zwar sehr bald nach einiger erlangter Kenntnis des südlichen Zustandes, daß dies wohl eine nordische Ansicht sein möchte, wo man jeden für einen Müßiggänger hält, der sich nicht den ganzen Tag ängstlich abmüht. Ich wendete deshalb vorzügliche Aufmerksamkeit auf das Volk, es mochte sich bewegen oder in Ruhe verharren, und konnte zwar sehr viel übelgekleidete Menschen bemerken, aber keine unbeschäftigten.

Ich fragte deswegen einige Freunde nach den unzähligen Müßiggängern, welche ich doch auch wollte kennen lernen; sie konnten mir aber solche ebensowenig zeigen, und so ging ich, weil die Untersuchung mit Betrachtung der Stadt genau zusammenhing, selbst auf die Jagd aus.
Ich fing an, mich in dem ungeheuren Gewirre mit den verschiedenen Figuren bekannt zu machen, sie nach ihrer Gestalt, Kleidung, Betragen, Beschäftigung zu beurteilen und zu klassifizieren. Ich fand diese Operation hier leichter als irgendwo, weil der Mensch sich hier mehr selbst gelassen ist und sich seinem Stande auch äußerlich gemäß bezeigt.
Ich fing meine Beobachtung bei früher Tageszeit an, und alle die Menschen, die ich hie und da still stehen oder ruhen fand, waren Leute, deren Beruf es in dem Augenblick mit sich brachte.
Die Lastträger, die an verschiedenen Plätzen ihre privilegierten Stände haben und nur erwarten, bis sich jemand ihrer bedienen will; die Kalessaren, ihre Knechte und Jungen, die bei den einspännigen Kaleschen auf den großen Plätzen stehen, ihre Pferde besorgen und einem jeden, der sie verlangt, zu Diensten sind; Schiffer, die auf dem Molo ihre Pfeife rauchen; Fischer, die an der Sonne liegen, weil vielleicht ein ungünstiger Wind weht, der ihnen auf das Meer auszufahren verbietet. Ich sah auch wohl noch manche hin und wider gehen, doch trug meist ein jeder ein Zeichen seiner Tätigkeit mit sich. Von Bettlern war keiner zu bemerken als ganz alte, völlig unfähige und krüppelhafte Menschen. Je mehr ich mich umsah, je genauer ich beobachtete, desto weniger konnt' ich, weder von der geringen, noch von der mittlern Klasse, weder am Morgen, noch den größten Teil des Tages, ja von keinem Alter und Geschlecht eigentliche Müßiggänger finden.
Ich gehe in ein näheres Detail, um das was ich behaupte glaubwürdiger und anschaulicher zu machen. Die kleinsten Kinder sind auf mancherlei Weise beschäftigt. Ein großer Teil derselben trägt Fische zum Verkauf von Santa Lucia in die Stadt; andere sieht man sehr oft in der Gegend des Arsenals, oder wo sonst etwas gezimmert wird, wobei es Späne gibt, auch am Meere, welches Reiser und kleines Holz auswirft, beschäftigt, sogar die kleinsten Stückchen in Körbchen aufzulesen. Kinder von einigen Jahren, die nur auf der Erde so hinkriechen, in Gesellschaft älterer Knaben von fünf bis sechs Jahren, befassen sich mit diesem kleinen Gewerbe. Sie gehen nachher

mit den Körbchen tiefer in die Stadt und setzen sich mit ihren kleinen Holzportionen gleichsam zu Markte. Der Handwerker, der kleine Bürger kauft es ihnen ab, brennt es auf seinem Dreifuß zu Kohlen, um sich daran zu erwärmen, oder verbraucht es in seiner sparsamen Küche.

Andere Kinder tragen das Wasser der Schwefelquellen, welches besonders im Frühjahr sehr stark getrunken wird, zum Verkauf herum. Andere suchen einen kleinen Gewinn, indem sie Obst, gesponnenen Honig, Kuchen und Zuckerware einkaufen und wieder als kindische Handelsleute den übrigen Kindern anbieten und verkaufen; allenfalls, nur um ihren Teil daran umsonst zu haben. Es ist wirklich artig anzusehen, wie ein solcher Junge, dessen ganzer Kram und Gerätschaft in einem Brett und Messer besteht, eine Wassermelone, oder einen halben gebratenen Kürbis herumträgt, wie sich um ihn eine Schar Kinder versammelt, wie er sein Brett niedersetzt und die Frucht in kleine Stücke zu zerteilen anfängt. Die Käufer spannen sehr ernsthaft, ob sie auch für ihr klein Stückchen Kupfergeld genug erhalten sollen, und der kleine Handelsmann traktiert gegen die Begierigen die Sache ebenso bedächtig, damit er ja nicht um ein Stückchen betrogen werde. Ich bin überzeugt, daß man bei längerem Aufenthalt noch manche Beispiele solches kindischen Erwerbes sammeln könnte.

Eine sehr große Anzahl von Menschen, teils mittlern Alters, teils Knaben, welche meistenteils sehr schlecht gekleidet sind, beschäftigen sich, das Kehricht auf Eseln aus der Stadt zu bringen. Das nächste Feld um Neapel ist nur ein Küchengarten, und es ist eine Freude zu sehen, welche unsägliche Menge von Küchengewächsen alle Markttage herein geschafft wird, und wie die Industrie der Menschen sogleich die überflüssigen, von den Köchen verworfenen Teile wieder in die Felder bringt, um den Zirkel der Vegetation zu beschleunigen. Bei der unglaublichen Konsumtion von Gemüse machen wirklich die Strünke und Blätter von Blumenkohl, Broccoli, Artischocken, Kohl, Salat, Knoblauch einen großen Teil des neapolitanischen Kehrichts aus; diesen wird denn auch besonders nachgestrebt. Zwei große biegsame Körbe hängen auf dem Rücken eines Esels und werden nicht allein ganz voll gefüllt, sondern noch auf jeden mit besonderer Kunst ein Haufen aufgetürmt. Kein Garten kann ohne einen solchen Esel bestehen. Ein Knecht, ein Knabe, manchmal der Patron selbst, eilen des Tags so oft als möglich nach der Stadt, die ih-

nen zu allen Stunden eine reiche Schatzgrube ist. Wie aufmerksam diese Sammler auf den Mist der Pferde und Maultiere sind, läßt sich denken. Ungern verlassen sie die Straße, wenn es Nacht wird, und die Reichen, die nach Mitternacht aus der Oper fahren, denken wohl nicht, daß schon vor Anbruch des Tages ein emsiger Mensch sorgfältig die Spuren der Pferde aufsuchen wird. Man hat mir versichert, daß ein paar solche Leute, die sich zusammen tun, sich einen Esel kaufen und einem größern Besitzer ein Stückchen Krautland abpachten, durch anhaltenden Fleiß in dem glücklichen Klima, in welchem die Vegetation niemals unterbrochen wird, es bald so weit bringen, daß sie ihr Gewerbe ansehnlich erweitern.
Ich würde zu weit aus meinem Wege gehen, wenn ich hier von der mannigfaltigen Krämerei sprechen wollte, welche man mit Vergnügen in Neapel, wie in jedem andern großen Orte bemerkt; allein ich muß doch hier von den Herumträgern sprechen, weil sie der letztern Klasse des Volks besonders angehören. Einige gehen herum mit Fäßchen Eiswasser, Gläsern und Zitronen, um überall gleich Limonade machen zu können, einen Trank, den auch der Geringste nicht zu entbehren vermag; andere mit Kredenztellern, auf welchen Flaschen mit verschiedenen Liqueuren und Spitzgläsern in hölzernen Ringen vor dem Fallen gesichert stehen; andere tragen Körbe allerlei Backwerks, Näscherei, Zitronen und anderes Obst umher, und es scheint, als wolle jeder das große Fest des Genusses, das in Neapel alle Tage gefeiert wird, mitgenießen und vermehren.
Wie diese Art Herumträger geschäftig sind, so gibt es noch eine Menge kleine Krämer, welche gleichfalls herumgehen und, ohne viele Umstände, auf einem Brett, in einem Schachteldeckel ihre Kleinigkeiten, oder auf Plätzen, geradezu auf flacher Erde, ihren Kram ausbieten. Da ist nicht von einzelnen Waren die Rede, die man auch in größern Läden fände, es ist der eigentliche Trödelkram. Kein Stückchen Eisen, Leder, Tuch, Leinewand, Filz usw., das nicht wieder als Trödelware zu Markte käme und das nicht wieder von einem oder dem andern gekauft würde. Noch sind viele Menschen der niedern Klasse bei Handelsleuten und Handwerkern als Beiläufer und Handlanger beschäftigt.
Es ist wahr, man tut nur wenig Schritte, ohne einem sehr übelgekleideten, ja sogar einem zerlumpten Menschen zu begegnen, aber dies ist deswegen noch kein Faulenzer, kein Tage-

dieb! Ja ich möchte fast das Paradoxon aufstellen, daß zu Neapel verhältnismäßig vielleicht noch die meiste Industrie in der ganz niedern Klasse zu finden sei ...
Gewiß würde in unsern Gegenden ein zynischer Philosoph schlecht ausdauern, da hingegen in südlichen Ländern die Natur gleichsam dazu einladet. Der zerlumpte Mensch ist dort noch nicht nackt; derjenige der weder ein eigenes Haus hat, noch zur Miete wohnt, sondern im Sommer unter den Überdächern, auf den Schwellen der Paläste und Kirchen, in den öffentlichen Hallen die Nacht zubringt und sich bei schlechtem Wetter irgendwo gegen ein geringes Schlafgeld untersteckt, ist deswegen noch nicht verstoßen und elend; ein Mensch noch nicht arm, weil er nicht für den andern Tag gesorgt hat. Wenn man nur bedenkt, was das fischreiche Meer, von dessen Produkten sich jene Menschen gesetzmäßig einige Tage der Woche nähren müssen, für eine Masse von Nahrungsmitteln anbietet; wie allerlei Obst und Gartenfrüchte zu jeder Jahreszeit in Überfluß zu haben sind; wie die Gegend, worin Neapel liegt, den Namen Terra di Lavoro (nicht das Land der Arbeit, sondern das Land des Ackerbaues) sich verdienet hat und die ganze Provinz den Ehrentitel der glücklichen Gegend (Campagna felice) schon Jahrhunderte trägt: so läßt sich wohl begreifen, wie leicht dort zu leben sein möge. Überhaupt würde jedes Paradoxon, welches ich oben gewagt habe, zu manchen Betrachtungen Anlaß geben, wenn jemand ein ausführliches Gemälde von Neapel zu schreiben unternehmen sollte; wozu denn freilich kein geringes Talent und manches Jahr Beobachtung erforderlich sein möchte. Man würde alsdann im ganzen vielleicht bemerken, daß der sogenannte Lazzarone nicht um ein Haar untätiger ist als alle übrigen Klassen, zugleich aber auch wahrnehmen, daß alle in ihrer Art nicht arbeiten um bloß zu leben, sondern um zu genießen, und daß sie sogar bei der Arbeit des Lebens froh werden wollen. Es erklärt sich hiedurch gar manches: daß die Handwerker beinahe durchaus gegen die nordischen Länder sehr zurück sind; daß Fabriken nicht zustande kommen; daß außer Sachwaltern und Ärzten, in Verhältnis zu der großen Masse von Menschen wenig Gelehrsamkeit angetroffen wird, so verdiente Männer sich auch im einzelnen bemühen mögen; daß kein Maler der neapolitanischen Schule jemals gründlich gewesen und groß geworden ist; daß sich die Geistlichen im Müßiggang am wohlsten sein lassen, und auch die Großen ih-

re Güter meist nur in sinnlichen Freuden, Pracht und Zerstreuung genießen mögen.
Ich weiß wohl, daß dies viel zu allgemein gesagt ist, und daß die Charakterzüge jeder Klasse nur erst nach einer genauern Bekanntschaft und Beobachtung rein gezogen werden können, allein im ganzen würde man doch, glaube ich, auf diese Resultate treffen ...«

4. Lumpenkapitalismus

Die **Via Chiaia** vom Königspalast und der Oper S. Carlo zur großen Strandpromenade (Riviera di Chiaia, Via Caracciolo) war die eleganteste Straße Neapels und führte aus der Stadt in die Landschaft der Promenaden und Villen. Im **Palazzo Cellamare** an der Via Chiaia haben Goethe, Angelika Kauffmann, Hackert und andere Künstler als Gäste gewohnt. Gleich um die Ecke, am Beginn der heutigen *Via Filangieri,* wohnte in einem bescheidenen Palast Gaetano Filangieri, den Goethe besuchte und von dem er am 5. März 1787 schreibt: »Von einem trefflichen Manne, den ich diese Tage kennen gelernt, muß ich kürzlich das allgemeinste erwähnen. Es ist Ritter Filangieri, bekannt durch sein Werk über die Gesetzgebung. Er gehört zu den ehrwürdigen jungen Männern, welche das Glück der Menschen und eine löbliche Freiheit derselben im Auge behalten.«
Gaetano Filangieri (1752–1788) hatte 1781 ein aufgeklärtes Standardwerk über die politischen Zustände im Königreich Neapel »La scienza della legislazione« veröffentlicht und war einer der Wegbereiter der Revolution von 1799, die er selbst nicht mehr erlebte, an der aber seine Frau und seine Kinder aktiv teilnahmen. Die Revolution scheiterte, und die »ehrwürdigen jungen Männer« wurden als Extremisten verbannt, in den Kerker geworfen, manche zum Tode verurteilt (unter letzteren auch einige Frauen, die eine bedeutende Rolle gespielt hatten). Bei seinem Nachdenken darüber, wie eine vernünftige Gesetzgebung auszusehen habe, war Filangieri von einer Analyse der wirtschaftlichen und sozialen Lage des Königreichs ausgegangen und kam zu ähnlichen Ergebnissen wie andere neapolitanische Aufklärer (der Abbé Galiani, Antonio Genovesi, Giuseppe Maria Galanti usw.): die feudalen Besitzverhältnisse entsprechen nicht mehr den Bedingungen

einer vollen Entfaltung der Produktivkräfte. Die Stagnation der Landwirtschaft und die Konzentration der Verwaltung, Dienstleistungen und Manufakuren in der Stadt verschärfen die Trennung von Stadt und Land und blockieren schließlich die Entwicklung sowohl der Stadt als auch des Landes. »Jedes Land braucht eine Haupt-stadt. Aber wenn das Haupt zu rasch wächst und sich in ihm alles Blut staut, wird der Körper hinfällig und verfault ... Die Menschen folgen dem Gold wie die Fische der Wasserströmung. Sie verlassen die Landwirtschaft um dahin zu gehen, wohin der Reichtum fließt. Wenn die Grundbesitzer in die Stadt ziehen und ihr Geld dort ausgeben, anstatt es in die Landwirtschaft zu investieren, wird das Land verarmen, wenn wahr ist, daß die Erde in dem Maße gibt wie sie empfängt. Der Adel verpachtet den Boden und die Pächter bedrücken die Bauern, die durch die Not in die Stadt getrieben werden, um zu betteln oder um ihre Dienste den Müßiggängern anzubieten.« Als Gegenstrategie zu dieser Entwicklung schlägt Filangieri vor: Freihandel im Inneren des Landes, breite Streuung des Grundeigentums, Dezentralisierung der Verwaltung, Bau von Manufakturen (Fabriken) auf dem Land.

Als Filangieri diese Ideen entwickelte, war Neapel noch eine der bedeutendsten europäischen Hauptstädte sowohl was das kulturelle als auch das wirtschaftliche Niveau anbetrifft. Und doch war in dieser delikaten Übergangsperiode vom niedergehenden Feudalismus in den aufblühenden Kapitalismus bereits sichtbar, in welche entwicklungspolitische Sackgasse die Beibehaltung der alten Ordnung führen würde. Sicher unter dem Einfluß der Gespräche mit Filangieri hat Goethe die den feudalen Eigentumsverhältnissen so genau entsprechende soziale Arbeitsteilung der neapolitanischen Wirtschaft beschrieben und ein Bild gegeben, das heute zu einem Teil in Neapel, aber vor allem in den Städten der Dritten Welt noch zutrifft. Die vielen Eselstreiber, Wasserträger, Zuckerbäcker, Gärtner, Fischer, Läufer, Kutscher usw. bevölkerten nicht nur 1001 Nacht und Neapel, sondern alle vorkapitalistischen Kulturstädte. In den modernen Städten sind diese Berufe wegrationalisiert. Ihre Träger wurden in Arbeiter verwandelt, zur Auswanderung gezwungen oder verelendeten. In den Städten, in denen die Träger der wegrationalisierten Berufe keine produktive Verwendung finden, stauen sie sich in ihren alten Stadtvierteln als ein zunehmendes Heer von Ar-

beitslosen. Die endemische Arbeitslosigkeit in Städten wie Rom, Neapel und Palermo ist ein modernes Phänomen.
Neapel ist ein Beispiel für einen steckengebliebenen Rationalisierungsprozeß, der alle europäischen Länder mit Kultur und Tradition erfaßte und der in Deutschland am weitesten fortgeschritten ist, wo Inflation, Währungsreform und die Vernichtung alter Städte wirtschaftlich überflüssig gewordene Bevölkerungsschichten in einem ungeheuren Tempo beseitigten und damit Platz für ein Wirtschaftswunder machten, Platz für die modernen Formen der Produktion und Arbeitsweise vom amerikanischen Typus. Antonio Gramsci analysierte 1934 die gesellschaftlichen Vorbedingungen für die Durchsetzung dieser Produktionsweise:
»Diese Vorbedingung könnte man ›rationale demographische Zusammensetzung‹ nennen. Sie besteht darin, daß es keine Klassen ohne wesentlich produktive Funktion, das heißt keine absolut parasitären Klassen gibt. Die europäische ›Tradition‹ und ›Zivilisation‹ zeichnet sich dagegen gerade durch die Existenz derartiger, durch ›Reichtum‹ und ›Vielschichtigkeit‹ der vergangenen Geschichte hervorgerufener Klassen aus. Es gibt als Hinterlassenschaft eine Reihe passiver Ablagerungen, Phänomene der Saturierung und Fossilierung des Staatspersonals und der Intellektuellen, des Klerus und des Grundeigentums, des spekulativen Handels und des Heeres, das erst berufsmäßig, dann durch Wehrpflicht organisiert wurde, aber für das Offizierskorps weiter professionell blieb. Man kann sogar sagen, daß, je altehrwürdiger die Geschichte eines Landes ist, sich diese Sedimentierungen nichtstuerischer und unnützer Massen um so zahlreicher und drückender erweisen, die vom ›Erbe‹ der ›Ahnen‹ als Pensionäre der Wirtschaftsgeschichte leben. Eine Statistik dieser (im gesellschaftlichen Sinne) ökonomisch passiven Elemente ist äußerst schwierig. Es ist unmöglich, eine ›Rubrik‹ zu finden, unter der sie zum Zwecke einer direkten Untersuchung aufgeführt werden könnten. Aufklärende Hinweise können indirekt gewonnen werden, zum Beispiel aus der Existenz bestimmter Formen des nationalen Lebens. Die erhebliche Anzahl großer und mittlerer (und auch kleiner) Agglomerate städtischen Typs ohne Industrie (ohne Fabriken) ist eines dieser wohl augenfälligsten Indizien.
Das sogenannte ›Wunder von Neapel‹. Es sei an Goethes Beobachtungen erinnert und an die ›tröstlichen moralischen

Schlußfolgerungen‹, die Giustino Fortunato daraus gezogen hat. Goethe hatte recht, wenn er die Legende vom organischen *lazzaronismo,* dem Faulenzertum der Neapolitaner zerstörte und betonte, daß sie sehr aktiv und geschäftig seien. Aber es fragt sich, was das tatsächliche Ergebnis dieser Geschäftigkeit ist: sie ist nicht produktiv und nicht darauf gerichtet, die Bedürfnisse und Erfordernisse produktiver Klassen zu befriedigen. Neapel ist die Stadt, in der die meisten (adligen und nichtadligen) Landeigentümer Süditaliens ihre Grundrente verzehren. Um einige Zehntausend solcher Familien von Eigentümern größerer oder geringerer ökonomischer Wichtigkeit mit ihren Höfen von Dienern und unmittelbaren Lakaien organisiert sich das praktische Leben eines imponierenden Teils der Stadt, mit ihren handwerklichen Industrien, fliegenden Händlern, dem unerhört zerbröckelten unmittelbaren Angebot von Diensten und Waren an die auf den Straßen herumlaufenden Beschäftigungslosen. Ein anderer Teil der Stadt organisiert sich um den Transit- und Großhandel. Die »produktive« Industrie im Sinne einer Schaffung und Akkumulation neuer Güter ist relativ gering, obwohl in den offiziellen Statistiken Neapel als vierte Industriestadt Italiens hinter Mailand, Turin und Genua angegeben wird.« (Aus: Gramsci, Philosophie der Praxis, Fischer Verlag.)

5. Vom Reichtum der Natur

In Neapel kann man sich tagelang herumtreiben lassen und findet immer wieder neues Anschauungsmaterial, um das theoretische Bild von der wirtschaftlichen und sozialen Lage der Stadt auszufüllen und zu erweitern. Zu regelrechten Museumsbesuchen oder zielbewußten Spaziergängen gehört hier eine besondere Disziplin, die ich nicht aufbringe. Immer kommt etwas dazwischen. Vom **Aquarium** mit seinen Meerestieren und den Fresken des Malers Hans von Marées (1837–1887) wollte ich, immer der Seepromenade entlang, am Castel dell'Ovo und am Castel Nuovo vorbei die **Piazza del Mercato** erreichen, wo Konradin, der letzte Hohenstaufe (1252–68) enthauptet, wo die Jakobiner des Jahres 1799 hingerichtet wurden und wo die Volkserhebung des Masaniello begann (1647), die erste revolutionäre Erhebung der Neuzeit in Neapel. Aber bereits auf der Höhe des Castel dell'Ovo entdeckte ich etwas, was diesem Tag eine völlig andere Richtung gab. Gregorovius beschrieb nicht nur das von Friedrich II. ausgebaute Kastell und wer darin alles gefangen war und lebte, sondern auch das Fischerviertel **Santa Lucia,** das später größtenteils der Hotelpromenade zum Opfer gefallen ist. Das Meeresufer war damals von Fischern und Buden belebt. In einem Gewölbe in den Tuffelsen sprudelte eine Schwefelquelle. »Vom frühen Morgen bis in die späte Nacht schöpfen dies Heilwasser Weiber und Mädchen in Gläsern und bieten den Trank aus. Man sitzt auf Stühlen umher, man trinkt ein Glas des mineralischen Wassers und ißt dazu kleine Kringel. Von allen Seiten strömen Besucher, von der Stadt her, wie aus den Barken, welche kommen und gehen.« Ende des 18. Jahrhunderts war diese Quelle so beliebt, daß Ferdinand IV. anordnete, daß das Wasser gratis und täglich jedermann zugänglich sein müsse. Das war offensichtlich eine erste Maßnahme gegen Leute, die diese Gratisgabe der Natur privatisieren wollten. Was ist aus dieser Quelle und dem Volksleben um sie herum geworden? Im Baedeker von 1880 war sie noch verzeichnet nebst einem Badehaus, in dem man für geringen Eintritt Schwefelbäder nehmen konnte. Die weitere Geschichte der Quelle ist lang recherchiert und kurz erzählt. Dem Bau der **Via Chiatamone** fielen die Tuffgrotten zum Opfer (das Meer ging also bis zur Via Chiatamone), aber die Quelle wurde gefaßt und blieb den **Acquaioli,** die das Wasser verkauften, zugänglich. Die Acquaioli hatten malerische Stände oder waren »Herumträger«, wie Goethe es nennt. Auf jeden Fall waren sie aber große Kenner der verschiedenen Qualitäten der zahlreichen vulkanischen Quellen. Neben einer ausgeprägten Weinkultur besaß die neapolitanische Bevölkerung auch eine ebenso raffinierte wie einfache Kultur des Wassers. Das Acqua Ferrata, so hieß das Wasser der Via Chiatamone im Volksmund, blieb ein geschätzter Verdauungstrank bis zum Jahre 1973, als diese Art von Quellen und Wasserhändlern dem kombinierten Angriff von Cholera und Coca-Cola endgültig zum Opfer fielen. Es gibt nicht mehr viele, beruflich wirklich qualifizierte Wasserhändler in Neapel (ein bekannter Stand befindet sich noch in der Via S. Lucia). Wer nicht schon vor 1973 den Betrieb auf abgefüllte Standardgetränke umgestellt hatte, wurde nun unter dem Vorwand der Cholera zur Schließung des Ladens gezwungen. Cholera und Fortschritt gehen in Neapel Hand in Hand. Wie 1884 durch die

Cholera alte Straßen, wurden 1973 ca. 15 000 Straßenhändler (Muscheln, Getränke, Eßwaren) wegrationalisiert (dazu gibt es einen hervorragenden Bericht: »Anche il Cholera«, Hrsg. Gennaro Esposito, Feltrinelli 1973). Die Quelle der Acqua Ferrata wurde geschlossen, und die Erinnerung an diese Quelle beginnt sich zu verlieren. Doch die Quelle besteht noch, obgleich der Brunnen zur Straße hin samt dem Gebäude, das sich auf dem Gelände erhob (das alte Hotel Continental), abgerissen wurde. Camilla Cederna, die Journalistin, die mit ihrem mutigen Buch über den Clan des Staatspräsidenten Leone 1978 dessen Rücktritt erzwang (»Giovanni Leone, la carriera di un presidente« Feltrinelli 1978) deutet an, daß hinter dem Abriß des alten Continental die Familie Leone mit ihrer typischen Bauspekulation steckt. Sie schreibt: »Dann ist da noch die Geschichte der enormen Baulücke, die an der Stelle des Continental in der Via Partenope entstand. Das Hotel wurde abgerissen, um den Boden profitabler zu verwerten, nämlich um ein Appartementhaus errichten zu können ... Offiziell ist niemand von der Familie Leone an diesem Geschäft beteiligt. Das Gelände gehört einer 1973 gegründeten Firma, der ›Immobiliare Chiatamone‹, mit Sitz in Neapel, aber eingetragen in das Handelsregister der Kleinstadt Busto Arsizio auf den Namen einer gewissen Luisetta Tola, verwitwete Molina, eine Frau in bester Gesundheit im Alter von über 80 Jahren ... Die alte Dame ist die einzige Gesellschafterin und einziger Verwalter ... Einige Wochen nach der Gründung der Gesellschaft verlegte die unternehmenslustige Alte den ursprünglich mit Varese (Lombardei) angegebenen Sitz der Gesellschaft nach Neapel, Via Chiatamone 50. Im August 1975 wird die Firma in eine Aktiengesellschaft umgewandelt, und haufenweise erscheinen als Aktionäre die Mitglieder der feinen Gesellschaft der Neapolitaner Spekulanten und Baulöwen, oft hinter Namen von Strohmännern versteckt.«
Ende 1978 ist der Bau immer noch nicht fertig. Warum? Camilla Cederna vermutet als Grund des langsamen Bauens die Absicht der Gesellschaft, ihren Bankrott zu erklären, um den Bau an einen weiteren Interessenten verschleudern zu können. Ferner muß noch entschieden werden, ob aus dem bereits stehenden Rohbau ein Hotel oder ein für den Grundbesitzer lukratives Appartementhaus entstehen soll (für das jedoch keine Baugenehmigung vorliegt). Von der Quelle weiß Frau Cederna anscheinend nichts. Das Wasser sprudelt gut

eingefaßt im Keller, und ich sehe schon vor mir ein Prospekt: Hotel (oder Appartementhaus) mit eigener Thermalquelle. Diese Geschichte ist mehr als eine bunte Story um eine Schwefelquelle und den neapolitanischen Clan der Leone. Auf diese Weise wurde überall am Golf von Neapel der Reichtum der Natur privat angeeignet und kapitalisiert. Thermalquellen, Natursaunen und Fumaroli auf Ischia, den flegräischen Feldern, am Vesuv wurden zu Geldquellen. Viele wurden auch vernichtet, sofern sie eine profitablere Verwendung des Bodens behinderten. Die Bäder von Pozzuoli sind verwahrlost. Man muß die **Solfatara** (Campingplatz) und den Krater der Astroni gesehen haben, um sich vorzustellen, was man aus solchen Naturereignissen machen könnte. Die herrschende Klasse Neapels lebte zunächst von der Ausbeutung der Bauern und erschloß schließlich enorme Profitquellen mit der Privatisierung und mit dem Raubbau an der Natur. Selbst das Stahlwerk in Bagnoli, einer der wenigen Beiträge zur Industrialisierung Neapels, wurde an einer der schönsten Buchten der Welt gebaut und hat eine vom alten Neapel lange Zeit völlig getrennt lebende Arbeiterklasse in die Logik des Raubbaus an der Natur einzubeziehen versucht. Der ehemals fischreiche Golf von Neapel gehört heute, sowohl wegen der Bevölkerungskonzentration als auch wegen der Industrieabwässer, zu den verschmutztesten Stellen des Mittelmeeres. Die Natur liefert nicht mehr gratis ihre Gaben, sondern erfordert heute zu ihrer Erhaltung enorme Investitionen. Und mit der Erhaltung allein ist es nicht getan, ebensowenig wie mit einer Rationalisierung der Produktions- und Bevölkerungsstruktur, die lediglich die Entwicklungsdynamik anderer moderner Großstädte nachvollziehen würde. Die von diesem Rationalisierungsprozeß direkt betroffenen Schichten der Unterbeschäftigten und Arbeitslosen haben sich seit der Cholera-Epidemie von 1973 organisiert. Mit einer Analyse der Erfahrung dieser Schichten, die zum ersten Mal bewußt ihre Interessen artikulieren (1977 erschien ein erster, umfassender Bericht, »Napoli: i disoccupati organizzati«, Hrsg. F. Ramondino, Feltrinelli), könnte eine Diskussion über die Zukunft Neapels beginnen.

P.K.

Sizilien

Sizilien ist nicht nur eine eigene Reise wert, sondern angesichts der Entfernungen geht es eigentlich auch gar nicht anders (empfehlenswert: Fährschiff von Genua oder Livorno nach Palermo) – andererseits gibt es jedoch keine Region Italiens (oder gar Europas?), die gleichermaßen geschichtsträchtig und politökonomisch emblematisch wäre. Die reiseführenden Bücher sollen und können auch für die folgenden fragmentarischen Hilfestellungen bei der eigenen Entdeckung nicht ersetzt werden, aber *das* Sizilienbuch oder -kapitel ist erst noch ein zu Schreibendes. Auch Goethe beließ es bei dem Aphorismus, der in keinem italienischen, geschweige denn deutschen Sizilienbuch fehlt: »Italien ohne Sizilien macht gar kein Bild in der Seele: hier ist erst der Schlüssel zu allem.« In der Tat finden wir hier zumindest einige Schlüssel zum Verständnis Italiens. (G. selbst glaubte sich, darüber hinaus, am 17. April 1787 im Botanischen Garten von Palermo auch noch auf der Spur zur Entdeckung der »Urpflanze«: »Eine solche muß es denn doch geben! Woran würde ich sonst erkennen, daß dieses oder jenes Gebilde eine Pflanze sei, wenn nicht alle nach einem Muster gebildet wären.«)

Die meisten Türen zum Italienverständnis in sizilianischer Perspektive öffnet noch immer die Historie. Um nicht zu weit auszuholen – und ohne deswegen die ohne jeglichen Kommentar überwältigende Größe der griechischen Tempel dem legitimen touristischen Interesse zu verweigern – beginnen wir mit der normannischen Eroberung und ihren Folgen. Sie ist architektonisch sozusagen handgreiflich in den **großen Kathedralen** von Palermo, Monreale und Cefalù sowie im noch immer so genannten Normannenpalast von Palermo. Die Stilsymbiose von normannischen und arabisch-byzantinischen Elementen erschließt sich auch dem unbefangenen Auge ohne Schwierigkeiten, und die entsprechenden Kultur-Reiseführer wissen dazu das Nötige zu sagen. Dahinter verbirgt sich jedoch mehr als Kunst- und Kulturgeschichte, nämlich ein zentraler Aspekt italienischer politischer Ökonomie von heute. Anlaß oder Vorwand für die normannische Erobe-

rung Siziliens war ein Konflikt innerhalb der arabischen herrschenden Klasse, die ihrerseits Sizilien in der ersten Hälfte des 9. Jahrhunderts von Byzanz erobert hatte und zur Unterstützung der einen »Fraktion« die kriegstüchtigen normannischen Ritter unter Robert Guiscard und Roger 1050 ins Land riefen – wo sie dann auch gleich blieben und sich selbst zur Herrschaft einsetzten. Einerseits war dies das Pendant zur normannischen Eroberung Englands, 1066. Sie legte aber hier, andererseits, die Fundamente zur späteren Feudalisierung nicht nur Siziliens, sondern auch Süditaliens, denn zuvor hatten die Normannen bereits Apulien erobert. Damit war die bis heute zentrale »ungleiche« Entwicklung der beiden Teile Italiens – der inneritalienische »Nord-Süd-Konflikt« – eingeleitet worden.
Im Unterschied zur normannischen Eroberung Englands unter Wilhelm dem Eroberer war Roger I. fünfzehn Jahre lang (1086–1101) ein toleranter Herrscher, was die von ihm vorgefundenen griechischen, römischen und vor allem die arabischen Traditionen und Religionen anbetrifft. Sichtbar ist das, wie gesagt, in der normannischen Architektur der Zeit. Andererseits verdankt Sizilien den Arabern aber auch einen wesentlichen Teil seiner Ökonomie: zwei Drittel der italienischen Orangen-, mehr als die Hälfte der Mandarinen- und neun Zehntel der Zitronenproduktion Italiens stammen aus Sizilien – und diese hier angesiedelt zu haben war das Verdienst der Araber. Sie brachten aus Persien die Techniken vor allem der künstlichen Bewässerung mit, ohne die der sizilianische Reichtum undenkbar gewesen wäre; eine dieser hydraulischen Anlagen kann man in den Bädern (bagni) von Cefala Diana, Provinz Palermo (11. Jh.) noch in voller Funktion sehen. Die ältesten Orangen- und Zitronenhaine finden sich in der Goldenen Muschel, der »conca d'oro«, dem Hinterland von Palermo. Was jedoch die Feudalisierung der Insel selbst anbetrifft, so ist sie sichtbar vor allem in der Landschaftsstruktur des Landesinnern, wo vor allem Weizen angebaut wird, heute mit vergleichsweise niedrigen Hektar-Erträgen aufgrund fehlender maschineller Ausrüstung, künstlicher Bewässerung und ungenügender Düngung. Es gibt riesige Flächen unbewohnten Landes, dazwischen kleine bis mittlere Städte, wohin die Landarbeiter jeweils abends zurückkehren mußten – sogenannte »Schlafstädte«. Ganz Ähnliches kann man übrigens auch sehr deutlich in Apulien beobachten; auch

diese Region ist von den Normannen feudalisiert und in dieser Struktur bis in unsere Gegenwart vergleichsweise unverändert geblieben. Andererseits war es dieses Landproletariat, das die großen, nicht selten blutig niedergeschlagenen, Kämpfe gegen die feudalen Besitzverhältnisse geführt hat: »wilde« Landbesetzungen zuletzt in den Jahren unmittelbar nach der Befreiung, 1943–47, denen eine halbherzige Bodenreform schließlich (vorläufig) die Spitze genommen hat. Den Rest besorgte die Massenemigration der späten '50er und der '60er Jahre, sowie die Abwanderung in die großen Städte mit der fast immer betrogenen Hoffnung auf einen Anteil am parasitären tertiären Sektor im Dienstleistungsgewerbe.
Ein sichtbares und eindrucksvolles Beispiel der für die Bedürfnisse feudaler Landwirtschaft geschaffenen »Schlafstadt« ist **Grammichele** (nördlich von Ragusa): eine Stadt für Landarbeiter, am Reißtisch in völlig symmetrischer Form als reines Sechseck entworfen und auch so ausgeführt (nur die Luftaufnahme jedoch macht das wirklich deutlich). Die Stadt wurde nach dem großen Erdbeben von 1693 in sicherer Lage und aus nur zwei- bis dreistöckigen Häusern bestehend

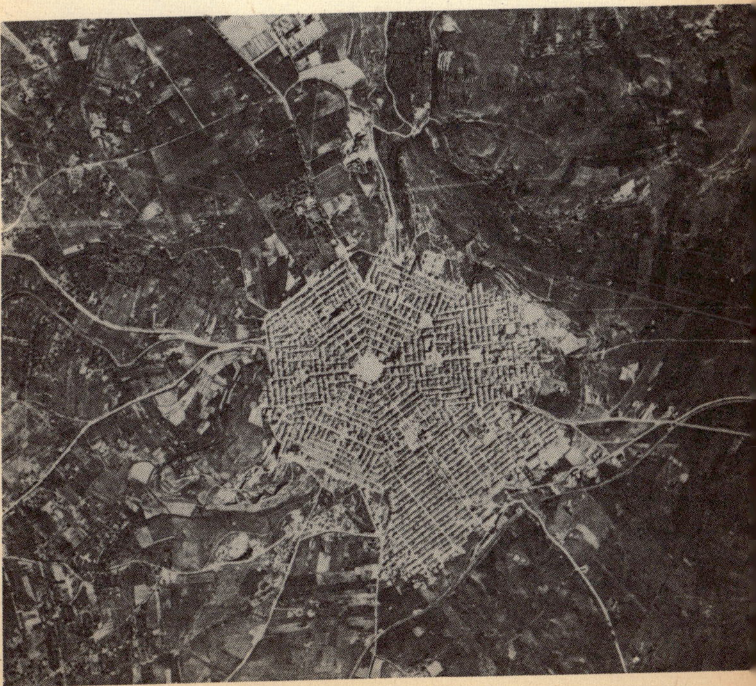

errichtet. Apropos dieses Erdbeben: ihm waren große Landstriche bzw. städtische Siedlungen im großen Dreieck zwischen Ragusa, Catania und Siracusa zum Opfer gefallen. Dort, wo der Feudaladel seine zerstörten Paläste wiederaufbaute – in den Städten nämlich –, sah die Sache selbstverständlich anders aus. Man besuche unbedingt das wiederaufgebaute **Noto.** Man wird auf einem zwar wiederum völlig mathematischen Grundriß dort eine geschlossene Barockarchitektur finden, die in eben dieser Homogenität und Planmäßigkeit der Anlage kaum ihresgleichen hat; eine Stadt, die mit ihren großen Freitreppen und in ihrer räumlichen Gliederung wie ein inszeniertes Bühnenbild sich darstellt.
Barockarchitektur findet sich aber auch und nicht zuletzt in den großen Städten in reicher Vielfalt – und auch dies ist, wenn hier »verkürzte Schlüssel« erlaubt sind, Ausdruck der gesellschaftlich-ökonomischen Spaltung des Landes in Nord und Süd: denn Sizilien fiel, nach den dynastischen Wirren des 13. und 14. Jahrhunderts schließlich an die spanische Monarchie, die auf der Grundlage des ungebrochenen Feudalsystems hier eine dauerhafte Herrschaft errichtete. Sie ging ein in die Geschichte als Herrschaft der Bourbonen und hielt sich mehr als vierhundert Jahre in ihrer wohl einmaligen Mischung von monarchischer Prachtentfaltung, die an der Architektur ablesbar geblieben ist, und ihrer Strategie der Bestechung und Bestechlichkeit, eben der Korruption als System. Ein weiteres Charakteristikum ist ihre Abschirmung gegen die Außenwelt, gegen die Renaissance in Mittel- und Norditalien und damit zugleich gegen den Manufaktur- und später den Industriekapitalismus; dies alles konservierte sich von 1410 bis zur Befreiung durch Garibaldi 1860. Dieser »Bourbonismus« des Königreiches der beiden Sizilien, wie das Herrschaftsgebiet offiziell hieß – es umfaßte das südliche Italien und hatte Neapel zur Hauptstadt –, der den Mezzogiorno gesellschaftlich und ökonomisch stagnieren ließ, kann hier nicht explizit analysiert werden. »Sichtbar« ist er in der Architektur, allenfalls noch in dem Nichtfunktionieren von öffentlicher Verwaltung, die eben in jenem System den Zweck hatte, klientelistisch Posten zu beschaffen und damit Abhängigkeiten zur gesellschaftlichen Pazifizierung zu begründen. Nur sekundär erfüllte er Sachfunktionen – wie z. B. das berühmt-berüchtigte Beispiel der neapolitanischen Stadtreinigung bis heute demonstriert. Goethe berichtet dazu aus Pa-

lermo die Antwort eines Kleinhändlers auf seine Frage, warum auf den Straßen der Unrat nicht beseitigt werde: »Die Rede gehe im Volke, daß gerade die, welche für Reinlichkeit zu sorgen hätten, wegen ihres großen Einflusses nicht genötigt werden könnten, die Gelder pflichtmäßig zu verwenden, und dabei sei noch der wunderliche Umstand, daß man fürchte, nach weggeschafftem misthaftem Geströhde werde erst deutlich zum Vorschein kommen, wie schlecht das Pflaster darunter beschaffen sei, wodurch denn abermals die unredliche Verwaltung einer andern Kasse zutage kommen würde. Das alles aber sei, setzte er mit possierlichem Ausdruck hinzu, nur Auslegung von Übelgesinnten, er aber von der Meinung derjenigen, welche behaupten: der Adel erhalte seinen Karossen diese weiche Unterlage, damit sie des Abends ihre herkömmliche Lustfahrt auf elastischem Boden bequem vollbringen könnten...«

Marsala: eine als solche nicht überdurchschnittlich attraktive Stadt – bis auf zwei Ausnahmen, die eine sichtbar, die andere wißbar. In Marsala landete am 11. Mai 1860 Garibaldi mit seinen berühmten tausend Freiwilligen, den »Mille«, denen fast in jeder italienischen Stadt eine Straße oder ein Platz gewidmet ist, und begann von hier, in dem schnell zusammenbrechenden Königreich beider Sizilien, seinen Siegeszug, der zur italienischen Einheit bzw. zur piemontesischen Monarchie für ganz Italien führte. Das Tor, durch das er einzog, ist noch zu sehen – und ebenso im Hinterland von Trapani bei Calatafimi das Denkmal der ersten und im Grunde bereits feldzugentscheidenden Schlacht, vier Tage später. Zwei Jahre später kam Garibaldi noch einmal nach Marsala zurück – nunmehr als Held (»eroe«) und gab diesen Ehrennamen einem Wein der Firma Florio, dem anderen, sichtbaren Anziehungspunkt für Marsala. Die Firma Florio ist das größte wirtschaftliche Unternehmen Marsalas und ist zu besichtigen einschließlich ihrer Garibaldi-Gedenkstätte, wo sich übrigens später u. a. auch Mussolini hat verewigen lassen. Hier wird der berühmte Marsala-Süßwein und verschiedene seiner Variationen hergestellt und kann probiert werden. Und dieser »Marsala« nun eröffnet uns einen Teil der sizilianischen Wirtschaftsgeschichte wie auch ein Zipfelchen Weltwirtschaftsgeschichte. Sizilianische Historiker sind stolz auf die Tatsache, daß es neben England nur Sizilien war, das von Napoleon nicht unterworfen wurde; hier hatte Admiral Nelson seinen Flottenstützpunkt, und seinen Nachfahren gehört noch heute ein ihm damals »zum Dank« vermachter Landsitz in der Nähe von Bronte am Fuße des Ätna. Aber was ihm bzw. seinen Matrosen für die Kampfmoral fehlte, war der Portwein (jeder Ökonom kennt das berühmte Modell Ricardos vom englischen Leintuch und dem portugiesischen Wein...); damit ergab sich für zwei unternehmerische englische Geschäftsleute, die sich in der Nähe Marsalas befanden, eine Chance, die sie nützten: durch Beimischung verschiedener Ingredienzen und Eigelb produzierten sie den »Marsala«, der dem Portwein in vielem verwandt ist. Die Namen der beiden tüchtigen Engländer, Woodhouse und Ingham, finden sich noch immer unter den Firmenschildern von Florio; man sieht in den Empfangsräumen u. a. auch eine Korrespondenz mit Admiral Nelson, in der dieser sich für den für seine Mannschaft offensichtlich so mutfördernden Wein bedankt. Die englische Präsenz in Marsala führte dazu, daß von hier der einzige größere Industrialisierungsversuch Siziliens ausging – vor allem mit dem erwähnten Namen Florio verbunden. Als Garibaldi hier landete und die ihn verfolgenden Kriegsschiffe der königlichen Flotte in Marsala einliefen, fanden sie sich konfrontiert mit zwei englischen Fregatten, die ihrerseits hier die englische ökonomische Präsenz schützten. Aber was immer Florio/Marsala als industriell-kommerzielles Zentrum hätten werden können, ging zurück bzw. wurde ein Opfer der italienischen Einigung bzw. der norditalienischen Konkurrenz. Sizilien – und mit ihm der Süden – blieb weiterhin unterentwickelt, parasitär regiert, und sein Reichtum wurde nicht im Lande produktiv investiert, sondern entweder neofeudal zur Herrschaftserhaltung ausgegeben, oder aber er floß aufs Festland.

Apropos Industrialisierung: gar nicht zu übersehen sind die konzentrierten großen Industrieanlagen vor allem an der Ostküste (zwischen Siracusa und Catania z. B.), die einen der mineralischen Reichtümer Siziliens ausbeuten: Erdöl und seine Nebenprodukte. Darüber hinaus wird hier nordafrikanisches bzw. arabisches Erdöl weiterverarbeitet, eine große Erdgasleitung nach Tripolis ist im Planungsstadium. Aber was diese Industrien darstellen, ist das, was man hier »Kathedralen in der Wüste« nennt: große, kapitalintensive Anlagen, die gleichzeitig eben wegen ihrer Modernität und Kapitalintensität nur ganz wenige Arbeitsplätze schaffen, also ihren Zweck

hinsichtlich der regionalen Entwicklung völlig verfehlen. Und auch hier gehen die wirklichen Profite wiederum außer Landes. –
Für viele verbindet sich Sizilien mit dem mysteriösen Phänomen der **Mafia**. Und gewissermaßen per definitionem handelt es sich um etwas, das unsichtbar ist: sowohl für die öffentliche Gesellschaft als auch und das erst recht für den Touristen. Insofern könnte und müßte ihre Erwähnung hier entfallen. Aber es gibt dennoch einen Ort, wo die Mafia sichtbar ist: nämlich auf dem Friedhof von **Corleone.** Zwei Gräber repräsentieren hier den sozialen Konflikt, aus dem die Mafia hervorging – denn während bürgerliche, psychologisierende Erklärungen die Mafia aus irgendwelchen sizilianischen Charaktereigenschaften transhistorischer Natur abzuleiten sich immer wieder bemühen, geht es tatsächlich um Klassenauseinandersetzungen. Das Grab des Bernardino Verro steht für den niedergeschlagenen Aufstand der sizilianischen Bauern am Ende des vorigen Jahrhunderts (1894), deren Bewegung zugunsten von Landreformen, Selbsthilfe und gegen die feudalen Grundherren unter dem Namen ›Fasci siciliani‹ in die Geschichte einging (die Faschisten haben diesen Namen später sozusagen ›enteignet‹). Diese breite und militante Rebellion hatte in Corleone eines ihrer wichtigsten Zentren – sie wurde niedergeschlagen erst durch die Entsendung von mehr als 40000 (!) Mann Truppen unter Crispi und in der Folge niedergehalten durch die Mafia, den örtlichen »Ersatzstaat«, der im Auftrag der (Großgrund-)Besitzenden die Besitzlosen in ihre Schranken verweist und ihnen durch die Gewährung von Arbeit – oder durch deren Entzug – täglich demonstriert, wer Herr im Haus bzw. auf dem Lande ist. Die Stärke der Mafia ist die Schwäche der Bauern – und umgekehrt. Der Versuch der »fasci« zur Bildung von Genossenschaften, zur Selbstorganisation, der von den norditalienischen Besatzungstruppen niedergeworfen worden war, wiederholte sich unter veränderten Umständen mit den großen Landbesetzungen nach dem zweiten Weltkrieg. Der Sekretär der roten Arbeiterkammer von Corleone, Placido Rizzotto, war im März 1948 u. a. angesichts der bevorstehenden Wahlen vom April (die zum erstenmal als antikommunistischer Kreuzzug geführt wurden und dann auch zum Sieg der DC in Sizilien führen sollten) unbequem und gefährlich geworden als Sprecher der kleinen Bauern und vor allem der Landarbeiter – er mußte

beseitigt werden. Seine Leiche wurde später in einer Felsspalte gefunden und identifiziert – sein Grab gibt es darum nicht auf diesem Friedhof. Auftraggeber der Tat war einer der mächtigsten Mafia-Bosse der vierziger bis Ende der fünfziger Jahre, Michele Navarra. Dessen aufwendige Familiengruft demonstriert, was die Mafiosi sind: ehrenwerte Herren, die darum auch völlig zu Recht für ihre Verdienste um die Erhaltung der Gesellschaftsordnung mit den höchsten Ehren der Republik ausgezeichnet werden (diese Geschichten und Ereignisse sind von Chotjewitz in seinem Mafia-Buch mit journalistischer Spannung aufgeschrieben worden).
Deutlich von der Mafia zu unterscheiden jedoch ist der Banditismus oder Brigantismus. Seine Wurzeln reichen – wenn nicht weiter – mindestens bis in die Zeit der Einigung zurück, als die vom Anschluß des Königreiches beider Sizilien an das Königshaus Savoia enttäuschten Bauern angesichts ihrer sich verschlechternden ökonomischen Situation ihre spätfeudale Loyalität zur neapolitanischen Monarchie oder auch allgemein zur alten Ordnung wiederentdeckten. Die Geschichten der Briganten sind farbig, dramatisch, aber vor allem blutig und tragisch, auch wenn sie heute weitgehend nur noch Folklore- oder Filmmaterial abgeben. Der berühmteste Bandit unserer Gegenwart war Salvatore Giuliano – bis heute von einem Mythos umgeben. Wer beispielsweise in das unbedingt empfehlenswerte **Restaurant »Fico d'India« in Palermo** geht, findet dort – etwas verborgen unter einer Treppe – die Fotografie Giulianos mit handschriftlicher Signierung und einem kleinen eigenen Gedicht. Von der Mafia instrumentalisiert, u. a. zur blutigen Niederschlagung der »wilden« Landbesetzungen – das Massaker von Portella delle Ginestre, 1. Mai 1947, ist noch immer ein Markstein der italienischen Nachkriegsgeschichte – wurde er schließlich auch ihr Opfer, nachdem er seine Funktion erfüllt hatte. Um aber die sozialen Verhältnisse einigermaßen erahnen zu können, aus denen ein Giuliano hervorging, mag ein Abstecher in sein Geburtsdorf, Montelepre (westlich von Palermo), augenöffnend sein. Denn in aller seiner Widersprüchlichkeit empfand sich Giuliano als eine Art Robin Hood und wurde teilweise auch als solcher gesehen: ein Verteidiger der Interessen der Kleinen gegen die Großen, vor allem aber gegen den römischen Staat. Konsequenterweise gehört Giuliano auch teilweise in die nach der Befreiung wiederaufflackernde Bewegung eines siziliani-

schen Separatismus. Dieser begann bereits in den letzten Wochen des faschistischen Regimes und wurde von den Alliierten nach deren Landung für eine Zeitlang unterstützt zur Schwächung des faschistischen Italiens. Die Unabhängigkeitsbewegung, unterstützt wiederum u. a. von der Mafia, brach elektoral spätestens 1948 zusammen, war jedoch bereits 1945 mit dem Sieg über den Faschismus schon nicht mehr opportun und wurde liquidiert. Zumindest eine kleine idealistische Gruppe jedoch, »Sicilia e Libertà«, wollte sich damit nicht abfinden und organisierte den bewaffneten Aufstand: zusammen mit einigen seiner studentischen Anhänger fand der Professor für politische Ideengeschichte an der Universität von Catania, Antonio Canepa, am 17. Juni 1945 den Tod bei einem Feuergefecht mit den Carabinieri – ein relativ unscheinbarer Gedenkstein an der Straße von Randazzo an der Weggabel nach Cesarò erinnert daran.

Diese Straße – touristisch gesprochen, die ›Große Ätna-Rundfahrt‹ (Catania–Adrano–Bronte–Randazzo etc.) – ist unbedingt empfehlenswert und bietet ein imponierendes Bild der großartigen Fruchtbarkeit des Ätna-Massivs bzw. seiner Lavaerde. Hier findet man übrigens besonders häufig und dicht die für Sizilien so typischen Kaktuspflanzen, »Fico d'India«, im Sommer an jeder Straßenecke zum Frischessen angeboten – aber nur mit Handschuhen anzufassen. Auch diese sind ein Schlüssel zur sizilianischen Geschichte. Sie wurden nämlich eingeführt von den spanischen Bourbonen aus dem soeben eroberten Mexiko wegen einer spezifischen Funktion: ihre starken Wurzeln haben die einmalige Fähigkeit, das Lavagestein aufzubrechen und damit landwirtschaftlich nutzbar zu machen.

N. B.: Weniger noch als bei den anderen Kapiteln der Fall, so sei als selbstkritischer Schluß hier festgestellt, werden diese wenigen Seiten über Sizilien der reichen Vielfalt gerade dieses Gegenstandes gerecht. Man nehme sie darum als das, was sie – wie dieses Buch überhaupt – *auch* sind: Aufforderung, selbst Zusammenhänge zu entdecken, scheinbar Bekanntes zum Sprechen zu bringen, sich in dem zu üben, was z. B. große Reisende des vorigen Jahrhunderts noch konnten, nämlich kritisch zu sehen. Das ist, im besten Sinne des Wortes, aufregend.

E. K.

Reiselektüre

Dies ist keine »Bibliographie«, sondern bewußt das, was die Überschrift besagt: eine (überdies sehr subjektive) Auswahl von Büchern, die man auf die Reise mitnehmen und unterwegs lesen kann. Keine Wissenschaft also (da müßten wir dann u. a. die in diesem Verlag erschienene Arbeit von Sophie G. Alf, ›Leitfaden Italien‹ zitieren), sondern vor allem Literarisches, italienische Literatur zumeist in deutscher Übersetzung und als Taschenbuch leicht zugänglich. Merke: »Das erste Erfordernis, wenn man Italiens Geschichte kennenlernen will, besteht darin, niemals die allgemein anerkannten Autoren zu lesen; niemand hat besser den Wert der Lüge gekannt, niemand ist besser bezahlt worden.« (Stendhal)

J. W. Goethe: Italienische Reise
Mehrfach haben wir bei unseren Reise-Wahrnehmungshilfen auf Goethes Reisebericht hingewiesen, der zu Unrecht in den Klassiker-Gesamtausgaben verstaubt. Die Schwierigkeit mit diesem Text besteht allenfalls darin, daß man ihn aufmerksam wird lesen müssen, da er seine scharfsichtigen Einsichten in gesamtgesellschaftliche Zusammenhänge in der Regel gewissermaßen an der Oberfläche verbirgt. Da der Text jedoch chronologisch und nach Örtlichkeiten deutlich gegliedert ist, kann man je nach Umständen sich die entsprechenden Teile während der eigenen Reise auswählen. In vieler Hinsicht lebendiger und unmittelbarer ist das – aus dem Nachlaß veröffentlichte –»Tagebuch der italienischen Reise für Frau von Stein«.

Tomasi di Lampedusa: Der Leopard. Rowohlt-Verlag (rororo), 1975
Dieser Roman – ganz abgesehen davon, daß er spannend geschrieben ist – bietet einen unübertrefflichen Schlüssel zum Verständnis des Prozesses der Vereinigung/Eroberung des Südens mit bzw. durch den Norden, wie durch geschickte Veränderung der Formen politischer Herrschaft die gesellschaftlichen Verhältnisse durch Anpassung in der Substanz als Ausbeutungsverhältnisse erhalten blieben. Ein Lehrbuch zum Verständnis des nach wie vor aktuellen »trasformismo« – nicht nur für Sizilienreisende unverzichtbar. Als unerwarteter verlegerischer Erfolg begründete das Buch übrigens (zusammen mit Pasternaks Dr. Schiwago) das Prestige und die ökonomische Basis des Verlages Feltrinelli.

Reinhard Benthmann/Michael Müller: Die Villa als Herrschaftsarchitektur. Versuch einer kunst- und sozialgeschichtlichen Analyse. Edition Suhrkamp (396), 1971. Neuauflage: Syndicat Verlag, 1979.
Gewissermaßen eine »Pflichtlektüre« zur Reise durchs Veneto bzw. zur Entdeckung der untergegangenen und doch historisch folgeträchtigen venezianischen Villenkultur. Oder umgekehrt: die Lektüre dieses brillanten und vielfältig anregenden Essays wird die Reise zu den Villen – und zumindest die ganztägige auf dem Brenta-Kanal – als unverzichtbar erscheinen lassen.

Carlo Levi: Christus kam nur bis Eboli. Europa-Verlag, Wien, 1973
Dieses Buch ist in Italien ein – vielleicht sogar *der* – Klassiker der Nachkriegsliteratur: ein Dokument in mehrerer Hinsicht. Der Autor, gebürtig aus Turin, Maler vor allem, aber zugleich antifaschistischer Aktivist, wurde 1935 in ein süditalienisches Dorf verbannt, wo er die kolonisierte, verschlossene, ihren eigenen Gesetzen unterworfene Bauernkultur des Mezzogiorno kennenlernte und in diesem autobiographischen Buch, 1945 publiziert, der kulturell am Italien der Renaissance und des Nordens orientierten Bourgeoisie gegenüber erstmals bekannt machte. Zumindest für Süditalien-Reisende unbedingt zu empfehlen.

Elsa Morante: La Storia. Dt. Übers. Fischer Taschenbuch, 1978
Georg Lukačs nannte die Autorin einst eine der größten Schriftstellerinnen der Gegenwart. Für diesen ihren jüngsten Roman wird man einen langen Urlaubsatem mitbringen müssen – aber es gibt derzeit wohl kein vergleichbares Werk, das ebenso bewegend wie präzise in der neueren Geschichte Italiens (die Geschichte einer halbjüdischen Lehrerin und ihres frühreifen Jungen, eine Art Oskar Matzerath, in und um Rom) angesiedelt ist, wobei gleichzeitig der weltpolitische Rahmen des 20. Jahrhunderts explizit mit dargestellt wird. Für Rom-Besucher und insbesondere zum Verständnis dessen, was sich dort im Getto abgespielt hat, gewissermaßen eine »Pflichtlektüre«.

Ernst Piper: Der Aufstand der Ciompi. Verlag Klaus Wagenbach, Berlin, 1978, 126 S.
Der Reichtum von Florenz z. Z. der Renaissance beruhte nicht nur auf dem Bank- und Handelswesen, nicht nur auf der Unterwerfung der anderen toskanischen Städte und dem fruchtbaren landwirtschaftlichen Reichtum der Region, sondern – zumindest in der Anfangsphase – auf der Textilindustrie: hier wurde aus England importierte Wolle von den hochspezialisierten Zünften weiterverarbeitet und auf den italienischen wie den europäischen Markt geworfen. In der zweiten Hälfte des 14. Jahrhunderts hatte Florenz rund 60000 Einwohner, von denen 14000 in der Textilindustrie beschäftigt waren, d. h. knapp die Hälfte der arbeitenden Bevölkerung. Innerhalb der Zünfte waren die so gut wie rechtlosen »Ciompi« (der Name ist etymologisch nicht geklärt) das eigentliche Proletariat. Ihr Aufstand im Jahre 1378 führte zum vermutlich ersten radikal-demokratischen Regime in Westeuropa, auch wenn es nur von kurzer Dauer war. In der italienischen politischen Folklore nimmt er in etwa die Stellung ein, die der Bauernkrieg für unser allgemeines Geschichtsbewußtsein innehat. Dieses Buch gibt einen kurzen, aber eindringlich geschriebenen und zuverlässigen Bericht – im Anhang auch einige nützliche touristische Hinweise für Florenz-Besucher.

Ignazio Silone: Fontamara. dtv, 1978
Das Buch ist eines der wichtigsten Werke der antifaschistischen Literatur (aber nicht nur dieser) und schildert – eine wahre Begebenheit – den Konflikt eines kleinen Dorfes in den Abruzzen bzw. seiner Bauern mit dem faschistischen Regime in den zwanziger Jahren. Es ist nicht nur ein Schlüssel zum Verständnis jener Zeit (es entstand im Exil in der Schweiz, wo Silone bis zu seinem Tode 1978 blieb), sondern auch zum Verständnis der nichtbürgerlichen Kultur des Südens und ihres Rebellionspotentials.

Alfred Andersch: Die Kirschen der Freiheit. detebe, 1977
Der Autor bedarf hier keiner Vorstellung. Aber da diese – autobiographische – Geschichte seiner »Fahnenflucht«, d. h. seines politisch bewußten Ausbrechens aus der deutschen Kriegsmaschinerie in Italien spielt bzw. auch atmosphärisch sehr genau in der Zone Pisa–Livorno–Grosseto angesiedelt ist, wird man dieses eindringliche Stück deutscher politischer Literatur hier mit größerem Gewinn lesen können als anderswo.

Gavino Ledda: Padre Padrone. Mein Vater, mein Herr. (Dt. Übers.). S. Benziger, 1978
Ein Sardinien-Kapitel haben wir nicht; wir hoffen, das in einer möglichen zweiten Auflage nachzuholen. Leddas Buch, das bei seinem Erscheinen sofort großes Aufsehen erregte, wird man lesen müssen, um einen Teil wenigstens der sardinischen Wirklichkeit – die des Hirtenlebens – »von innen« verstehen zu lernen und nicht zuletzt, um sich vor romantisierenden Vorstellungen von der ›Würde des einfachen Lebens‹ gründlich kurieren zu lassen. Andererseits ist Leddas Position – nicht zuletzt nachdem der auch in Westdeutschland gezeigte Film dem Autor größtmögliche Publizität verschafft hat – nicht unumstritten: gerade die seit Jahren zunehmend aktiven sardinischen »Nationalisten«, die die sardische Geschichte als eine Geschichte kolonialer Unterdrückung und kultureller Enteignung durch den italienischen Kapitalismus begreifen, haben Ledda mit großer Erbitterung vorgeworfen, daß er das eigene kulturelle Erbe – das zu retten und wieder lebendig zu machen Voraussetzung der sozialen bis sozialistischen Emanzipation von kontinental-italienischer Fremdbestimmung ist – als unterentwickelt, primitiv und brutal denunziert. Exemplarisch dafür Leddas Erfahrung und Schilderung der Armee als Schule, als Mittel der Emanzipation, als Weg in die Modernität.

Peter O. Chotjewitz: Malavita. Mafia zwischen gestern und morgen. Rowohlt-Verlag (rororo), 1976.
Das Phänomen der Mafia übt eine anscheinend zunehmende Faszination aus und gibt auch in der Tat eine unerschöpfliche Fülle von Material, von Dramatik und Stoff für Schreiber jeden Niveaus ab. Und das Thema eignet sich wie kaum ein anderes zur Mystifizierung von Politik und gesellschaftlichen Macht- bzw. Klassenverhältnissen. Wer – an Ort und Stelle –sich von diesem stofflichen Reichtum berichten lassen will wie durch einen guten ›Canta storie‹ (die es mit den dazugehörigen Bildtafeln in Sizilien bisweilen noch gibt), der lese dieses Buch; wer eine analytische Bestimmung des Phänomens im Kontext der Herausbildung von bürgerlicher Gesellschaft und diesem spezifischen italienischen Staat sucht, der beginne mit dem Nachwort.

Hector Berlioz: Memoiren. Hrsg. von Rosenberg, Wolf. Verlag Rogner & Bernhard, München, 1977.
Dem »Harald in Italien« (übrigens zunächst für Paganini als Bratschenkonzert geschrieben, der es aber nicht solistisch brillant genug fand) liegen wochenlange Fußwanderungs-Erfahrungen des Komponisten vor allem in Latium und in den Abruzzen zugrunde, wie es auch in den Satzbezeichnungen zum Ausdruck kommt. Berlioz hat über diese Wanderungen ausführlich in seinen Memoiren geschrieben, die aber auch über den italienischen Teil hinaus faszinierend zu lesen sind und bisweilen zu den größten Memoirenwerken überhaupt gezählt werden.

Ferdinand Gregorovius: Wanderjahre in Italien. Beck-Verlag, München (Sonderausg.), 1978.
Als radikaler Demokrat des Vormärz – Schüler des Hegel-Schülers und -Biographen Karl Rosenkranz – wird Gregorovius Redakteur der ›Schwester‹ der Marxschen »Neuen Rheinischen Zeitung«, nämlich der »Neuen Königsberger Zeitung«. 1849 publiziert er ein noch immer erstaunliches Buch: ›Goethes Wilhelm Meister in seinen socialistischen Elementen entwickelt‹, aber Reaktion und Repression nach der Niederlage der 48er treiben ihn in die Emigration. Mehr als zwanzig Jahre lebt er in Italien und sublimiert sein radikalpolitisches Engagement durch Rückkehr in die mittelalterliche Geschichte Roms sowie in den heute klassisch zu nennenden Figuren, Geschichte, Leben und Szenerie aus Italien (so der Untertitel). Ein eigentlich unverzichtbares Reisebuch.

Italia alternativa (jeweils die neueste Auflage)
Die Informationen, die dieses Buch enthält (für Genossen der, wie man hier sagen würde, »Szene« geschrieben), sind leider oftmals enttäuschend und irreführend bis ungenau. Aber es enthält für die meisten Städte Angaben über billige Eßmöglichkeiten, linke Bars, Buchläden, Märkte für Gebrauchtwaren, Kontaktadressen politischer Gruppen usw. Man findet es in jeder größeren Buchhandlung, im Zweifelsfalle bei Feltrinelli.

E. K.

Stichwort Italien:

Sophie G. Alf, *Leitfaden Italien.* Vom Antifaschistischen Widerstand bis zum Historischen Kompromiß.
Rotbuch 127. 320 Seiten. DM 14 (13)

Fernando Claudin, *Die Zukunft des Eurokommunismus*
Rotbuch 183. 160 Seiten. DM 9 (8)

Dario Fo, *Bezahlt wird nicht.* Eine Farce
Rotbuch 166. 96 Seiten. DM 7

Dario Fo, *Einer für alle, alle für einen! Verzeihung, wer ist hier eigentlich der Boß? / Zufälliger Tod eines Anarchisten.*
Rotbuch 188. 192 Seiten. DM 10

Franca Rame und Dario Fo, *Nur Kinder, Küche, Kirche.*
Dario Fo, *Mamma hat den besten Shit.*
Rotbuch 202. 192 Seiten. DM 10

Guiseppe Fiori, *Das Leben des Antonio Gramsci*
Biographie. aus der Reihe. 272 Seiten. DM 25

Stichwort Reisen:

Gerhard Armanski, *Die kostbarsten Tage des Jahres*
Massentourismus – Ursachen, Formen, Folgen
Rotbuch 181. 112 Seiten. DM 8 (7)

Erich Köhler, *Reise um die Erde in acht Tagen*
Phantastische Erzählung. Rotbuch 204. 106 Seiten. DM 10

F. C. Delius, *Ein Bankier auf der Flucht,* Gedichte und Reisebilder. Rotbuch 144. 72 Seiten. DM 7

Maria Antonietta Macciocchi, *Der französische Maulwurf*
Eine politische Reise. Aus der Reihe. 360 Seiten. DM 29

Aras Ören, *Der kurze Traum aus Kagithane.*
Ein Poem. 96 Seiten. DM 6

Vera Kamenko, *Unter uns war Krieg.* Autobiografie einer jugoslawischen Arbeiterin. Rotbuch 180. 112 Seiten. DM 7

Helga M. Novak, *Die Landnahme von Torre Bela*
Rotbuch 150. 72 Seiten. DM 7

Niels Kadritzke / Wolf Wagner, *Im Fadenkreuz der NATO*
Ermittlungen am Beispiel Cypern. Rotbuch 147. 144 S. DM 7 (6)

Fred Halliday, *Iran,* Analyse einer Gesellschaft im Entwicklungskrieg. Rotbuch 203. 320 S. DM 16 (15)

Nairn/Hobsbawm/ Debray/Löwy, *Nationalismus und Marxismus*
Rotbuch 199. 128 Seiten. DM 8 (7)

Ernest Callenbach, *Ökotopia.* Notizen und Reportagen von William Weston aus dem Jahre 1999.
Rotbuch 200. 224 Seiten. DM 12